AFINE SUS VALORES

AFIRME SUS VALORES

Charles R. Swindoll

✝ EDITORIAL BETANIA

Versión castellana:
Juan Sánchez Araujo

Copyright © 1987 por la Editorial Betania
Calle 13 S.O. 824, Caparra Terrace
Puerto Rico 00921

Correspondencia:
Editorial Betania
5541 N.W. 82nd Ave.
Miami, FL 33166 E.U.A.

Publicado originalmente en inglés con el título de
STRENGTHENING YOUR GRIP
Copyright © 1982 por Charles R. Swindoll
Publicado por Word Books Publishers
Waco, TX E.U.A.

ISBN 0–88113–087–7

A menos que se indique lo contrario, todas las citas bíblicas
fueron tomadas de la Versión Reina–Valera, revisión de 1960,
© 1960 Sociedades Bíblicas Unidas

Dedicatoria

Este volumen se lo dedico con mucha gratitud a
cuatro hombres, cada uno de los cuales me ayudó
a establecer mis prioridades en lo esencial más
de lo que se imagina:

En la década de los 50.............**Bob Newkirk**
Quién me dio el aliento que necesitaba

En la década de los 60.........**Howie Hendricks**
Quién ejemplificó las aptitudes que yo admiraba

En la década de los 70.............**Ray Stedman**
Quién tuvo la sabiduría que yo apreciaba

En la década de los 80...............**Al Sanders**
Quién suplió la visión que me faltaba

Considero un privilegio hoy en día poder llamar
amigo a cada uno de estos hombres.

Indice

Introducción

Cada década posee una característica particular, la cual se va enfocando sin previo aviso y sin que nos demos cuenta a medida que los años van pasando. No es algo repentino, sino pausado; casi imperceptible. Como piezas sueltas de un rompecabezas —cada una de diferente forma y tamaño—, los acontecimientos, la gente, y las ideas de una década comienzan a encajar en una forma que tiene sentido. Primero ocupa su lugar una esquina, luego un lado, y finalmente todo el contorno; pero el cuadro no se hace claro de inmediato.

Tienen que pasar años; y mientras esto sucede, más partes van acoplándose unas con otras, y el significado empieza a aparecer. Hacia el final de la década el cuadro acabado es evidente; incluyendo las sombras, la armonía de los colores, e incluso nuestros sentimientos acerca del producto acabado. Cada década pone un marco alrededor de su propia escena.

Yo nací en 1934; y al reflexionar sobre la década de los 30 vista a través de los lentes de la historia (y hablando con aquellos que eran adultos durante aquella época), saco la clara impresión de que se trataba de una década de *idealismo*. La esperanza renovada se abría paso arañando desde debajo de la devastación ocasionada por la Gran Depresión. El optimismo y la diligencia dieron mano a la determinación, proporcionando a los Estados Unidos un necesario empuje para salir de las siniestras sombras de finales de los años 20.

En la década de los 40 —una época de *patriotismo*—, yo era un joven en desarrollo. El celo nacionalista llegó a su apogeo cuando "nuestros chicos" combatían en Europa y en el Lejano Oriente. El racionamiento simultáneo de la gasolina y los alimentos, sumado a un compromiso incondicional de obtener la victoria, nos proporcionaban un sentimiento de orgullo y participación al reunirnos alrededor de la bandera. Parecía ser que nadie cuestionaba la autoridad ni toleraba el más mínimo acto que sonase a insubordinación. Los niños que nacieron en los años 40 aprendieron la promesa de fidelidad al país tan pronto como el alfabeto. El patriotismo fue la característica de la década de los 40.

Para los años 50, ya era yo un joven; y el período de mis estudios de bachillerato en la zona este de Houston, podrían haber provisto el marco perfecto para filmar "Días Felices". Mi educación continuó, y un tiempo en la Infantería de Marina, una esposa recién adquirida, y el cambio de profesión caracterizaron esos días de mi vida. Al mirar atrás, me resulta bastante fácil identificar aquella época: era una década de *materialismo*, un tiempo de sueños, de aprendizaje, de ganar dinero y de obtener éxito. La vida holgada se puso al alcance de todo aquel que estaba dispuesto a trabajar más horas y a esforzarse por llegar a la cumbre. La guerra había quedado atrás, y se nos abrían nuevas fronteras siempre que quisiéramos pagar el precio: una educación avanzada y más horas de trabajo. Lo que pasamos por alto, sin embargo, fue el creciente número de niños y adolescentes que quedaban atrapados en la resaca de nuestra codicia materialista. Estos sólo habrían de permanecer sentados y callados durante algún tiempo. La mecha se hacía más corta cada año de aquella década, y no tardaría mucho en estallar el polvorín.

Luego llegaron los años 60. ¿Quién podrá jamás olvidar la violencia, los disturbios y el frenesí de aquel período? Esa fue una década de *rebeldía*. La nueva música de entonces, con su fuerte ritmo, hacía que los padres fruncieran el ceño en señal de desaprobación y los hijos gritaran de entusiasmo. Los cimientos de nuestras nuevas fronteras empezaron a agrietarse. Los disturbios estudiantiles, las marchas de derechos civiles, los asesinatos políticos, la creciente adicción a la televisión, las huidas de casa, las manifestaciones de protesta, el abuso de las drogas, el paro, la amenaza de un ataque nuclear, las ciudades en llamas y las tarjetas de reclutamiento quemadas convirtieron la labor del Presidente en una terrible pesadilla. El creciente desafío sustituyó a la fidelidad sumisa. Y para colmo, allí estaba aquella extraña guerra en el Sudeste Asiático... el ojo amoratado en la cara del Tío Sam, la herida de una causa perdida que se negaba a sanar. No había nada tranquilo durante los años 60 en el Frente Occidental.

La rebelión abierta de aquella época turbulenta nos introdujo cojeando y lamiéndonos las heridas en la década de los 70. Nuestro emblema nacional consistía ahora en unas deprimentes canciones *folklóricas* y el rasgueo de una guitarra. Una mayor pasividad caracterizó a gran parte del liderazgo en los años 70, mientras que más de nuestros jóvenes empezaban a considerar la mentalidad materialista del "trabaja duro para que puedas hacerte rico". La confusión comenzó a sustituir a la confianza, haciéndonos entrar en una década de *desilusión*. Fuese lo que fuese, seguro que se podía poner en duda diciendo: ¿la integridad del Presidente? ¿el papel "apropiado" de las mujeres? ¿la necesidad de una defensa nacional? ¿la pena capital? ¿los medios de comunicación? ¿el hogar? ¿la escuela? ¿la iglesia? ¿las cárceles? ¿el sistema? ¿la energía nuclear? ¿la ecología? ¿el matrimonio? ¿la educación? ¿los derechos? Y también podría añadir: ¿propósito? ¿dirección? ¿esperanza? En los años 70 perdimos la mano firme que teníamos sobre todo lo absoluto.

Todo ello nos ha traído a los "erráticos años 80", con una mesa llena de piezas que en un principio desafiaban a la razón. La lucha con la cara torva, los labios apretados y la lucha a golpes de la década de los 60, se había convertido veinte años después en un bostezo perezoso. El lema de los años 40: "¡Acuérdate de Pearl Harbor!", y el de los 60: "¡Venceremos!", desaparecieron lentamente hasta llegar a formar la nueva divisa de los 80: "¿Y a quién le importa?" El musculoso patriota que en otros tiempos se arremangaba y desafiaba a cualquier enemigo a poner el pie en nuestras playas, se encuentra ahora escuchando los "clics" de un ordenador, absorto en su mundo silencioso y aislado del lenguaje codificado durante todo el día y delante del resplandor de la televisión en color la mitad de la noche. La ola de la apatía lo ha invadido todo y estamos viendo como el mar se lleva los castillos de arena que en otro tiempo albergaron nuestras esperanzas.

Admítalo: nuestro mundo no es el mismo de hace unas pocas décadas. El cuadro completo que se esconde en el rompecabezas aún no está claro; pero su contorno se encuentra colocado —la escena ha cambiado drásticamente.

Por alguna razón, la verdad de todo esto comenzó a conmoverme poco después de que entráramos en la década de los 80. Cuando los cambios captaron mi atención me sentí sacudido —imagino que tales pensamientos se producen al acercarse uno a los cincuenta años de edad—. Pero lo que es aún más importante: como comunicador de la verdad eterna de Dios, vi que tenía que enfrentarme a los aterradores hechos de la realidad. No podemos ir durante mucho tiempo a la deriva en el barco de la indiferencia, sin propósito, sin tropezarnos con el desastre. Para tener esperanza de sobrevivir hemos de asir firmemente y comunicar de nuevo los principios eternos y esenciales de Dios. Ninguno de éstos son nuevos; sin embargo muchos de ellos han estado enterrados bajo los escombros de los gastados clichés y de las charlas predecibles del ayer. La mayoría de la gente que conozco, y que está contendiendo con las complejidades y la tensión de esta década, no se siente en absoluto interesada por las trivialidades religiosas que se presentan de una forma anticuada y aburrida. No podemos seguir enfrentando los problemas de los años 80 desde el punto de vista de las décadas de los 40, los 60 o incluso si vamos a ello, de los 70; mucho de lo cual ha sido arrastrado por la marea.

Necesitamos puntos bíblicos fijos a los cuales debemos afirmarnos: agarraderos firmes y sólidos que nos ayuden a encauzar nuestras vidas de una manera que tenga significado. Lo que realmente queremos es algo de lo cual echar mano: verdades creíbles y que inspiren confianza, con sentido para la generación actual; principios esenciales para nuestro mundo a la deriva.

Esto es lo único que puedo ofrecer en este volumen. En las siguientes páginas encontrará verdades antiguas presentadas en el lenguaje de hoy, para la persona de nuestros días que se enfrenta a las exigencias modernas. Cada capítulo trata de un asunto esencial, que si se aplica de un modo personal, aumentará su confianza y su capacidad para hacer frente a las crisis actuales, ya que descansa sobre la base de roca de la revelación inspirada: la Santa Biblia. Cuando usted viva estas enseñanzas, no tardará en descubrir que las mismas afirmarán su conocimiento en el Salvavidas que no se sumerge al subir la marea. Y lo mejor de todo: estos principios no cambiarán en sus manos con el comienzo de una nueva década dentro de algunos años. ¡Debemos dar gracias por ello al Señor, que "es el mismo ayer, y hoy, y por los siglos" (Hebreos 13:8)!

El rompecabezas de cada nueva década descansa firmemente en las manos de Dios. El es aún quien manda; a pesar del aspecto que puedan presentar las cosas, nuestros tiempos dependen todavía de El.

Si la falta de propósito de los años 80 está comenzando a debilitar su confianza en el soberano control de Dios, este libro le ayudará para que afirme sus valores.

Charles R. Swindoll
Fullerton, California
E.U.A.

Capítulo 1

Afirmando su conocimiento sobre las prioridades

The Tyranny of the Urgent (La tiranía de lo urgente) es un pequeño folleto que tiene un puño grande. Su mensaje es sencillo y directo; y en realidad supone una advertencia para todos nosotros. ¡Hay veces en las cuales sus golpes penetrantes me dejan fuera de combate!, y como un misil teledirigido asalta y destruye todas las excusas que yo pueda poner.

He aquí una advertencia en una sola frase: No permita que lo urgente ocupe en su vida el lugar de lo importante.[1] Naturalmente, lo urgente luchará, arañará y gritará pidiendo atención; reclamará nuestro tiempo, e incluso nos hará pensar que hemos hecho lo que debíamos calmando sus nervios. Pero lo trágico del caso es que, mientras usted y yo estábamos apagando los fuegos de lo urgente (algo de todos los días), lo importante quedaba otra vez en un compás de espera. Además, cosa interesante, lo importante no es ni ruidoso ni exigente; a diferencia de lo urgente, espera paciente y en silencio a que nos demos cuenta de su trascendencia.

¿QUE ES IMPORTANTE PARA USTED?

Olvidando lo urgente por unos minutos, pregúntese a sí mismo ¿qué tiene verdadera importancia para usted? ¿Qué es lo que ocupa el primer lugar en su vida? Se trata de una pregunta de envergadura, y tal vez necesite usted meditar en ella algún tiempo. Yo empecé a hacerlo hace más de un año. Puesto que soy pastor de una iglesia numerosa, en la que me enfrento a un horario repleto semana tras semana, decidí pensar seriamente acerca de mis prioridades y las de nuestro creciente ministerio. Eso me fue de ayuda; y lo que descubrí vale la pena transmitirlo a otros. ¿Quién sabe si no será precisamente lo que usted necesita oír en estos momentos?

Déjeme darle alguna información básica. En cierto modo las personas y las organizaciones se parecen: unas y otras tienden a perder vitalidad en vez de a ganarla con el paso del tiempo; así como a prestar más atención a lo que *eran* en vez de a lo que son. Resulta más fácil volver la vista al pasado y sonreír por los logros conseguidos, que mirar hacia adelante, al futuro, y pensar acerca de las posibilidades del mañana.

Me di cuenta de la tendencia que yo mismo tenía a esto cuando nuestra congregación se trasladó a unas instalaciones completamente nuevas en marzo de 1980. Contábamos con 5 hectáreas de terreno selecto en un suburbio de Los Angeles, y cinco nuevas, hermosas, espaciosas y eficientes estructuras para albergar a la familia que éramos —una contestación a años de oración y de dar de manera sacrificial.— Se trataba de un sueño hecho realidad. Dios había obrado maravillas entre nosotros.

Sin embargo, pronto quedó claro que si no nos manteníamos alerta y actuábamos con cuidado, caeríamos en un concentrar continuamente nuestra atención en lo que habíamos sido en vez de en aquello hacia lo que nos dirigíamos. . . lo que estábamos llegando a ser. El pueblo de Dios no son piezas de museo, colocadas y aseguradas en un anaquel para que acumulen polvo. Somos gente viva, que se mueve, activa, llamada por él para causar un impacto en un mundo que no está del todo seguro acerca de lo que está sucediendo. Pero para lograr eso, necesitamos determinar cuáles son nuestras prioridades.

Al abrir mi Biblia y empezar a buscar dirección, me topé con el segundo capítulo de 1 Tesalonicenses: una epístola que Pablo escribiera hace siglos a un grupo creciente de cristianos. El apóstol comenzaba dicho capítulo, diciendo: "Porque vosotros mismos sabéis, hermanos, que nuestra visita a vosotros no resultó vana. . ." (2:1).

Aunque ciertamente Pablo no había permanecido entre ellos mucho tiempo, su ida allí no supuso un esfuerzo malgastado. Tal vez fuera breve, y en algunos momentos desalentadora; pero no resultó vana.

CUATRO PRIORIDADES PARA LA VIDA

Tras declarar este hecho, Pablo identifica con precisión las características de su vida y ministerio en Tesalónica; y al hacerlo establece cuatro prioridades esenciales para cualquier iglesia en la época que sea; o, incluso para cualquier vida.

Sea bíblico

Al repasar las semanas que habían estado juntos, el apóstol recuerda sus impresiones iniciales:

> Pues habiendo antes padecido y sido ultrajados en Filipos, como sabéis, tuvimos denuedo en nuestro Dios para anunciaros el evangelio de Dios en medio de gran oposición. Porque nuestra exhortación no procedió de error ni de impureza, ni fue por engaño, sino que según fuimos aprobados por Dios para que se nos confiase el evangelio, así hablamos; no como para agradar a los hombres, sino a Dios, que prueba nuestros corazones (1 Tesalonicenses 2:2–4).

Estoy seguro de que la mente de Pablo se veía constantemente aporreada por una avalancha de necesidades urgentes; pero el apóstol se cercioró de que su vida y ministerio estuvieran firmemente fijados en lo importante: las Escrituras.

¿Ha captado usted los siguientes pensamientos mientras leía esos versículos?

- Lo que compartió al hablar en medio de la fuerte corriente de oposición pública, fue el "evangelio de Dios" (2:2).
- El fundamento mismo de su ser no era el "error", la "impureza", o el "engaño", sino más bien la verdad de las Escrituras (2:3).
- Es más: consideraba la Palabra de Dios como algo que se le había "confiado"; y le daba tal seguridad y confianza que no sentía necesidad de contemporizar ni de "agradar a los hombres" (2:4).

Aunque parezca algo pasado de moda, la prioridad más importante y significativa que podemos cultivar es hacer que las Escrituras formen parte de nuestras vidas. El secreto de la supervivencia a la falta de propósito de nuestros días es una mentalidad bíblica.

Debemos empaparnos diariamente de las Escrituras; no sólo estudiando como a través de un microscopio las minuciosidades lingüísticas de unos pocos versículos, sino tomando nuestro telescopio y recorriendo las vastas expansiones de la Palabra de Dios para asimilar su gran tema: la soberanía divina en la redención de la humanidad. Como escribía C. H. Spurgeon: "Es una bendición alimentarse de la Biblia hasta alcanzar su misma alma; llegando, por último, a hablar en lenguaje escritural y a tener el espíritu sazonado con las palabras del Señor, hasta el punto de que la sangre de uno es 'biblina' y la misma esencia de la Biblia fluye de su ser".[2]

¡Encuentro interesante el hecho de que estar totalmente dominado por una mentalidad y un estilo de vida bíblicos sea tan viejo, que resulte nuevo! Desde luego, se trata de algo poco corriente; y también que nos guía a una buena dosis de autoexamen. ¿Se ha fijado en lo que dice al final del versículo 4 de 1 Tesalonicenses? ¡Cuando comenzamos a absorber las verdades del Libro de Dios, El empieza a obrar en nosotros!

> Porque la palabra de Dios es viva y eficaz, y más cortante que toda espada de dos filos; y penetra hasta partir el alma y el espíritu, las coyunturas y los tuétanos, y discierne los pensamientos y las intenciones del corazón. Y no hay cosa creada que no sea manifiesta en su presencia; antes bien todas las cosas están desnudas y abiertas a los ojos de aquel a quien tenemos que dar cuenta (Hebreos 4:12, 13).

¿Verdad que es descriptivo? Los principios y preceptos de la Escritura llegan a donde no puede acceder ningún bisturí de cirujano: al alma, al espíritu, a los pensamientos, a las actitudes, a la misma esencia de nuestro ser. Y Dios utiliza sus verdades para ayudar a moldearnos, a limpiarnos, y a madurarnos en nuestro caminar con El.

Hagámonos el propósito de no permitir que la tiranía de lo urgente nos robe esos momentos tan importantes con Dios en su Palabra. Lo primero y principal es que lleguemos a ser personas comprometidas a fondo con una forma de pensar y de actuar bíblicas.

En esta misma porción de 1 Tesalonicenses descubro una segunda prioridad:

Sea auténtico

Escuche la manera en que Pablo habla acerca de sí mismo, trasladando por un momento el énfasis del mensaje al mensajero:

> Porque nunca usamos de palabras lisonjeras, como sabéis, ni encubrimos avaricia; Dios es testigo; ni buscamos gloria de los hombres; ni de vosotros, ni de otros, aunque podíamos seros carga como apóstoles de Cristo (1 Tesalonicenses 2:5, 6).

Pablo era un hombre veraz. Tenía tanta seguridad que se desprendía de cualquier careta y tapujo, presentándose vulnerable ante Dios y ante los demás. ¡Es maravilloso! A pesar de ser un apóstol —un auténtico pez gordo del primer siglo— no intentaba llamar la atención; y se resistía conscientemente a abusar de su poder.

Ronald Enroth, escritor y catedrático de sociología en la Universidad Westmont, está en lo cierto en su análisis del uso del poder por parte de los líderes, cuando dice:

> . . . Los eruditos bíblicos señalan que el concepto neotestamentario de la autoridad, como lo expresa la palabra griega *exousia*, no tiene una connotación de jurisdicción sobre las vidas de otros; sino que es más bien la autoridad de la verdad, de la sabiduría y de la experiencia, la cual puede verse en un líder al que se exhibe como ejemplo especial y que puede recomendarse "a toda conciencia humana delante de Dios" (2 Corintios 4:2).[3]

Pablo era esa clase de dirigente. El no se aprovechaba injustamente de su papel de apóstol. Una de las prioridades supremas en su vida, al mismo nivel que ser un creyente firme en las Escrituras, era la autenticidad.

El diccionario define el término *auténtico* sugiriendo tres cosas que *no* lo son: auténtico es lo *contrario* de imaginario, de falso, de imitación. En la actualidad diríamos que ser auténtico significa no ser un farsante; estar libre de la exageración estereotipada que acompaña a menudo a las reuniones públicas.

¡Hagamos de ello una prioridad para la década de los 80! Rodeados de numerosos tipos religiosos para los cuales todo es "fantástico", "estupendo", e "increíble", esforcémonos con ahínco en ser veraces; esto implica tener libertad para cuestionar, para admitir nuestros fallos o debilidades, para confesar nuestros pecados, y para declarar la verdad. Cuando una persona es auténtica, no necesita ganar, o estar siempre entre los diez mejores, causar una gran impresión, o parecer tremendamente espiritual.

Un hombre al que aprecio profundamente, —buen estudiante y maestro de la Biblia—, admitió en una reunión pública que cuanto más estudiaba la profecía, *menos* sabía acerca de ella. Yo sonreí con comprensión y admiración.

Robert Wise, pastor de la iglesia *Comunidad de Nuestro Señor*, en City Oklahoma, me ayudó a liberarme un poco de la tensión que me producía mi propia tendencia a competir y tratar de alcanzar éxitos continuamente, siempre temiendo al fracaso. En su fascinante libro *Your Churning Place* (Lo que te agita), Wise menciona una experiencia que le animó a ser tremendamente real.

> Yo tenía un amigo que solía llamarme por teléfono los lunes por la mañana. Cuando contestaba, aquel ministro decía: "Hola, soy Dios. Hoy tengo un regalo para ti: quiero darte el don de fallar. Hoy no tienes que tener éxito. Te concedo eso." Y luego colgaba, dejándome allí sentado con la vista fija en la pared durante diez minutos.
>
> La primera vez no podía creerlo. Se trataba realmente del evangelio. El amor de Dios significa que incluso el fallar no tiene importancia. Uno no necesita ser el mayor portento del mundo; basta con que sea usted tal y como es.[4]

Por lo general las personas auténticas disfrutan más de la vida que la mayoría; no se toman tan en serio a sí mismas; y en realidad ríen, lloran, y piensan con más libertad porque no tienen nada que demostrar —ninguna imagen que proteger, ni papel que interpretar—. No temen ser descubiertos, ya que no esconden nada. ¡Hagamos de la Biblia nuestro cimiento para los años 80; y al aplicar sus enseñanzas y pautas, cultivemos asimismo un estilo auténtico.

Para llevar esto a cabo, necesitaremos vigilar nuestra actitud —la siguiente prioridad.

Sea benigno

Pablo trata de esta tercera prioridad en 1 Tesalonicenses 2:7–11, donde escribe acerca del valor de la benignidad.

> Antes fuimos tiernos entre vosotros, como la nodriza que cuida con ternura a sus propios hijos.
>
> Tan grande es nuestro afecto por vosotros, que hubiéramos querido entregaros no sólo el evangelio de Dios, sino también nuestras propias vidas; porque habéis llegado a sernos muy queridos.

Porque os acordáis, hermanos, de nuestro trabajo y fatiga; cómo trabajando de noche y de día, para no ser gravosos a ninguno de vosotros, os predicamos el evangelio de Dios.

Vosotros sois testigos, y Dios también, de cuán santa, justa e irreprensiblemente nos comportamos con vosotros los creyentes; así como también sabéis de qué modo, como el padre a sus hijos, exhortábamos y consolábamos a cada uno de vosotros (1 Tesalonicenses 2:7–11).

¡Qué espíritu tan benigno y tolerante! Pablo era un hombre accesible y tierno al mismo tiempo. ¿Ha reparado usted en las vívidas descripciones del pasaje? El cuidaba a otros como una "nodriza" (2:7), y trataba con ellos en sus necesidades como un "padre" (2:11). Tenía compasión. Para aquel hombre de Dios capaz y brillante, una actitud benigna y compasiva era algo primordial.

El apóstol admite que tenía interés en algo más que en volcar sobre ellos un camión cargado de información teológica y doctrinal. Quería compartir no sólo el evangelio, sino su vida.

Si hay una crítica que oímos más que otras contra nuestro "campo" evangélico, es que nos falta compasión. Somos más abrasivos y condenatorios que considerados, discretos, compasivos y tolerantes. Si no tenemos cuidado, propendemos más bien a utilizar a la gente que a amarla, ¿no es así? Tratamos de cambiarles para luego ayudarles, en vez de aceptarles como son.

Una prioridad muy necesaria para esta década es aquella actitud o disposición que se caracteriza por la *gracia*. ¿Recuerda usted el consejo final de Pedro?

Antes bien, creced en la gracia y el conocimiento de nuestro Señor y Salvador Jesucristo. A él sea gloria ahora y hasta el día de la eternidad. Amén (2 Pedro 3:18).

¿Estoy acaso diciendo que no hay sitio para la convicción o para un firme compromiso con la verdad? Naturalmente que no; por todo lo que abogo es por que tejamos hebras de gracia en la vestidura de la verdad. Aunque viviera 150 años, no aceptaría la idea de que se trata de escoger entre una cosa y la otra. Nuestro mundo de seres humanos hambrientos y dolientes anhela y merece el mensaje de la verdad presentado en envoltorios atractivos, tiernos y benignos. No lo olvide: "Como la nodriza. . . como el padre" —ello implica más una afirmación positiva que una negativa quisquillosidad.

Charlie Shedd ilustra esto de manera perfecta al contar cierta experiencia que tuvo con Philip, uno de sus hijos. La historia giraba en torno a un lío de cuerda de atar.

Cuando nos mudamos de Nebraska a Oklahoma, la llevamos con nosotros [la cuerda de atar]. Yo la había utilizado para asegurar sacos de alimentos y artículos diversos. Dicha cuerda cuesta algo así como un dólar y quince centavos; de manera que dije: "Escucha, Philip: ¿Ves esta cuerda de atar? Pues quiero que la dejes en paz". Sin embargo, la cuerda ejercía una extraña fascinación sobre él, y comenzó a usarla siempre que le apetecía. Yo le decía: "No", "No la toques", "¡No te está permitido!"; pero sin obtener resultado alguno.

Aquello siguió durante unos seis u ocho meses; hasta que un día volví a casa cansado, y allí estaba el garaje, que parecía tierra de nadie, con cuerda de atar por todas partes: de un lado a otro, de atrás adelante, de arriba abajo... Para meter el automóvil tuve que cortarla. ¡Qué irritación sentía! Mientras le daba cortes a la cuerda, rechinaba los dientes. De repente, cuando me encontraba a mitad del laberinto, una luz surgió en mi cerebro: ¿Por qué quieres esa cuerda de atar? ¿Qué pasa si Philip la usa?

Así que, cuando entré a cenar aquella noche, allí estaba Philip, y comencé: "¡Oye, en cuanto a esa cuerda de atar...!" El agachó la cabeza, y masculló: "Sí, papá". Entonces dije: "Philip, he cambiado de idea: puedes usar esa vieja cuerda siempre que quieras. Es más, todas esas herramientas que hay en el garaje, que he clasificado como "No tocar", utilízalas también. Puedo comprar utensilios nuevos; pero no nuevos niños". Jamás ha habido una salida de sol como aquella sonrisa. "Gracias papá" —dijo Philip rebosante de alegría. Y adivina, Pedro... ¡No ha vuelto a tocar esa cuerda desde entonces![5]

Así funcionan las cosas en un clima benigno y de aceptación. La gente llega a ser mucho más importante que las reglas rígidas y las expectativas exigentes.

Hasta ahora hemos depositado en los bancos de nuestras memorias tres prioridades vitales: la de ser bíblicos, auténticos y benignos; pero en 1 Tesalonicenses 2:12, 13 Pablo trata todavía de otra:

Y os encargábamos que anduvieseis como es digno de Dios, que os llamó a su reino y gloria.

Por lo cual también nosotros sin cesar damos gracias a Dios, de que cuando recibisteis la palabra de Dios que oísteis de nosotros, la recibisteis no como palabra de hombres, sino según es en verdad, la palabra de Dios, la cual actúa en vosotros los creyentes.

Sea pertinente

Aquí hay una conexión directa entre lo que se habla y cómo se anda. El mensaje de Pablo siempre tiene un toque de importancia. Aunque la verdad de las Escrituras es antigua, si se recibe, empieza a funcionar en la actualidad —está al día y "actúa en vosotros los creyentes" (2:13) de un modo continuo.

Si esperamos alcanzar a nuestra generación en la década de los 80, debemos hacer de la pertinencia una alta prioridad. Eso es precisamente lo que hizo Jesucristo. El se acercaba a las personas como *eran*, y no como "hubieran debido ser". Jesús prestó la misma atención a los jóvenes violentos, a los mendigos ciegos, a los políticos orgullosos, a las prostitutas callejeras, a las víctimas sucias y desnudas de los demonios, y a los padres afligidos. Todos ellos estaban pendientes de cada una de sus palabras; y a pesar de que él hubiese podido apabullarles con su conocimiento y autoridad, se mantuvo de propósito al nivel de la gente. Jesús era la pertinencia personificada; y todavía sigue siéndolo.

Somos *nosotros* quienes hemos arrastrado su cruz fuera de la vista, dando la impresión de que el sitio de ésta se encuentra únicamente en los paraninfos sofisticados y enclaustrados de los seminarios, o que debe estar embellecida por las tenues sombras de las vidrieras de colores y de frías estatuas de mármol. Yo aplaudo al que lo expresó de esta manera:

> Yo sencillamente abogo por que la cruz se alce de nuevo tanto en el centro del mercado como en la torre de la iglesia.
>
> Estoy reivindicando la afirmación de que Jesús no fue crucificado en una catedral entre dos cirios:
>
> Sino en una cruz, y entre dos ladrones; en el basurero de una ciudad;
>
> En una encrucijada tan internacional de la política que tuvieron que escribir su título en hebreo, griego y latín . . .
>
> Y en la clase de sitio donde los cínicos hablan obscenidades, los ladrones maldicen, y los soldados juegan. Porque ahí fue donde El murió, y eso fue por lo que murió.
>
> Ahí es también donde los hombres de Cristo deberían estar, y eso es lo que tendría que estar haciendo la gente de iglesia.[6]
>
> Jorge MacLeod

REPASO Y RESUMEN

La tiranía de lo urgente siempre gritará más fuerte que la naturaleza esencial de lo importante. . . si le permitimos hacerlo. No obstante, nos hemos propuesto que esto no suceda; y el secreto está en establecer prioridades personales. Yo he sugerido cuatro:

- Ponga un fundamento firme —sea *bíblico*.
- Aplique la verdad de las Escrituras —sea *auténtico*.
- Desarrolle una actitud compasiva —sea *benigno*.
- Manténgase al corriente, siempre al día —sea *pertinente*.

Cuando comenzamos a hacer esto, el cristianismo llega a ser algo que se absorbe, y no sólo que se pone uno; algo que se encarna, no que se cree meramente.

Y si hay una cosa capaz de captar la atención de las personas absortas en combatir los fuegos de lo urgente, es la verdad de Dios encarnada. Sucedió en el primer siglo, y puede suceder de nuevo en el siglo XX —incluso en un mundo a la deriva como el nuestro.

PREGUNTAS E IDEAS PARA DISCUSION QUE LE AYUDARAN A AFIRMARSE EN LAS PRIORIDADES

Antes de pasar al siguiente capítulo, haga una pausa y reflexione. Tómese tiempo para repasar y aplicar.

- Todos nosotros nos enfrentamos con la tiranía de lo urgente, que siempre logra eclipsar lo que es importante. Piense acerca de las demandas urgentes que hay sobre su vida. Menciónese a sí mismo algunas de ellas; y luego considere esto: ¿Qué cosas importantes está pasando por alto a causa de lo urgente?
- En este capítulo hemos meditado acerca de cuatro prioridades supremas según 1 Tesalonicenses 2: 1–13. ¿Puede enumerarlas mientras lee esa porción de la Escritura?
- ¿Por qué son tan importantes? ¿Qué sucede si están ausentes de la vida de una persona? ¿O de la iglesia de uno?
- Ahora medite seriamente acerca de lo que podría cambiar en su horario o en su forma de vida para dejar sitio a esas prioridades. Sea específico.
- Ore durante uno o dos minutos. Dele gracias a Dios por hablarle de estas cosas esenciales. Pídale que le ayude a prestar menos atención a lo urgente, y más a lo importante.

Capítulo 2

Afirmando su conocimiento sobre el compromiso

"No conozco peor asesino que el aislamiento, ni influencia más destructiva para la salud física y mental que su aislamiento de mí y la nuestra de ellos. Se ha demostrado que dicho aislamiento es un agente central en la etiología de la depresión, la paranoia, la esquizofrenia, las violaciones, los suicidios, los asesinatos en masa, y una gran variedad de estados morbosos".[1]

Esas son palabras del profesor Philip Zimbardo, una respetada autoridad en psicología de la Universidad Stanford, y hombre que se enfrenta a diario con los rudos golpes de la realidad. Sus palabras, no sólo son ciertas, sino que decididamente nos causan escalofríos. Nosotros ya no tenemos una actitud de intercambio, sino que constituimos piezas independientes de complejas estructuras colectivas. Nos ponemos auriculares para hacer "jogging", para cortar el césped, ir a clase, o comer en una cafetería. Nuestro santo y seña es "intimidad", y contraemos compromisos sólo de corta duración. Nuestro mundo está adoptando rápidamente la regla, no escrita, que con tanta frecuencia se cumple en los ascensores: "Nada de mirar a los ojos, hablar, sonreír, o relacionarse sin permiso expreso de la dirección". El Llanero Solitario, en otro tiempo un héroe de la fantasía, es ahora nuestro modelo, —con máscara y todo.

¡Cómo han cambiado los tiempos! Jamás lo hubiera creído

25

posible John Donne, un sabio de Inglaterra que vivió el siglo XVII y escribió los antes conocidos, pero pronto olvidados pensamientos:

> Ningún hombre es una isla, entera en sí misma; sino que cada uno representa un pedazo de un continente, una parte del todo. Si un terrón fuera arrastrado por el mar, Europa sería más pequeña... la muerte de cada hombre me disminuye, ya que yo pertenezco a la humanidad. Por tanto, nunca envíes a saber por quién doblan las campanas; lo hacen por ti.[2]

A nuestra generación sin propósito y solitaria le cuesta mucho trabajo comprender conceptos tales como la interdependencia de la humanidad; y gracias a la práctica —ahora aceptada— que tienen muchas empresas de transferir a un hombre con toda su familia a la otra punta del país cada vez que le ascienden, incluso los lazos con padres y hermanos se están aflojando, quedando reducido el trato con nuestras raíces familiares a las fotografías instantáneas y las llamadas telefónicas en Navidad. Las reuniones familiares y los rituales en épocas de fiestas casi se han extinguido, y los parientes se convierten en extraños que llaman la atención a nuestros hijos. Todo esto, y mucho, mucho más —aparte de los líos inevitables e irritantes relacionados con el cultivo de unas relaciones estrechas—, hace que nos apartemos unos de otros a nuestras casas separadas, donde nos aislamos todavía más en nuestras distintas alcobas. Llevamos un estilo de vida autosuficiente el cual hace innecesario el compartir.

Como cierto hombre comenta: "El bien cuidado césped delantero constituye el foso moderno del castillo que mantiene a raya a los bárbaros".[3] El anonimato, el cinismo, y la indiferencia, están sustituyendo a marchas forzadas al apoyo mutuo y al interés genuino. A primera vista puede dar la impresión de ser más eficiente; pero recuerde la opinión del doctor Zimbardo: el aislamiento es en realidad un asesino de los peores.

¿QUE ES EL "COMPROMISO"?

En el diccionario vemos que *comprometido* significa "incorporar como participante, relacionarse estrechamente, conectar, incluir". Cuando usted y yo nos comprometemos con alguien, "nos relacionamos" con la persona en cuestión, pensamos en ella al hacer nuestros planes; dirigimos de veras nuestras vidas con un claro enfoque en los otros, incorporándoles en nuestras actividades, incluyéndoles. . . Para decir esto en forma más simple, los cristianos tienen por lo menos cuatro aspectos de compromiso que mantener:

- Nuestro compromiso con Dios.

En el pasado, ese compromiso dio como resultado la salvación de nuestra alma —el nuevo nacimiento a través de la fe en Jesucristo—. Actualmente consiste en nuestro caminar diario con Cristo en la vida. Para mantener una conexión estrecha con nuestro Señor, pensamos en El al hacer nuestros planes, oramos, exploramos las riquezas de su Palabra. . . Este es el compromiso más importante de toda la vida pero no sucede automáticamente.

- Nuestro compromiso con los miembros de nuestra familia.

Padres, hijos, parientes, cónyuge. . . Sean o no cristianos, todos ellos componen el círculo de contacto íntimo; y los incluimos en nuestros pensamientos —naturalmente a unos más estrechamente que a otros.

- Nuestro compromiso con otros cristianos.

Por lo general seleccionamos a éstos de la iglesia a la que asistimos; y su número crece a medida que "conectamos" con otros por medio de los intereses comunes. Algunos de nosotros podríamos hacer una lista, literalmente, de *cientos* de amigos cristianos con los cuales tenemos una relación. Esto se convierte en un factor principal en lo referente a nuestra capacidad para hacer frente a la vida en este planeta —que de otro modo sería un peregrinaje solitario y desalentador.

- Nuestro compromiso con los no creyentes.

Trabajamos juntos, hacemos negocios con ellos, vivimos cerca de sus casas, vamos a la escuela a su lado, y por lo general son ellos quienes nos distraen. Por desgracia, la mayoría de los cristianos cortan *todo* lazo estrecho con los inconversos a los pocos meses de ser salvos; no es de extrañar por tanto que nos resulte difícil compartir nuestra fe con otros. Hablaré más acerca de esto en el capítulo 14.

EL COMPROMISO CON OTROS CRISTIANOS

Por amor del equilibrio de este capítulo, concentremos nuestra atención en el tercer aspecto del compromiso: nuestro trato con otros en la familia de Dios. Si no es usted cristiano, *o* se ha convertido recientemente, puede pensar que la relación entre creyentes es el peldaño inmediato inferior a la dicha del cielo; pero, por el contrario, aunque hay algunas maravillosas excepciones, he observado que los cristianos estamos a menudo de malas unos con otros.

Alguien sugirió en cierta ocasión que somos como una manada de puercoespines en una noche helada. El frío nos impulsa a acercarnos unos a otros, y a apiñarnos para mantenernos calientes; pero cuando comenzamos a arimarnos de veras, nuestras púas hacen que nos pinchemos entre nosotros; algo que nos obliga a separarnos. No obstante, antes de que pase mucho tiempo, empezamos a sentir frío de nuevo; y volvemos a reagruparnos, sólo para herirnos otra vez. De esta manera participamos en una extraña y rítmica "danza tribal". No podemos negarlo: nos necesitamos unos a otros; y sin embargo ¡nos pinchamos unos a otros!

> Morar en el cielo con santos que amamos,
> Será gracia y gloria.
> Vivir aquí abajo con otros hermanos,
> Es toda otra historia.[4]

¿Cómo podemos acabar con el viejo "síndrome del puercoespín"? La respuesta, en una palabra, es "compromiso"; o para utilizar el término bíblico: *comunión*.

> Y perseveraban en la doctrina de los apóstoles, en la comunión unos con otros, en el partimiento del pan y en las oraciones (Hechos 2:42).

Este versículo de la Escritura es una declaración de gran importancia. Históricamente la iglesia acaba de nacer; y unos tres mil nuevos cristianos están amontonados en las calles de Jerusalén. No cuentan con nada tangible en que apoyarse: ni edificio, ni organización, ni estatutos, ni reglamentos internos, ni "pastor"... ni siquiera una copia completa de las Escrituras. ¿Y qué hacían? Este versículo dice que se dedicaban a la instrucción de los apóstoles, a las ordenanzas, a la oración, *y* a la comunión.

El término griego traducido comunión, es *koinonía*; cuya raíz significa "común". Los tres siguientes versículos de Hechos 2 revelan lo íntimamente unidos que esos creyentes estaban entre sí:

> Y sobrevino temor a toda persona; y muchas maravillas y señales eran hechas por los apóstoles.

> Todos los que habían creído estaban juntos, y tenían en común todas las cosas; y vendían sus propiedades y sus bienes, y lo repartían a todos según la necesidad de cada uno (Hechos 2:43–45).

Aquellos cristianos del primer siglo compartían sus aflicciones, sus cargas, y a menudo de sus ojos brotaban lágrimas compasivas por sus hermanos.

OBSERVACIONES EN CUANTO AL COMPROMISO DE LOS PRIMEROS CRISTIANOS

Mi observación es que su compromiso mutuo tenía cuatro características:

1. Era asumido por todos (dos veces aparece la palabra "todos").

2. Ayudaba a mantenerlos unidos en tiempos de gran necesidad.

3. Se trataba de algo auténtico, espontáneo, nunca forzado. Había sinceridad.

4. Aumentaba su sentimiento de unidad y armonía.

En Hechos 4 leemos más acerca de aquellos primeros tiempos de la iglesia:

> Y la multitud de los que habían creído era de un corazón y un alma; y ninguno decía ser suyo propio nada de lo que poseía, sino que tenían todas las cosas en común.
>
> Así que no había entre ellos ningún necesitado; porque todos los que poseían heredades o casas, las vendían, y traían el precio de lo vendido, y lo ponían a los pies de los apóstoles; y se repartía a cada uno según su necesidad (Hechos 4:32, 34, 35).

¡Asombroso!

La antigua *koinonía* debió de ser algo digno de contemplar. Cuando trato de hacerme una imagen mental de ella, me viene la siguiente descripción: La *koinonía* consiste en expresiones de cristianismo auténtico, libremente compartidas entre los miembros de la familia de Dios. Se menciona unas veinte veces en el Nuevo Testamento; y sin excepción, dicha *koinonía* se expresa en una de dos direcciones:

En primer lugar, se emplea en el sentido de compartir algo *con* alguien —cosas tales como alimentos, dinero, suministros, aliento, tiempo, e interés—. Y segundo, en relación con el participar *en* algún asunto con otro: como es el caso de un proyecto, un éxito, un fracaso, una necesidad, o una aflicción.

Todo esto significa que la *koinonía bíblica nunca es algo que uno hace solo.* En otras palabras: que el deseo de Dios para sus hijos es que estemos unidos personal y profundamente los unos en las vidas de los otros. El no quiere que comencemos a parecernos a autómatas intocables cubiertos de una fina capa de cromo brillante. Nuestros "¿Cómo te va?" y "Pásalo bien" superficiales no bastan. En aquel grupo de cristianos del primer siglo no había nada de esa falta de compromiso —¡no había puercoespines entre ellos!

¿POR QUE COMPROMETERSE?

Cuando escudriño la Palabra de Dios en busca de razones para romper con el aislamiento de nuestra era, descubro dos hechos ineludibles: Dios lo manda, y la iglesia lo necesita.

Dios lo manda

En Romanos 12:9–16 leemos una serie de mandamientos:

El amor sea sin fingimiento. Aborreced lo malo, seguid lo bueno.

Amaos los unos a los otros con amor fraternal; en cuanto a honra, prefiriéndoos los unos a los otros.

En lo que requiere diligencia, no perezosos; fervientes en espíritu, sirviendo al Señor; gozosos en la esperanza; sufridos en la tribulación; constantes en la oración; compartiendo para las necesidades de los santos; practicando la hospitalidad.

Bendecid a los que os persiguen; bendecid, y no maldigáis.

Gozaos con los que se gozan; llorad con los que lloran.

Unánimes entre vosotros; no altivos, sino asociándoos con los humildes. No seáis sabios en vuestra propia opinión.

Todos estos versículos son en realidad una consecuencia del primer mandamiento: "El amor sea sin fingimiento." Fíjese en cómo presenta los versículos 9 y 10 la versión de *La Biblia al Día*:

No finjas amar: ama de veras. Aborrece lo malo. Ponte de parte del bien. Amense con cariño de hermanos y deléitense en el respeto mutuo.

¡Fuera la hipocresía! ¡Digamos adiós a la indiferencia! Dios nos manda que nos abramos, aceptemos, y afirmemos unos a otros.

Esto significa resistir conscientemente a la fuerte corriente del río en el que nos encontramos metidos... aquel que dicta todas las excusas como:

"Estoy demasiado ocupado".
"No vale la pena arriesgarse".
"En realidad no necesito a nadie".
"Si me acerco demasiado me quemaré".
"Si me extiendo hacia otros pareceré tonto".

La estrategia del diablo para nuestros días está funcionando. El nos ha engañado, haciéndonos creer que no deberíamos preocuparnos de ser guardas de nuestros hermanos; después de todo andamos muy cortos de tiempo y exigencias de trabajo (esa inflexible y ardiente determinación de ser el número uno), por no mencionar la ansiedad provocada por la incertidumbre económica. Y de todos modos... ¿quién necesita de veras nuestra ayuda? Le diré quién: casi cualquier persona con la que nos encontramos, eso es. No se deje engañar por la superficial apariencia de seguridad y de confianza en nosotros mismos que presentamos la mayoría de los individuos: por lo general, en lo más hondo de nuestro ser llevamos un chiquillo asustado que espera que alguien se interese por él, tome su mano, le afirme y le ame con auténtico afecto.

Dios nos manda que nos interesemos unos por otros porque nos ha hecho seres dependientes unos de otros. ¿Recuerda lo que le dijo a Adán poco antes de darle a Eva? "No es bueno que el hombre esté solo" (Génesis 2:18).

Esto nos trae a la segunda razón por la que debemos interesarnos en los demás:

El cuerpo lo necesita

Vuelva a leer estas conocidas palabras:

Pero ahora son muchos los miembros, pero el cuerpo es uno solo.

Ni el ojo puede decir a la mano: No te necesito, ni tampoco la cabeza a los pies: No tengo necesidad de vosotros.

Antes bien los miembros del cuerpo que parecen más débiles, son los más necesarios; y a aquellos del cuerpo que nos parecen menos dignos, a éstos vestimos más dignamente; y los que en nosotros son menos decorosos, se tratan con más decoro.

Porque los que en nosotros son más decorosos, no tienen necesidad; pero Dios ordenó el cuerpo, dando más abundante honor al que le faltaba, para que no haya desavenencia en el cuerpo, sino que los miembros todos se preocupen los unos por los otros.

De manera que si un miembro padece, todos los miembros se duelen con él, y si un miembro recibe honra, todos los miembros con él se gozan.

Vosotros, pues, sois el cuerpo de Cristo, y miembros cada uno en particular (1 Corintios 12:20–27).

Para que el cuerpo de Cristo —la iglesia— funcione, debemos trabajar juntos como equipo. A fin de disipar la división necesitamos comprometernos unos con otros; con objeto de reprimir la enfermedad... reparar fracturas... acelerar la curación... tenemos que ser interdependientes. Además hemos de asistirnos unos a otros como servidores y amigos, al igual que el cuerpo humano viene en ayuda de sus partes dañadas.

Durante un período de adolescencia en mi propio desarrollo espiritual, pasé por una etapa en la cual pensaba que no necesitaba a nadie. Durante ese tiempo "usé" a algunas personas, y en ocasiones interpreté el papel de uno que se interesaba en los demás, pero en lo profundo de mi ser mantenía las distancias. Reconozco con vergüenza que el orgullo escondido jugaba conmigo, mientras yo profería las palabras correctas sin tener interés alguno en abrirme a otros o en permitir que nadie me conociera por dentro.

Fue entonces cuando Dios comenzó a obrar en mi actitud, utilizando, al parecer, todos los medios posibles para conseguir la atención por mi parte y revelarme la necesidad que tenía de otros. Ahora, al mirar hacia atrás puedo comprender por qué no desistió. Con una regularidad inexorable siguió con mi caso; golpeándome, empujándome, tirando de mí, apretándome, penetrando... Pero lo mejor de todo fue la manera maravillosa en que otros se interesaron en mí obligándome a reconocer el hecho de que *los necesitaba*, tal y como Pablo escribe en 1 Corintios 12. Por experiencia aprendí que el ojo no puede decir a la mano: "No te necesito" (12:21).

En la familia de Dios no existe tal cosa como un miembro del cuerpo totalmente independiente: puede que actuemos así durante algún tiempo, pero por último él nos muestra cuánto nos necesitamos unos a otros.

¿QUE INCLUYE EL COMPROMISO?

Al leer 1 Corintios 12, versículos 25 al 27, descubro por lo menos tres ingredientes particulares del compromiso: la espontaneidad, la vulnerabilidad, y la responsabilidad ante otros.

Espontaneidad

Vuelva a leer el versículo 25.

> Para que no haya desaveniencia en el cuerpo, sino que los miembros todos se preocupen los unos por los otros.

Me alegro de que Dios se exprese aquí como lo hace. El busca una disposición espontánea por nuestra parte; no queriendo que todo funcione a base de órdenes.

Cuando Dios inspira el compromiso, éste no es artificial, jamás supone algo forzado. . . sino que brota de manera espontánea. No hay legislación al respecto, ni obligación mortificante. Se hace porque la persona quiere, no debido a que *tiene que* hacerlo.

Vulnerabilidad

Fíjese en el versículo 26:

> De manera que si un miembro padece, todos los miembros se duelen con él, y si un miembro recibe honra, todos los miembros con él se gozan.

Hay mucho sentimiento personal en estas palabras. Aquel que se interesa por los demás no representa el papel de "impecable". No, es humano, vulnerable, —susceptible de recibir heridas, expuesto al ataque, a la incomprensión, al daño—; está desprevenido.

Cuando las heridas exudan, la gente vulnerable se mancha. Hay una participación auténtica en el sufrimiento. No obstante, las personas vulnerables no tienen miedo a ser quebrantadas. Anne Ortlund escribe acerca de esto, en su propio estilo inimitable, reflexionando sobre cierto sermón que su marido Ray predicó basado en Marcos 14:3.

> . . . Y he aquí que entra María —dijo—, con su vaso de alabastro conteniendo nardo, a la cena donde estaba Jesús; rompe el recipiente y lo derrama sobre El.
> Un vaso de alabastro blanquecino, jaspeado, liso, precioso.
> ¡Y con nardo puro adentro! Perdido para siempre. Según

Juan 12:3, toda la casa se llenó de la fragancia.
Tremenda historia.

Los cristianos entran en fila en la iglesia un domingo por la mañana. De uno en uno pasan continuamente hacia adentro —como vasos de alabastro separados.
Contenidos.
Autosuficientes.
Encerrados en sí mismos.
Completos individualmente.
Con su contenido sin abrir.
No emitiendo perfume en absoluto.
Sus vasos no tienen un aspecto desagradable; de hecho, algunos son Los Escogidos, llegando a prestar mucha atención al vaso: preocupados por el suyo propio y por el de los demás. Son conscientes de la ropa, de las personalidades, de la posición en este mundo. . . de lo externo.
De modo que antes y después del culto (y quizás durante el mismo) pueden mantener conversaciones "vasales": ¡Qué anillo tan bonito! ¿Cómo se llama esa piedra? ¿Sabes si Enrique consiguió aquel trabajo? ¿Qué hace el niño de Lisa este verano? ¿Es tuyo todo ese pelo? Tal vez tome unas clases de tenis si a Jorge le parece bien.

María quebró su vaso.
¡Lo rompió! ¡Qué horror! ¡Qué controversia! ¿Acaso lo estaba haciendo todo el mundo? ¿Era aquella una fiesta de "romper vasos"? No, ella lo hizo independientemente. ¿Y qué sucedió entonces? Lo evidente: que todo su contenido quedó liberado para siempre. Nunca más podría volver a estrechar contra sí misma su nardo precioso.[5]

Así sucede con la vulnerabilidad: es arriesgada, pero tremendamente esencial.

Hay un último ingrediente del compromiso significativo en este pasaje de 1 Corintios:

La responsabilidad ante otros

Vosotros, pues, sois el cuerpo de Cristo, y miembros cada uno en particular (12:27).

No somos únicamente un cuerpo impresionante, sino también *individuos*, unidades particulares que llevan a cabo funciones vitales. Esto significa que tenemos responsabilidad unos para con otros. Como cité anteriormente: "Ningún hombre es una isla. . . cada uno representa un pedazo de continente".

En nuestro indiferente y absorto mundo de aislamiento y anonimato, resulta un consuelo saber que estamos vinculados unos con otros. Le importamos a alguien. Alguien se interesa por nosotros. Alguien se fija en nosotros. He ahí otra ventaja de la participación.

Soy el pastor decano de una numerosa congregación del sur de California; y en ella resulta fácil para la gente perderse completamente en la multitud, convertirse en una cara sin nombre en medio de ella, no tener sentido de identidad, no aceptar responsabilidades, vagar peligrosamente acercándose a extremos expuestos sin que nadie lo sepa siquiera... Por eso los que estamos en el liderazgo pensamos constantemente en formas de cultivar una identidad, de sacar a la gente del anonimato, de asegurarles que la participación implica una responsabilidad. Es fácil pensar que todos los que van al culto se interesan en alguien y les alienta, pero no es así.

Hace algún tiempo me di cuenta de la sombría realidad de todo esto al leer el relato verdadero de una experiencia que tuvo mi amigo, el doctor James Dobson, en cierto seminario. El doctor Dobson había hablado acerca del tema de la necesidad de la autoestima entre los ministros del evangelio. Curiosamente, mucha gente tenía la idea equivocada de que aquellos que se preparan para el ministerio pocas veces luchan con el complejo de inferioridad. Cierto joven, sin embargo, contó con el valor necesario para admitir que se sentía paralizado por el miedo, a pesar de que deseaba sinceramente ayudar a otros mientras servía a Dios. El doctor Dobson habló entonces abiertamente de este problema corriente que consume el alma de las personas.

> Aquel mismo día, sentado en el auditorio había otro estudiante con igual tipo de problemas. Sin embargo, no me escribió una carta; ni se identificó de ninguna manera. Pero tres semanas después de mi partida se ahorcó en el sótano del piso que alquilaba. Uno de los cuatro hombres con quienes vivía me llamó por conferencia para informarme de la tragedia; expresando, profundamente conmovido, que los compañeros de habitación del estudiante muerto estaban tan ajenos a los problemas de éste, ¡que pasaron cinco días hasta que le echaron de menos![6]

Aunque resulte difícil de creer, hay cristianos *así* de desconectados y faltos de interés en el pueblo o en la ciudad en que usted vive; e incluso en la iglesia a la cual asiste. Le necesitan a usted. Y lo que es más: *Usted les necesita a ellos*; y a menos que se haga algo para establecer y mantener un compromiso significativo, las tragedias seguirán ocurriendo.

No olvide nunca que el aislamiento es un asesino de lo peor. El afirmar nuestro compromiso no supone simplemente un lujo agradable para aquellos que disponen de tiempo: es esencial para sobrevivir.

PREGUNTAS E IDEAS PARA DISCUSION QUE LE AYUDARAN A AFIRMARSE EN EL COMPROMISO

● Defina *compromiso* en sus propias palabras. Piense y hable acerca de cómo provee el mismo la respuesta necesaria al aislamiento. En una escala del 1 al 10, ¿cómo evaluaría su nivel de compromiso e interés por los demás?

● ¿Recuerda usted el "síndrome del puercoespín"? Sea sincero consigo mismo mientras reflexiona en cuanto a su propia tendencia a encerrarse en sí mismo cuando la gente empieza a estar demasiado cerca. ¿Es así? ¿Ha analizado alguna vez por qué?

● En este capítulo hemos examinado numerosos pasajes útiles de las Escrituras. Trate de recordar varios de los que fueron especialmente significativos y profundos para usted. Vuelva a los mismos y hable sobre ello.

● Cuando meditábamos acerca de las razones por las cuales el compromiso es importante, consideramos dos de ellas: (1) porque Dios lo manda; y (2) porque el Cuerpo lo necesita. Piense bien en esto, especialmente en la *segunda* razón: ¿Qué obtiene usted de otra persona que usted mismo no puede proveer?

● La espontaneidad, la vulnerabilidad, y la responsabilidad ante otros, son tres ingredientes vitales del compromiso significativo. Escoja una de ellas y medite en su valor. ¿Puede usted recordar alguna experiencia de otra persona y de la cual fue usted testigo?

Capítulo 3

Afirmando su conocimiento sobre el ánimo

Keystone, en estado de Colorado, es una estación de esquí aproximadamente a media hora de camino al oeste de Denver. Mi familia y yo fuimos invitados en 1980 a pasar el Día de Acción de Gracias en ese lugar pintoresco con unos quinientos jóvenes solteros, la mayoría de ellos personal de la Cruzada Estudiantil para Cristo, una organización cristiana internacional. No puedo recordar ninguna ocasión en la que hubiera una mayor disposición a aprender y un mayor entusiasmo en un grupo de personas. ¡La atmósfera estaba cargada de electricidad!

Hablé durante toda la semana acerca del tema del servicio, subrayando la importancia que tiene, que el líder actual sea alguien que ayuda, alienta, afirma, y se preocupa por otros, en lugar de uno que se aprovecha por su categoría de la gente. Muchas de las cosas que dije se han publicado ahora en forma de libro.[1] Dios cambió *de veras* algunas vidas durante esa semana; y todavía recibo noticias de varios hombres y mujeres que participaron en aquella memorable experiencia.

Al llegar el viernes de esa semana, decidí tomarme un descanso e intentar esquiar (subráyese la palabra *intentar*, ya que era la primera vez en mi vida que me ponía unos esquíes). Había estado nevando todo el Día de Acción de Gracias, y las pistas de esquí se hallaban absolutamente preciosas y en perfecto estado.

Emprendí mi primer viaje con una actitud mental positiva, pensando: "Voy a ser la primera persona que aprenda a esquiar sin caerse, y ¡mi hazaña quedará registrada!"

No se moleste en buscar, mi nombre no aparece en ningún registro de proezas.

¡Fue algo increíble! ¿Ha oído usted hablar del hombre elefante? ¡Pues con esquíes yo soy el hombre rinoceronte! Dudo que alguien en el planeta tierra haya bajado por una pista de esquí de más formas que yo, aterrizado en posiciones más diversas, o hecho más cosas creativas en el aire *antes* de tocar el suelo. Todavía puedo oír las palabras de una instructora de esquí a su clase de niños mientras se me quedaba mirando fijamente al pasar yo zumbando por su lado. En ese momento me encontraba sobre una pierna, inclinándome peligrosamente hacia el lado de estribor y viajando a unos 55 kilómetros por hora, habiendo perdido totalmente el control.

—Chicos —dijo—, he aquí lo que NO quiero que hagan.

Según recuerdo, acabé aquel descenso a pocos kilómetros de Denver, en un campo donde había búfalos pastando. Incluso ellos parecieron sorprendidos.

Trabajando conmigo aquel día humillante se encontraba la más alentadora de todas las instructoras de esquí (¡sí, tenía una instructora!), que estableció un nuevo record de paciencia. Es ella quien debería aparecer en los registros de proezas.

Ni una sola vez perdió la calma.

Ni una sola vez se rió de mí.

Ni una sola vez gritó, vociferó, amenazó, o maldijo.

Ni una sola vez me llamó estúpido.

Ni una sola vez dijo: Es usted absolutamente imposible. ¡Me doy por vencida!

Aquella amable y bondadosa mujer me ayudó a levantarme más veces de las que puedo contar; repitiéndome incansablemente las mismas reglas básicas —como nunca antes lo había hecho—. A pesar de que yo tenía más frío que un explorador en la Antártida, me sentía irritable, impaciente, y pasaba más tiempo bajo la nieve que sobre ella, siguió tranquilizándome con sus palabras y para colmo, ni siquiera me cobró por aquellas horas en la mini-pista, cuando ella hubiera podido estar disfrutando de la jornada con todos sus amigos en la magnífica pista grande que había más arriba. Ese día, Dios me proporcionó una ilustración viva y que jamás olvidaría del valor del ánimo. De no haber sido por el ánimo y las palabras, de aquella mujer, créame que hubiese "colgado los esquíes" y vuelto al albergue para calentarme los pies en el fuego en menos de una hora.

Y lo que es cierto en el caso de un novato en la nieve una vez al año, vale con mucha más razón para aquella gente que nos encontramos a diario. Acosados por las demandas y las fechas topes; golpeados por la preocupación, la adversidad, y el fracaso; quebrantados por el desengaño; y derrotados por el pecado, estas personas viven entre el desaliento aburrido y el pánico absoluto. ¡Ni siquiera los cristianos son inmunes a esto! Tal vez demos la impresión de vivir confiados del "tengo la situación dominada" —como yo la primera vez que me "metí" los esquíes en Keystone—; pero si somos realistas, también luchamos, perdemos el equilibrio, nos escurrimos y deslizamos, damos volteretas, y caemos de boca abajo.

Todos necesitamos que nos alienten. Precisamos de alguien que crea en nosotros, que nos tranquilice y apoye, que nos ayude a reponernos y a seguir adelante, que nos proporcione la determinación necesaria a pesar de las condiciones adversas.

EL SIGNIFICADO DEL ANIMO

Si uno se detiene a analizar el concepto, "alentar" cobra nuevo significado: es el acto de inspirar a otros valor, ánimo o esperanza. Cuando alentamos a otros, les incitamos, estimulamos y afirmamos. Resulta útil recordar la distinción que existe entre aprecio y afirmación: apreciamos lo que hace una persona; pero afirmamos lo que esa persona *es*. El aprecio viene y va porque por lo general está relacionado con algo que lleva a cabo el individuo. La afirmación tiene mayor profundidad: va dirigida a la persona en sí. Aunque el aliento abarca ambas cosas, la menos frecuente de las dos es la afirmación. Para que se nos aprecie, sacamos la clara impresión de que tenemos que ganárnoslo por medio de algún logro; pero la afirmación no necesita de ese requisito previo. Eso significa que aunque no obtengamos el derecho a ser apreciados (por que no consigamos triunfar o dejemos de alcanzar algún objetivo), aún se nos puede afirmar, de hecho es cuando lo necesitamos más que nunca.

No me importa cuán influyente, segura de sí o madura pueda parecer una persona; el aliento verdadero nunca deja de ser una ayuda. La mayoría de nosotros necesitamos dosis masivas de él al combatir en las trincheras; pero por lo general somos demasiado orgullosos para reconocerlo. Por desgracia, ese orgullo es tan frecuente entre los miembros de la familia de Dios como en las calles del mundo. Ahondemos ahora en este asunto del ánimo.

LA ADORACION CONSISTE EN ALGO MAS QUE EN ORAR

La mayor parte de la gente que va a la iglesia cree que un culto consiste únicamente en unos pocos himnos, una o dos oraciones, echar algún dinero en el platillo, escuchar un solo, y finalmente oír un sermón. Si diera usted esa respuesta a mi examen de una sola pregunta "¿Por qué se reúnen los cristianos para adorar?", tendría que calificarle con un "incompleto". Déjeme explicarle por qué:

Hace muchos siglos, cuando los cristianos empezaron a congregarse, el procedimiento operativo normal era la persecución. El martirio les resultaba tan corriente como a nosotros los embotellamientos de tráfico, algo de todos los días, y a consecuencia de ello, el miedo se apoderaba de las congregaciones. Algunos creyentes desertaban; mientras que otros, de algún modo, se dejaban llevar por la corriente para no arriesgarse.

Por lo tanto, entre los convertidos judíos empezó a circular una carta dirigida a aquellos que estaban soportando la oleada de persecución. Hoy en día conocemos dicha carta como *Hebreos*. Nadie sabe con toda seguridad quién la escribió; pero fuera quien fuese comprendía el valor de la adoración corporativa. Tras advertirles contra el contemporizar su vida de fe, el autor les informaba de la importancia que tenían esos ratos especiales que pasaban juntos.

Dedique unos momentos a meditar en sus palabras, que sin duda, fueron escritas con profunda emoción.

> Así que, hermanos, teniendo libertad para entrar en el Lugar Santísimo por la sangre de Jesucristo, por el camino nuevo y vivo que él nos abrió a través del velo, esto es, de su carne, y

teniendo un gran sacerdote sobre la casa de Dios, acerquémonos con corazón sincero, en plena certidumbre de fe, purificados los corazones de mala conciencia, y lavados los cuerpos con agua pura.

Mantengamos firme, sin fluctuar, la profesión de nuestra esperanza, porque fiel es el que prometió.

Y considerémonos unos a otros para estimularnos al amor y a las buenas obras; no dejando de reunirnos, como algunos tienen por costumbre, sino exhortándonos; y tanto más, cuanto veis que aquel día se acerca (Hebreos 10:19–25).

El autor empieza esta porción describiendo lo que *tenemos*:
1. Libertad para acercarnos a Dios (10:19).
2. Un sacerdote que nos proporciona acceso a Dios —se refiere a Cristo (10:21).

Los cristianos de hoy en día tendemos a olvidar estos beneficios tan magníficos. Y la razón de ello es sencilla: ¡nunca lo hemos conocido de otra manera! Pero en aquel entonces, durante la amenazadora época del primer siglo, a los adoradores les faltaba confianza: se acercaban a Dios con un espíritu de temor y turbación. Sus padres y antepasados no sabían nada de aquella familiaridad con el Padre. Pero ahora que Cristo ha abierto el camino a Dios (por su muerte en la cruz), venimos osada y confiadamente. ¿Por qué? Porque Jesucristo es nuestro mediador. Tenemos libertad porque El nos ha provisto este acceso inmediato al salón del trono de Dios Padre.

A continuación, el escritor de Hebreos describe lo que tenemos que *hacer*. ¿Capta las directrices? Tres veces introduce sus observaciones con imperativos:

"Acerquémonos. . ." (10:22)

Es una invitación a tener conocimiento íntimo de nuestro Dios. Los hijos del Señor no necesitan sentirse como si estuvieran en terreno peligroso cuando vienen delante de El.

"Mantengamos firme. . ." (10:23)

Aquí se da a entender la importancia que tiene el afirmarnos en la fidedigna verdad de Dios. Hoy en día diríamos: "¡Agarrémonos fuerte!"

"Considerémonos unos a otros para estimularnos. . ." (10:24)

Este versículo parece enfocar lo que el escritor está tratando de establecer. Finalmente hemos de pensar en formas de animarnos unos a otros para que el resultado sea un amor mutuo más profundo, y un mayor compromiso en cuanto a hacer cosas buenas los unos por los otros. En una palabra: está hablando del alentarse. ¿Cómo podemos estar seguros de ello? Compruebe el versículo que viene inmediatamente a continuación:

> No dejando de reunirnos, como algunos tienen por costumbre, sino exhortándonos; y tanto más, cuanto veis que aquel día se acerca (10:25).

¿Se da cuenta? La adoración consiste en mucho más que en sentarse y escuchar un sermón o inclinarse en oración. Un objetivo importante es prestar atención a lo que podríamos hacer para alentarnos unos a otros.

Un pensamiento más acerca de ese pasaje de la Escritura: ¿Ha notado usted que no se nos dice específicamente qué hemos de hacer? Se nos exhorta simplemente a considerarnos "unos a otros para estimularnos. . ." —los detalles se dejan a la estimación de cada nueva generación de personas las cuales se enfrentan a nuevos y diferentes desafíos.

LA IMPORTANCIA DEL ANIMO

Desde luego que animar supone algo más que sonreírle a alguien o darle una palmadita rápida en la espalda. Necesitamos comprender cuán valioso es realmente.

Una buena manera de empezar es considerando la palabra misma. *Alentar* tiene la misma raíz en griego que el vocablo que se utiliza para el Espíritu Santo en Juan 14:26 y 16:7, donde se llama a éste "el Consolador". El término real, *parakaleo*, procede de una combinación de dos palabras más pequeñas: *kaleo* (llamar), y *para* (al lado de). Del mismo modo que el Espíritu Santo es llamado a nuestro lado para ayudarnos, así sucede también con nosotros cuando alentamos a otros: nos acercamos más a la labor del Espíritu que haciendo ninguna otra cosa en la familia de Dios. Créame, cuando los cristianos empezamos a darnos cuenta del valor que tiene el alentarnos mutuamente, no hay límite para el estímulo a lo que podemos llevar a cabo. Resulta emocionante comprender que Dios *nos* ha llamado al lado de otros para ayudarles en su necesidad. ¡Cuánto mejor es estar ocupados en acciones que levantan a los demás en vez de en aquellas que les hundan!

Dándose cuenta de esto, cierto hombre escribe:

Una de las mayores responsabilidades del ser humano, es la de alentar... resulta fácil echar un jarro de agua fría a su entusiasmo; desanimar a otros. El mundo está lleno de desalentadores. Nosotros tenemos el deber cristiano de estimularnos mutuamente. Muchas veces una palabra de alabanza, de agradecimiento, de aprecio, o de aplauso, ha mantenido en pie a un hombre.[2]

Y lo maravilloso en cuanto al dar aliento, es que *cualquiera* puede hacerlo. No necesita usted un montón de dinero para llevarlo a cabo; ni siquiera tener una edad determinada. De hecho, algunas de las acciones o palabras más alentadoras que yo haya recibido han venido de mis propios hijos en momentos en los cuales me sentía abatido, —vieron la necesidad e intervinieron inmediatamente: se pusieron a mi lado y me ayudaron.

También las iglesias locales están empezando a caer en la cuenta. He leído acerca de una congregación en Salem, Estado de Oregón, que decidió tomar esto en serio. Hoy colocan en los soportes de los himnarios en cada banco, "Tarjetas de Aliento". En la parte superior de dichas tarjetas puede leerse en negritas. "Alentaos unos a otros". Aquellos que las utilizan, ponen el nombre del destinatario en una cara y su mensaje de aliento en la otra. Todas las tarjetas deben ir firmadas —no se envían por correo aquellas que no lo estén—; luego se recogen, y al comienzo de aquella misma semana el personal de la oficina de la iglesia escribe las señas, les pone el sello, y las manda. Cuando varias de dichas tarjetas van destinadas a la misma persona, se juntan y se envían en un solo sobre.

Ya que mucha gente está demasiado ocupada durante la semana para sentarse y escribir una palabra de aliento, esa congregación toma tiempo para hacerlo al comenzar el culto. Algunos agachan la cabeza en oración; mientras que otros echan mano a un lápiz y empiezan su mensaje de estímulo. ¡Qué idea tan estupenda!

Puede que usted piense: "La cosa pasará de moda y perderá su efecto." "En absoluto" —responde el pastor. Llevan nueve años poniendo en práctica el aliento mutuo, y hoy éste resulta más eficaz y significativo que antes.[3]

Estoy totalmente convencido de que miles de personas se están secando en la vid simplemente por falta de estímulo: misioneros solitarios y olvidados, gente que hace el servicio militar y se encuentra lejos de casa, universitarios y seminaristas, enfermos y moribundos, divorciados e individuos que han perdido a seres queridos, aquellos que sirven fielmente entre bastidores y que apenas reciben una mirada o un comentario de nadie... Mientras estudiaba en el Seminario Teológico Dallas, mi esposa y yo nos hicimos íntimos amigos de cierto estudiante graduado que trabajaba para obtener su título de Doctor en Teología. Se trataba de un simpático e inteligente joven cuyo futuro parecía prometedor. Por aquel entonces estaba soltero; y Cynthia y yo hablábamos a menudo de lo afortunada que sería la señorita que pudiera reclamarlo como suyo. Con el paso del tiempo, él no sólo consiguió el codiciado título, sino que conoció a una joven y se casó con ella. Varios años, —y dos hijos después, nuestro amigo iba por buen camino hacia una carrera de sumo éxito, cuando de repente su mundo se vino abajo: su esposa lo abandonó, llevándose consigo a los niños y las alegrías del hogar.

Jamás olvidaré su descripción de lo que suponía entrar en la casa y encontrarla fría y vacía. Una docena de emociones diferentes recorrían su ser mientras la sombría realidad de la pérdida le penetraba hasta lo profundo del alma extendiendo el paralizante veneno de la desesperación. El tiempo fue pasando lentamente, sin cambio alguno... sólo recuerdos. La reconciliación se convirtió en un sueño distante y nebuloso, y finalmente en una absoluta imposibilidad. El horror de las interminables horas de soledad hizo que nuestro amigo cuestionara muchas cosas. Decir que estaba desanimado era subestimar lo evidente: que había llegado al fondo. Mientras se encontraba allí, escribió esta composición, la cual reproduzco con su permiso, pero que dejaré anónima para proteger su intimidad:

Los días son largos; pero las noches más largas aún —y solitarias.
Espero el alba...
    mas la obscuridad me tiene en sus garras.
Lucho solo.

El sueño huye de mí, mientras los recuerdos de los buenos tiempos, y de los malos,
Excluyen todo vestigio de euforia y me dejan sin sosiego...
    sufriendo.
Llenan mi mente de pensamientos de amor
    y hostilidad;

De irreflexión
    y remordimiento;
De culpabilidad
    y desesperación.

"Oh Dios —exclamo— ¿no hay fin para el sufrimiento?
¿Debe la vergüenza atormentar mis pasos para siempre?
¿No habrá otra que quiera caminar conmigo
    aceptando
        amando
            interesándose
                perdonando. . .
Dispuesta a construir conmigo una vida nueva sobre cimientos
    más seguros?
¿A quien puedo prometer, al igual que ella, fidelidad eterna?

Otros han llorado conmigo en la oscuridad,
    se han preocupado. . .
Pero con las limitaciones de nuestra propia humanidad.
Las exigencias de sus vidas deben tomar precedencia.
Y al final me quedo solo,
    a no ser por Ti".

He intentado edificar de nuevo
    por mí mismo:
Demasiado pronto; imprudente e inestable.
Otras lesiones me han desgarrado, abriendo las heridas todavía
    sin cerrar.
La lucha no ha terminado.

Así que me arrastro,
    inquieto pero sin ceder a la derrota y la desesperación se-
        gura,
Hacia días mejores;
Hacia la luz que no se acaba;
Hacia Dios, que cuida siempre de mí.

El aliento se convirtió en el único oasis de aquel hombre en medio del desierto de la derrota. Unas pocas personas le dieron su cariño benigna y consistentemente, proporcionándole esperanza y el deseo de seguir, mientras muchas más le daban la espalda, rechazándole y cuestionando su carácter. Desde entonces nuestro amigo ha vuelto a casarse, y desempeña felizmente un papel que le llena como ejecutivo de cierta organización cristiana. Sobrevivió gracias al estímulo de otros. Su caso es uno entre miles —otro ejemplo de la importancia estratégica que tiene el aliento en las vidas de los que sufren.

ALENTANDO

Volviendo a la declaración de Hebreos 10:25, hemos de considerarnos unos a otros "para estimularnos al amor y a las buenas obras". En otras palabras: tenemos que pensar en formas específicas de levantar, apoyar y ayudar a los demás. Los mandamientos de Dios no son teóricos; especialmente aquellos que se refieren a la gente necesitada. En cuanto a esto, me vienen a la mente un par de pasajes bíblicos:

> Y si un hermano o una hermana están desnudos, y tienen necesidad del mantenimiento de cada día, y alguno de vosotros les dice: Id en paz, calentaos y saciaos, pero no les dais las cosas que son necesarias para el cuerpo, ¿de qué aprovecha? (Santiago 2:15, 16).
>
> Pero el que tiene bienes de este mundo y ve a su hermano tener necesidad, y cierra contra él su corazón, ¿cómo mora el amor de Dios en él? (1 Juan 3:17).

Tal vez unas pocas ideas ayudarán a despertar nuestro interés en cuanto a poner en práctica el aliento mutuo.

● Observe y mencione algunas cualidades admirables que ve en otros; tales como:

Puntualidad	Minuciosidad
Tacto	Diligencia
Fidelidad	Honradez
Buena disposición	Compasión
Lealtad	Buen sentido del humor
Tolerancia	Visión y fe

● Correspondencia, notas de agradecimiento, pequeños regalos acompañados de algunas letras. Preferentemente no tanto en los cumpleaños o en Navidad; sino más bien en ocasiones inesperadas.

● Llamadas telefónicas. Sea breve y vaya al grano: exprese su aprecio por algo específico que aprecia de verdad.

● Observe un trabajo bien hecho y haga mención del mismo. Conozco a algunas personas importantes que deben su éxito mayormente a que tienen una espléndida asistencia por parte de secretarias y personal de apoyo dentro de sus filas; pero pocas veces hablan a esta gente del buen trabajo que están haciendo.

● Cultive una actitud positiva y tranquilizadora. Piense y

responda a esta idea. El aliento no puede prosperar en un ambiente negativo y mal inclinado.

● Pague la cuenta del restaurante... proporcione entradas gratis para algún acontecimiento del que sabe disfrutaría la persona (o la familia)... mande flores... haga un regalo en metálico cuando parezca apropiado.

● Preste su apoyo a alguien que usted sepa que está sufriendo. Muestre su cariño a la persona sin temor a lo que otros puedan pensar o decir.

Conviene decir algo como aclaración final. El aliento debería hacer la vida un poco más fácil, pero tenga cuidado con no crear otras cargas cuando alienta a la gente. Haga las cosas sin interés en absoluto de que se le corresponda. ¡Las expectativas recíprocas son forjadoras de culpabilidad, no son acciones alentadoras! Trate también de ser sensible a la oportunidad de sus actos. Una expresión de aliento oportuna nunca se olvida. ¡Nunca!

A menudo pienso en aquellas personas que realizaron su trabajo fielmente durante un largo período de tiempo, para ser luego reemplazados y olvidados. Gente como antiguos maestros, antiguos responsables en la iglesia, antiguos miembros del consejo, antiguos pastores, y aquellos que nos discipularon, llegaron a perderse en el mar de los recuerdos distantes. Pase algún tiempo recordando a los individuos que representaron un papel importante en la formación de su vida... y busque formas de alentarles. Tal vez nos quedemos sorprendidos de cuán importante es para ellos saber simplemente que no se les olvida. Si necesita usted un recordatorio tangible del estímulo que esto produce, acuérdese de los prisioneros de guerra en Vietnam, o de los rehenes norteamericanos en Irán. Solamente el saber que no se les había perdido de vista, y por ello olvidado, sostuvo a la mayoría de ellos.

La capacidad de alentar se adquiere primeramente en la familia; es ahí donde tiene lugar el cultivo de esa virtud vital. Los niños la adquieren de sus progenitores al convertirse en los que reciben las palabras de deleite y aprobación de papá y mamá. Sin embargo, gran cantidad de experimentos realizados documentan el triste hecho de que los hogares tienden a ser mucho más negativos que positivos, y a apoyar mucho menos que a criticar.

Permítame desafiarle a tener una familia diferente. Empiece a dar los pasos necesarios para crear en su hogar un espíritu de aliento positivo, alentador y consistente. Créame que su familia se lo agradecerá eternamente; y *usted* será una persona mucho más feliz.

Conozco a un joven que se rompió la médula espinal en un accidente cuando tenía cuatro años. Hoy día sus piernas no le valen absolutamente para nada —son como un exceso de equipaje adherido a su cuerpo—. Pero gracias a que su padre creía en él, y a una esposa que sencillamente le adora, Ricardo Leavenworth lleva a cabo en la actualidad proezas que usted y yo calificaríamos de increíbles. Una de sus más recientes es el montañismo. De hecho se ha filmado una película[4] (¡*tiene* usted que verla!) en la que aparece alcanzando la cima de una montaña de 4.000 metros de altitud, solo —Ricardo, su silla de ruedas, y una determinación cultivada a lo largo de años recibiendo aliento.

Estoy pensando seriamente en renunciar a esquiar y empezar a hacer montañismo —quizás Ricardo esté dispuesto a entrenarme.

PREGUNTAS E IDEAS PARA DISCUSION QUE LE AYUDARAN A AFIRMARSE EN EL ANIMO

● El ánimo representa un papel vital en nuestras relaciones unos con otros. Discuta por qué. Sea específico al describir las cosas que el ser alentado proporciona a una persona.

● Vuelva atrás y repase el pasaje de Hebreos 10 al cual nos hemos referido en este capítulo. Léalo en voz alta y despacio. Hable acerca de la parte que le parece más importante a usted. Explique por qué.

● Ahora, enumere tres o cuatro formas en las que *desalentamos* a otros. Sea tremendamente sincero consigo mismo al contestar a las siguientes preguntas: ¿Lo hace usted? Si así es. . . ¿por qué? A continuación haga una lista mental de algunas maneras de *alentar* a otros. Hable acerca de cómo puede usted comenzar a hacerlo más a menudo.

● ¿Recuerda a alguna persona que anima a otros con frecuencia? Diga su nombre y describa de qué forma se ha beneficiado usted personalmente. ¿Le ha dado alguna vez las gracias a dicha persona? ¿Por qué no escribirle pronto una carta, o hacerle una llamada telefónica, para comunicarle su gratitud?

● El fortalecer su enfoque sobre el ánimo es un proceso lento. Al igual que la formación de cualquier hábito, lleva tiempo. Pero para que usted sea parte de los "alentadores", necesita empezar a hacer una o dos cosas *diarias* a fin de animar a otros. Piense por unos momentos, y luego comparta lo que planea realizar con objeto de formarse el hábito de alentar a otros.

Capítulo 4

Afirmando su conocimiento sobre la pureza

El cristianismo es sobre todo el paladín de la pureza. . .[1]

Aquellas palabras parecieron saltar de la página. Eché mano al diccionario que tenía sobre mi escritorio y busqué "paladín"; significa: "abogado militante o defensor". Un paladín es alguien que lucha por los derechos de otro. Al volver a la afirmación original, hice una paráfrasis como sigue:

"El cristianismo es sobre todo el abogado militante, el defensor de la pureza".

Luego imaginé la centelleante figura de un hombre fornido, vestido de blanco, con su reluciente espada desenvainada. Le llamé Cristianismo, y me lo representé en pie frente a Pureza, listo para hacer trizas a cualquier enemigo que intentara atacarla. Ella se sentía segura a su sombra, protegida en su presencia —como una hermanita detrás de su hermano mayor.

Y entonces pensé: "¿Es esto todavía cierto?" Comprobé la fecha del libro que estaba leyendo: 1959. Con un suspiro me vi obligado a afrontar la realidad: "Han pasado muchas cosas desde 1959". Tal vez sería más preciso decir que *hemos ido a la deriva*. ¿Cuenta todavía Pureza con su paladín?

En teoría, sí; jamás ha habido un defensor de Pureza más valiente que Cristianismo. Nada puede compararse al poder de Cristo cuando se trata de limpiar una vida: su fuerza liberadora

50

ha roto el yugo de la esclavitud al pecado; su muerte y su resurrección han venido en nuestro auxilio, ofreciéndonos la dignidad en vez de la miseria moral, la esperanza en lugar de la desesperación degeneradora. A diferencia de las víctimas indefensas sin el Salvador, que tratan una y otra vez de poner en orden su comportamiento por sus propias fuerzas sólo para fracasar irremediablemente, aquel que conoce a Jesucristo de manera personal, habiéndole recibido por la fe, tiene a su disposición el poder que necesita para andar en pureza. Pero entendámoslo: ese caminar no es automático. ¡Ah, ahí está el problema!

No se trata de que el cristianismo haya comenzado a perder su efecto a lo largo de los últimos veinte o veinticinco años; sino que más y más cristianos (según creo yo) optan ahora por un nivel más bajo cuando se enfrentan a la elección entre vivir en la pureza moral que se expone en las Escrituras o contemporizar (dándose luego excusas para deshacerse de la culpa). Pues mire a su alrededor; usted decide.

La batalla de las opciones no es nada nuevo; dos porciones del Nuevo Testamento, escritas en el siglo I, describen de manera bastante vívida esa guerra interna:

> . . . Sabiendo esto, que nuestro viejo hombre fue crucificado juntamente con él, para que el cuerpo del pecado sea destruido, a fin de que no sirvamos más al pecado. . . No reine, pues, el pecado en vuestro cuerpo mortal, de modo que lo obedezcáis en sus concupiscencias; ni tampoco presentéis vuestros miembros al pecado como instrumentos de iniquidad, sino presentaos vosotros mismos a Dios como vivos de entre los muertos, y vuestros miembros a Dios como instrumentos de justicia (Romanos 6:6, 12, 13).
>
> Porque el deseo de la carne es contra el Espíritu, y el del Espíritu es contra la carne; y éstos se oponen entre sí, para que no hagáis lo que quisiereis (Gálatas 5:17).

¡Cuán equilibrada es la Biblia! Sin negar la lucha, ni disminuir la fuerte atracción de nuestra carne, anuncia que no tenemos por qué ceder como si los cristianos fuéramos unos patéticos trozos de masilla en las manos de la tentación. En Cristo, a través de Cristo, por medio de Cristo, contamos con equipo interno necesario para mantener la pureza moral. Sí, el cristianismo sigue siendo el paladín de la pureza; pero los desafíos y ataques contra ésta jamás han sido mayores, lo cual complica el problema.

LA EROSION MORAL: UN HECHO INELUDIBLE

En caso de que usted no esté listo para aceptar la idea de que la moralidad va en declive, piense en 1939. Ese fue el año del estreno de *Lo que el viento se llevó*, que incluía en su guión una escandalosa palabra la cual hizo levantar las cejas a los espectadores de todo el mundo. ¿Han cambiado mucho las cosas desde 1939? ¿Escandalizan todavía esa clase de palabras? ¡Vamos, no bromee!

El primer catedrático y presidente del Departamento de Sociología de Harvard, Pitirim Sorokin, de origen ruso, es un agudo observador de nuestros tiempos, y en su libro *The American Sex Revolution* (La revolución sexual americana) no economiza los golpes al desarrollar el tema: "Nuestra civilización ha llegado a estar tan preocupada por el sexo —dice—, que ahora el mismo rezuma por todos los poros de la vida americana".[2] Entristecido por nuestro apetito cada vez mayor de lo sensual, el doctor Sorokin hace un trabajo soberbio describiendo la erosión moral de una nación en otro tiempo pura y ufana:

> . . . en el último siglo, mucha literatura se ha centrado en las personalidades y aventuras de gente subnormal y anormal: prostitutas y queridas, golfillos callejeros y criminales, personas perturbadas mental y emocionalmente, y otros pelagatos de la sociedad.
>
> Ha habido una creciente preocupación por las cloacas subsociales: el hogar roto de padres desleales y niños faltos de amor, la alcoba de una prostituta, el burdel, la guardia de criminales, el pabellón de locos, el club de políticos corrompidos, la pandilla callejera de delincuentes juveniles, la oficina del rufián, la mansión ostentosa del cínico magnate de los negocios, la cárcel cargada de odio, el "tranvía llamado deseo", la zona portuaria dominada por el crimen, el tribunal del juez deshonesto, la jungla de corrales donde se asesina al ganado y se empaqueta su carne. Estas y cientas de escenas similares son ejemplos de una gran parte de la literatura occidental moderna, la cual se ha convertido cada vez más en un verdadero museo de la patología humana.
>
> Al mismo tiempo ha habido una transmutación paralela de la experiencia del amor, la cual ha ido cayendo progresivamente de lo puro y noble o de lo trágico. El amor sexual corriente y prosáico, pero por lo general lícito, que se describe en la literatura de los siglos XVIII y XIX, ha sido desplazado cada vez más en los últimos cincuenta años por diversas formas anor-

males, pervertidas, vulgares, picarescas, exóticas, e incluso monstruosas —las aventuras sexuales de los hombres brutales y violadores de las urbes, los amores de los adúlteros y fornicarios, de los masoquistas y sádicos, de las prostitutas, las queridas, los calaveras y las personalidades del mundo del espectáculo—. Se preparan de manera seductora, y se sirven con pericia, suculentos "amores", "its", "ids", "orgasmos" y "líbidos" acompañados de toda su guarnición.

Ideadas para excitar la decadente sensualidad de los lectores, y así aumentar las ventas de esos tónicos sexuales literarios, gran parte de las publicaciones occidentales contemporáneas han llegado a ser freudianas hasta la médula; absortas en las descripciones sucias de "amores" genitales, anales, orales, cutáneos, homosexuales, e incestuosos; enfrascadas en el sicoanálisis literario de diversos trastornos como: la castración, el complejo de Edipo, el tétanos, el narcisismo, y otras formas patológicas. Tal literatura ha degradado y negado los grandes, nobles, y alegremente hermosos valores del amor normal entre cónyuges.[3]

Desde que Sorokin escribió su libro, hemos degenerado más de lo que incluso *él* hubiera imaginado. Las tiendas *pornografícas* están ahora instaladas en todas las ciudades importantes de los Estados Unidos; y las películas "X" más duras se hallan disponibles mediante suscripción a ciertos canales de televisión por cable y en algunos de los hoteles más grandes. Hemos alcanzado el punto más bajo hasta el presente con la pornografía "de niños" y los asesinatos "amorosos" (sí, los verdaderos crímenes) ahora tomados en película; e incluso la televisión, a las horas de mayor audiencia, no está exenta de escenas íntimas de dormitorio, explosiones verbales de obscenidad y una dieta más bien frecuente de llamémoslo humor referente al coito, a la homosexualidad, a la desnudez, y a diferentes partes de la anatomía humana. Uno se pregunta cuándo alcanzaremos el nivel de saturación.

Ciertamente que hemos ido un buen trecho a la deriva desde 1939, pero con ello no quiero sugerir que hasta entonces los Estados Unidos fueran tan puros como la nieve caída. No, se trata simplemente de que la inmoralidad actual tiene un descaro, una insolencia desvergonzada y sin inhibiciones, que nadie puede negar; y todo eso asalta nuestros sentidos con una regularidad tan implacable que necesitamos el poder de Dios para andar en pureza. Y he aquí la buena noticia: *¡Tenemos dicho poder!* Pero le recuerdo que no se pone en acción automáticamente; lo cual nos trae a uno de los pasajes bíblicos más potentes del Nuevo Testamento.

LA PUREZA MORAL: UNA META ALCANZABLE

Durante su segundo viaje misionero, Pablo viajó hasta Europa, una región del mundo que no había oído acerca del cristianismo, proclamando el mensaje de salvación en metrópolis tales como Filipos, Tesalónica, Atenas, y Corinto, ofreciendo esperanza y perdón a todos los que estuvieran dispuestos a escuchar. Más tarde, después de haber tenido tiempo para pensar sobre su ministerio entre ellos, escribió cartas a la mayoría de esos sitios, con el deseo de aclarar, y también de intensificar, lo que les había enseñado.

Podemos ver un ejemplo de esto en 1 Tesalonicenses 4. Escuche lo que dicen los cinco primeros versículos:

> Por lo demás, hermanos, os rogamos y exhortamos en el Señor Jesús, que de la manera que aprendisteis de nosotros cómo os conviene conduciros y agradar a Dios, así abundéis más y más.
>
> Porque ya sabéis qué instrucciones os dimos por el Señor Jesús; pues la voluntad de Dios es vuestra santificación; que os apartéis de fornicación; que cada uno de vosotros sepa tener su propia esposa en santidad y honor; no en pasión de concupiscencia, como los gentiles que no conocen a Dios (1 Tesalonicenses 4:1–5).

Como el pastor preocupado por el rebaño al que sirve, Pablo les alienta a algo más que a un mero asentir con la cabeza a la pureza sexual; exhortándoles más bien a "abundar más y más". El apóstol ahorra palabras y les ordena que "se aparten" de fornicación (o inmoralidad sexual).

En el mundo romano de entonces había un clima bastante parecido al que tenemos hoy en día. La impureza se consideraba bien con indiferencia pasiva o con una actitud abiertamente favorable. Los cristianos de aquellos tiempos (como los de ahora) eran semejantes a diminutas islas de moralidad, rodeadas por vastos océanos de relaciones sexuales ilícitas y libertinaje; y conociendo la corriente de tentación que formaba sus remolinos alrededor de ellos, Pablo les aconsejó "apartarse" —una postura inequívoca a favor de la abstención total en cuanto a la inmoralidad sexual—. Para que el cristianismo siga desempeñando el papel de "paladín de la pureza", se requiere que los cristianos sean irreprensibles. Esto vale tanto para hoy como para el siglo I.

> Según Pablo, la santidad cristiana exige una abstinencia total de *porneias* ("inmoralidad sexual", "fornicación"); requiriendo aquí esta palabra una definición amplia, que abarque todo tipo de pecados sexuales entre hombre y mujer.[4]

En nuestro mundo gris, permisivo y pantanoso de la acomodación teológica que se ajusta al talante del momento, este pasaje de la Escritura destaca como un faro solitario sobre un cerro árido y escarpado. Es interesante que esos versículos sigan hablando acerca del proceso de mantener un estilo de vida puro; o dicho con otras palabras, de cómo fortalecer nuestra manera de afirmarnos en la pureza.

> Pues la voluntad de Dios es vuestra santificación; que os apartéis de fornicación; que cada uno de vosotros sepa tener su propia esposa en santidad y honor; no en pasión de concupiscencia, como los gentiles que no conocen a Dios; que ninguno agravie ni engañe en nada a su hermano; porque el Señor es vengador de todo esto, como ya os hemos dicho y testificado.
> Pues no nos ha llamado Dios a inmundicia, sino a santificación (1 Tesalonicenses 4:3–7).

Tomando control del cuerpo

Es imposible conformarse a la pureza moral sin antes abordar algunos hechos prácticos relacionados con el cuerpo —los apetitos de nuestra carne y sangre que ansían ser satisfechos—. Se han escrito tomos enteros acerca de la mente, de nuestra constitución emocional, del "hombre interior", del alma, del espíritu, y de la dimensión espiritual; pero, en comparación, los evangélicos modernos han dicho muy poco sobre el cuerpo físico.

● Hemos de presentar nuestros cuerpos en sacrificios vivos a Dios (Romanos 12:1).

● Se nos manda que *no* cedamos ninguna parte de nuestros cuerpos al pecado como instrumentos de iniquidad (Romanos 6:12, 13).

● Nuestros cuerpos son en realidad "miembros de Cristo"; le pertenecen a El (1 Corintios 6:15).

● Nuestros cuerpos son "templos" literalmente habitados por el Espíritu Santo (1 Corintios 6:19).

● Por lo tanto, se espera de nosotros que "glorifiquemos a Dios" en nuestros cuerpos (1 Corintios 6:20).

● Hemos de convertirnos en estudiantes de nuestros cuerpos, aprendiendo a controlarlos (1 Tesalonicenses 4:3),

¿Se da cuenta? Nuestros cuerpos pueden hacer fácilmente que nos salgamos del camino. Eso no quiere decir que el cuerpo sea malo en sí; sino sólo que posee cierto número de apetitos listos para responder a los estímulos que nos rodean —todos los cuales son terriblemente atrayentes y satisfacen de forma temporal.

Déjeme hacerle una pregunta: ¿Conoce usted su cuerpo? ¿Es consciente de las cosas que debilitan su control sobre él? ¿Se ha detenido usted a considerar las zonas peligrosas, y cómo mantenerse apartado de ellas —o por lo menos pasar por las mismas apresuradamente?

Cuando yo estaba en la Infantería de Marina pasé casi un año y medio en Oriente. Parte del tiempo me tuvieron estacionado en Japón —principalmente en la isla de Okinawa—, a 13.000 solitarios kilómetros de mi esposa y mis familiares. Tenía muchísimo tiempo libre, y montones de oportunidades para dejarme arrastrar a aventuras sexuales. La mayoría de los hombres de mi unidad se alojaban regularmente en el pueblo con mujeres y aquellos que no querían el lío de un "compromiso" con una mujer, tenían una isla repleta de compañeras disponibles por una sola noche. Los bares vivamente iluminados, con mujeres absolutamente espléndidas (por fuera, naturalmente) de cualquier nacionalidad que uno quisiera, permanecían abiertos los siete días de la semana durante 365 días al año; y no había nada que aquellas no estuvieran dispuestas a hacer para satisfacer a sus clientes —en su mayor parte marinos—. La tentación sensual no era menos que feroz.

Yo tenía alrededor de veinticinco años de edad. Era cristiano; y al mismo tiempo cien por cien humano. No tardé mucho en comprender que, a menos que aprendiera la forma de obligar a mi cuerpo a comportarse, no sería en nada diferente a cualquier otro infante de marina en libertad. Sin entrar en todos los detalles, ideé maneras de permanecer ocupado. Llenaba mi tiempo con actividades creativas; cuando andaba por la calle, lo hacía deprisa; me negaba a pasear y a permitir que mi cuerpo respondiese a las deslumbrantes señales de invitación; mis ojos miraban recto hacia adelante; y algunas veces *corría* literalmente a mi destino. Me obligaba conscientemente a desconectar la música sensual, al tiempo que disciplinaba mi mente por medio de la lectura intensiva, así como de un programa de memorización de la Escritura. Y comenzaba la mayoría de los días orando a Dios para que me diese la fortaleza necesaria para vencer las tentaciones. La batalla fue terriblemente difícil; pero mi empeño en mantener la pureza sexual produjo abundantes beneficios, créame.

Dio resultado; y también funcionará en su caso. Ahora bien, antes de que piense usted que soy del tipo monástico, déjeme decirle que *nada podría estar más lejos de la verdad*; simplemente me negué a permitir que fuera mi cuerpo quien dictase mis convicciones. Como implica 1 Tesalonicenses 4:3–7, la pureza sexual valió la pena; y dicho sea de paso, cuando el Señor comenzó a abrirme puertas para hablar con otros acerca de Cristo, fue extraordinario lo dispuestos que estuvieron a escuchar. Detrás de tanta careta de "macho", en lo profundo de sus corazones, aquellos hombres anhelaban deshacerse de ese sentimiento de culpa terrible y persistente —la otra cara de la impureza sexual que los comerciantes del hedonismo nunca se molestan en mencionar—. La pureza sexual consiguió audiencia.

Mi único propósito al compartir esto con usted es subrayar el hecho de que la pureza personal es una meta alcanzable. En nuestra época de decadencia moral, resulta fácil comenzar a pensar que dicha pureza es algún ideal anticuado e imposible de conseguir procedente del pasado nebuloso. *En absoluto.* Escuche de nuevo el consejo eterno de la Palabra de Dios:

> Pues no nos ha llamado Dios a inmundicia, sino a santificación.
>
> Así que, el que desecha esto, no desecha a hombre, sino a Dios, que también nos dio su Espíritu Santo (1 Tesalonicenses 4:7–8).
>
> Examinadlo todo; retened lo bueno.
>
> Absteneos de toda especie de mal (1 Tesalonicenses 5:21, 22).
>
> Porque la gracia de Dios se ha manifestado para salvación a todos los hombres, enseñándonos que, renunciando a la impiedad y a los deseos mundanos, vivamos en este siglo sobria, justa y piadosamente, aguardando la esperanza bienaventurada y la manifestación gloriosa de nuestro gran Dios y Salvador Jesucristo, quien se dio así mismo por nosotros para redimirnos

de toda iniquidad y purificar para sí un pueblo propio, celoso de buenas obras (Tito 2:11–14).

Y por último:

> Amados, yo os ruego como a extranjeros y peregrinos, que os abstengáis de los deseos carnales que batallan contra el alma, manteniendo buena vuestra manera de vivir entre los gentiles; para que en lo que murmuran de vosotros como de malhechores, glorifiquen a Dios en el día de la visitación, al considerar vuestras buenas obras (1 Pedro 2:11, 12).

No hay duda al respecto: Dios quiere que nosotros, su pueblo, nos afirmemos en la pureza y su Espíritu se encuentra listo para asistirnos.

Responsables ante el Cuerpo

Antes de dejar este tema vital, es necesario que pensemos en *otro* cuerpo que se ve afectado por la impureza moral: ese Cuerpo más amplio de creyentes al que las Escrituras llama "la iglesia". Cuando un cristiano escoge voluntaria y deliberadamente andar en impureza, no es el único (o la única) que sufre las consecuencias: esa decisión trae deshonra a todo el Cuerpo al cual pertenece. Ya que somos miembros los unos de los otros, tenemos responsabilidad unos ante otros. Aunque alguno de nosotros tal vez no *quiera* dicha responsabilidad, todavía se trata de un hecho innegable.

Ciertos pasajes del Nuevo Testamento tales como 1 Corintios 12:14–27 (por favor, deténgase y léalo usted mismo) ofrecen una gráfica descripción de la preocupación de unos por otros, del interés mutuo, y de la mutua responsabilidad. No somos islas independientes y sin identidad; ni tampoco debemos reaccionar con indiferencia despreocupada cuando uno de nuestros hermanos cae en la inmoralidad. Escuche esto:

> Hermanos, si alguno fuere sorprendido en alguna falta, vosotros que sois espirituales, restauradle con espíritu de mansedumbre, considerándote a ti mismo, no sea que tú también seas tentado.
>
> Sobrellevad los unos las cargas de los otros, y cumplid así la ley de Cristo (Gálatas 6:1, 2).
>
> Hermanos, si alguno de entre vosotros se ha extraviado de la verdad, y alguno le hace volver, sepa que el que haga volver al pecador del error de su camino, salvará de muerte un alma, y cubrirá multitud de pecados (Santiago 5:19, 20).

El mismo Salvador vio la necesidad de esto al mandar a sus seguidores que fueran en busca de los que se desvían:

> Por tanto, si tu hermano peca contra ti, vé y repréndele estando tú y él solos; si te oyere, has ganado a tu hermano.
>
> Mas si no te oyere, toma aún contigo a uno o dos, para que en boca de dos o tres testigos conste toda palabra.
>
> Si no los oyere a ellos, dilo a la iglesia; y si no oyere a la iglesia, tenle por gentil y publicano (Mateo 18:15–17).

Está bien claro. No se trata de algo tan complicado. Pero ¿cuántas congregaciones puede usted mencionar que sigan ese plan para rescatar a aquellos que se han extraviado? O, si vamos a ello, ¿cuántos hermanos cristianos conoce que pongan concienzudamente en práctica las instrucciones de Jesús y confronten a los descarriados? Ahora bien, no estoy sugiriendo que se lleve a cabo un duro e insensible ataque contra todos los que caen temporalmente en el pecado para poco después reconocer el mismo y arrepentirse; aquí se trata de un caso obvio de actividad pecaminosa que está infligiendo pérdidas tanto a la persona misma como a otros del Cuerpo.

¿Quién hay que se interese todavía por los demás? ¿Dónde está el amigo cristiano dispuesto a correr el riesgo de ser mal interpretado para ayudar a otro creyente a arrepentirse y a recibir plena restauración?

No soy el único a quien le preocupa este problema de la indiferencia. En numerosas ocasiones a lo largo de mi ministerio he recibido llamadas telefónicas y cartas de otras personas que están profundamente inquietas por la falta de responsabilidad de unos para con otros dentro del Cuerpo. He aquí algunos extractos de una de dichas cartas:

> Querido Pastor Swindoll:
>
> Durante los últimos años el Señor me ha estado metiendo en cierto número de situaciones que implicaban responsabilidad de unos cristianos para con otros. He luchado y continúo haciéndolo; y quiero compartir lo que estoy aprendiendo.
>
> Dos matrimonios de mi clase de Escuela Dominical empezaron a vivir con parejas distintas antes de divorciarse definitivamente. No supimos como reaccionar —en especial para con la mujer que llevó a la clase a su amante—; de manera que les ignoramos. Muy bien, ¿verdad?
>
> Algún tiempo después dos... compañeras de la clase comenzaron a vivir con hombres; y aquello me recordó muchas

cosas. Había bastantes actitudes corintias entre mis camaradas que decidí evaluar metódicamente. Por aquel entonces, poco más o menos, un amigo pasó por aquí en viaje de negocios, y habló del caso actual de un pastor más bien conocido de su localidad, que estaba engañando a su esposa. Mientras tanto, en cierta escuela cristiana, las alumnas de educación mixta se habían presentado buscando ayuda respecto a sus relaciones sexuales con empleados casados del centro.

¡Menuda trama! Como respuesta, he estado luchando con los conceptos bíblicos y psicológicos de relación, confrontación, responsabilidad ante otros, etc.; y he aquí algunas de mis observaciones hasta la fecha:

. . . en un total de diecinueve años. . . no he experimentado ni oído hablar de una confrontación a nivel comunitario. Es como si la confrontación progresiva de Mateo 18:15 y las órdenes de Pablo a Timoteo en cuanto a los dirigentes de iglesia (1 Timoteo 5:19) no estuviesen en la Biblia. . . no puedo evitar llegar a la conclusión de que la tendencia actual entre los cristianos a divorciarse, pecar sexualmente, etc., irá en aumento a menos que en la iglesia se tome en serio las Escrituras respecto a este aspecto de la confrontación. . . Creo que si nuestras relaciones en la iglesia no están lo suficientemente desarrolladas como para que otros puedan ver los problemas que amenazan nuestros matrimonios y responder a ellos, nos hallamos en una gran dificultad. ¿Quién nos ayudará?. . .

Aunque la carta iba dirigida a mí, piense como si usted fuera su destinatario. ¿Ayudará *usted*? Como ve, la pureza no es únicamente un asunto personal, sino un proyecto de grupo. Y cuando nos esforzamos por conseguirla, no es con el propósito de obtener gloria para el hombre; sino para Dios. A la hora de la verdad, es *su* nombre el que está en juego.

Antes de que alguien saque la conclusión apresurada de que la responsabilidad ante otros no supone más que una forma legalista y sistemática de hacer que un individuo se retuerza, déjeme repetir que su objetivo final es *restaurar* a otros creyentes, ayudarles a que vuelvan a ponerse en pie, libres de las anclas de la culpabilidad y la vergüenza que en otro momento paralizaban sus vidas.

Con toda franqueza: puedo pensar en pocas pruebas más convincentes de que el cristianismo es el paladín de la pureza, que esos esfuerzos compasivos de un miembro de la familia para ayudar a otro hermano u otra hermana a salir del hoyo —aunque ello requiera el trauma directo de la confrontación, o todo el proceso de la disciplina eclesial—. Si se llevan como es debido —en un espíritu de mansa y amorosa humildad—, dichos esfuerzos pueden dar como resultado la más bella y auténtica exhibición de arrepentimiento y gracia que sea posible.

Admiro en gran manera a una congregación cristiana en particular, que decidió no cerrar los ojos ante el estilo de vida impuro de uno de sus miembros. El hombre, un creyente, se hallaba involucrado en una serie de relaciones sexuales ilícitas que comenzaban a traer deshonra al nombre de Cristo; por no mencionar el impacto negativo que estaban produciendo en la iglesia local a la que pertenecía. Los líderes siguieron las pautas que Jesús dio en Mateo 18, tratando de rescatar al hombre de aquel síndrome sensual; pero en vano: él rechazó su consejo. Por último sucedió lo inevitable: con corazones entristecidos y evidente humildad, dieron el paso decisivo trayendo el caso ante la iglesia y colocando al hombre bajo disciplina —rehusando tener comunión con él hasta que se arrepintiera—. Aquello fue increíblemente desgarrador; un episodio angustioso en la vida de los dirigentes. Pero amaban demasiado a ese hermano para dejarle que continuara en la inmoralidad. El hecho de que estaban actuando en obediencia a Dios, y la esperanza de que algún día el resultado sería el arrepentimiento y la restauración del hombre, fueron las *únicas* razones por las que pudieron llevar a cabo tan difícil tarea. Se habían propuesto preservar la pureza en la iglesia, sin importar cual fuese el sacrificio o el costo.

Pasaron años antes de que se rompiera el terrible silencio; y por último Dios honró su obediencia, utilizando sus palabras y acciones para hacer doblar las rodillas al hombre —quebrantado y arrepentido delante del Señor de absoluta santidad—. Como resultado, éste escribió una carta abierta de confesión a la iglesia, confirmando los esfuerzos de ellos, reconociendo su pecado, y declarando su necesidad de perdón. Después de suprimir algunas cosas, esto fue lo que escribió:

Hermanos:

Hace varios años, la congregación. . . tomó medidas en público contra mí de acuerdo con Mateo 18:15–20. Los cargos que se me imputaban eran ciertos.

No me es posible invertir la historia y remediar los acontecimientos que condujeron a mi caída. He perjudicado a muchas personas y traído la ruina sobre mí mismo; y puesto que soy un miembro declarado y prominente de la comunidad cristiana, mis pecados han supuesto algo todavía más deplorable y horrendo.

Después de recibir a Cristo, hace aproximadamente dieciocho años, fui negligente en cuanto a tratar a fondo con la lascivia, la codicia y la inmoralidad; convirtiéndome con el tiempo en alguien autoengañado, orgulloso y arrogante. Además, a la larga, Dios proclamó desde las azoteas aquello que yo había estado tratando desesperadamente de mantener oculto. Dos veces pasé por el horror infernal de las psicosis maníacodepresivas (como Nabucodonosor), a fin de aprender que Dios resiste a los soberbios y da gracia a los humildes.

Tengo mucha suerte de estar todavía vivo. Llegué muy cerca del suicidio, y habría muerto en ignominia y vergüenza...

Necesito el perdón de todos ustedes —ya que les he causado perjuicio a todos—, y deseo sinceramente sus oraciones por mi sanidad y liberación completa... Me resulta imposible volver atrás todo el camino andado y enmendar cada cosa que he hecho mal; sin embargo, con mucho gusto me reuniré a orar con cualquier persona que tenga algo contra mí que necesite ser resuelto. Busco y espero la gracia y la misericordia de Dios más amplia en este asunto. Lo que han atado ustedes en la tierra, ha sido atado en el cielo; y sé que sus acciones las hicieron por amor y para mi propio bien y el del Cuerpo de Cristo.

Atentamente,
Firmado

¡Qué clásico ejemplo de esa verdad de que "el cristianismo es sobre todo el paladín de la pureza"... su abogado militante, su defensor. El pecado fue destruido bajo los golpes de la espada del Espíritu.

No puedo concluir este capítulo sin preguntarle francamente algunas cosas:

● ¿Es usted un cristiano que ha empezado a resbalar moralmente?

● ¿Tendrá la entereza suficiente para enfrentarse con el asunto (quiero decir para *resolverlo*)?

● Comprendiendo que es usted verdaderamente responsable ante otros en el Cuerpo, ¿estaría dispuesto a buscar una relación con otro cristiano y admitir sus debilidades, pidiéndole ayuda para superar el problema?

● Tal vez esté usted ocupando actualmente una posición de

liderazgo en la comunidad cristiana y viviendo al mismo tiempo una vida impura. ¿Tendrá la honradez suficiente como para apartarse de su pecado o para renunciar a su puesto?

● Si conoce usted a un hermano o una hermana en la familia de Dios que está comprometiendo su testimonio, ¿orará a fin de ser el instrumento de reprensión divino para confrontar a la persona con un espíritu de humildad?

Ya que el cristianismo y la pureza son inseparables, algunos de nosotros hemos de defender su causa. Le ruego que formemos parte del mismo equipo. El establecernos en la pureza resulta mucho más fácil si lo hacemos juntos.

PREGUNTAS E IDEAS PARA DISCUSION QUE LE AYUDARAN A AFIRMARSE EN LA PUREZA

● Vuelva atrás y repase el capítulo 4, leyendo de nuevo cada cita de la Escritura, preferiblemente en *voz alta*. Después de cada lectura cierre los ojos y siéntese en silencio durante sesenta a noventa segundos dejando que la verdad hable por sí misma.

● Defina la *pureza* con sus propias palabras. Intente por todos los medios de no apoyarse en ideas trilladas o términos tradicionales vagos.

● ¿Qué le sucede a una vida cuando queda marcada por un largo período de pecado? ¿Puede recobrarse la pureza una vez que el cristiano se ha apartado? ¿Puede pensar en algún versículo que apoye su respuesta?

● Examine a fondo dos pasajes del Nuevo Testamento: Gálatas 6:1, 2, y Santiago 5:19, 20. Piense y hable acerca de las implicaciones que tienen para la comunión de una iglesia. A la luz de 1 Corintios 6:9–13 (por favor, deténgase y léalo), discuta cuándo y cómo debería aplicarse este consejo.

● Nuestro interés sincero en el caminar en pureza los unos de los otros puede degenerar fácilmente en un legalismo criticón. ¿Cómo sería posible cultivar un sentido de responsabilidad saludable y necesario sin que esto ocurra?

● Admita abiertamente su lucha con la impureza moral; pida oración para uno o dos aspectos particulares de debilidad; oren los unos por los otros.

Capítulo 5

Afirmando su conocimiento sobre el uso del dinero

¡Este *sí* que es un título apropiado! Especialmente en una época en la que nuestras cuentas corrientes necesitan ser resucitadas mes tras mes a fin de sobrevivir a la inflación en espiral y los tipos de interés descomunales. A diferencia de aquellos que reciben salarios increíbles por jugar partidos, hacer películas, cantar canciones, y bombear petróleo, la mayoría de nosotros nos vemos forzados a enfrentar el hecho de que la única forma de llegar a salir del túnel es mediante el pluriempleo; y aún entonces nos sentimos meramente miembros de la compañía de la deuda. De manera que cuando alguien menciona que hay una forma de extender nuestro conocimiento sobre el uso del dinero, prestamos atención.

No me interprete mal; no estoy en absoluto interesado en promover la codicia; ya tenemos bastante de esos en la feroz lucha mercenaria de todos los días en el trabajo. Por otro lado la llama del materialismo es avivada nuevamente cada noche gracias a los anuncios publicitarios que se abren paso a golpes de modo implacable hasta nuestras mentes. Sin embargo, aunque lleguemos a cansarnos de ese martilleo, nadie puede negar que el dinero desempeña un papel importantísimo en las vidas de todos nosotros —aun cuando conservemos nuestra perspectiva y evitemos la avaricia—. Como muchas veces se dice: El dinero no da la felicidad, pero desde luego pone de mejor humor a nuestros acreedores.

Yo concuerdo con el fallecido campeón de los pesos pesados Joe Louis, cuando dijo: "En realidad no me gusta el dinero; pero tenerlo me calma los nervios".

LA BIBLIA HABLA ACERCA DEL DINERO

Para sorpresa de muchos, la Biblia dice bastante en cuanto al dinero. Habla acerca de ganarlo y gastarlo, de ahorrarlo y de darlo, de invertirlo e incluso de desperdiciarlo; pero en ninguna de sus declaraciones llega a sugerir jamás que proporcione la seguridad final. Me encanta el proverbio que lo describe de esta manera tan gráfica:

> No te afanes por hacerte rico;
> Sé prudente, y desiste.
> ¿Has de poner tus ojos en las riquezas, siendo ningunas?
> Porque se harán alas
> Como alas de águilas, y volarán al cielo (Proverbios 23:4, 5).

¿Se imagina la escena? ¡FIU!. . . y la cosa desaparece para siempre.

Esto no quiere decir que el dinero sea malo; o que aquellos que lo poseen sean unos malvados. Deshagámonos de una vez por todas del viejo tabú de que "Dios ama a los pobres y odia a los ricos". En ningún sitio condena El a éstos por serlo. Naturalmente, Dios aborrece la ganancia deshonesta, los motivos malos para hacerse rico, y la falta de una generosidad compasiva en los acaudalados; pero algunos de los personajes bíblicos más piadosos fueron, y serían desde el punto de vista de hoy en día, extraordinariamente prósperos —Job, Abraham, José, David, Salomón, Josías, Bernabé, Filemón y Lidia, para nombrar sólo a unos pocos.

He podido observar que tanto los que prosperan como los que no gozan de abundancia han de pelear batallas parecidas: la envidia de otros y la avidez por obtener más. La Biblia condena clara y frecuentemente ambas actitudes. Esto me recuerda una porción particular de las Escrituras que habla de varias de las actitudes que a menudo acompañan al dinero.

UN ANTIGUO CONSEJO TODAVIA FIDEDIGNO

En 1 Timoteo, una carta escrita a cierto joven que era pastor, el escritor (Pablo), llegando a la conclusión de sus pensamientos, trata el tema del dinero: y, en el capítulo 6, versículos 4 y 5, mientras anima a Timoteo a que siga adelante a pesar de las circunstancias adversas a las que se enfrenta, expone algunas de las características de los impostores religiosos:

> Está envanecido, nada sabe, y delira acerca de cuestiones y contiendas de palabras, de las cuales nacen envidias, pleitos, blasfemias, malas sospechas, disputas necias de hombres corruptos de entendimiento y privados de la verdad, que toman la piedad como fuente de ganancia . . .

La *Versión Popular* traduce la última parte del versículo 5: ". . . que toma la religión por una fuente de riqueza".

¡Atención! El agudo pensador Pablo utiliza esto como trampolín para lanzarse a una de las exposiciones acerca del dinero más útiles que hay en toda la Biblia. Lea cuidadosamente las palabras que siguen:

> Pero gran ganancia es la piedad acompañada de contentamiento; porque nada hemos traído a este mundo, y sin duda nada podremos sacar.
>
> Así que, teniendo sustento y abrigo, estemos contentos con esto.
>
> Porque los que quieren enriquecerse caen en tentación y lazo, y en muchas codicias necias y dañosas, que hunden a los hombres en destrucción y perdición; porque raíz de todos los males es el amor al dinero, el cual codiciando algunos, se extraviaron de la fe, y fueron traspasados de muchos dolores. . . A los ricos de este siglo manda que no sean altivos, ni pongan la esperanza en las riquezas, las cuales son inciertas, sino en el Dios vivo, que nos da todas las cosas en abundancia para que las disfrutemos.
>
> Que hagan bien, que sean ricos en buenas obras, dadivosos, generosos; atesorando para sí buen fundamento para lo por venir, que echen mano de la vida eterna (1 Timoteo 6:6–10, 17–19).

Vuelva atrás y compruébelo. La primera serie de pensamientos es un *recordatorio* para aquellos que no tienen mucho dinero; la segunda supone una *advertencia*; y la tercera, es sencillamente *instrucción*. Ahondemos más en el asunto:

Recordatorio para los que no son ricos (1 Timoteo 6:6–8)

Recogiendo el término "piedad" del versículo 5, Pablo lo menciona de nuevo en el 6, conectándolo con el contentamiento y ofreciendo una fórmula elemental, una premisa básica para la felicidad:

Piedad + Contentamiento = Gran Ganancia
Que significa:

Un caminar con Dios consecuente y auténtico	+	Una actitud de satisfacción y paz interior (vayan como vayan las finanzas)	=	Lo que constituye la gran riqueza

Si pudiera predicar un gran mensaje a aquellos que forcejean con la falta de abundancia de los bienes de este mundo, sería esta sencilla, pero profunda premisa para la felicidad. Acometámosla por un momento hacia atrás, de derecha a izquierda.

Lo que constituye la gran riqueza no guarda relación con el dinero. Se trata de una actitud de satisfacción ("ya es bastante") unido a la paz interior (una ausencia de agitación) y un caminar con Dios día a día y momento tras momento. ¿Verdad que parece muy sencillo, apropiado y bueno? En nuestro mundo del más, más, más... empuja, empuja, empuja... agarra, agarra, agarra, hace tiempo que se debería haber puesto en práctica este consejo. El secreto, dicho en una palabra, es *contentamiento*.

Considere Filipenses 4:11, 12:

> No lo digo porque tenga escasez, pues he aprendido a contentarme, cualquiera que sea mi situación.
>
> Sé vivir humildemente, y sé tener en abundancia; en todo y por todo estoy enseñado, así para estar saciado como para tener hambre, así para tener abundancia como para padecer necesidad.

El contentamiento es algo que debemos aprender; no un rasgo con el que nacemos. Pero la cuestión es *¿cómo?* En el pasaje de 1 Timoteo 6, encontramos un par de respuestas muy prácticas a esa pregunta:

1. Una perspectiva actual de la eternidad: "Porque nada he-

mos traído a este mundo, y sin duda nada podremos sacar" (6:7).

2. Y una simple aceptación de lo esencial: "Así que, teniendo sustento y abrigo, estemos contentos con esto" (6:8).

Ambas actitudes funcionan maravillosamente bien.

Primeramente, el ver la dimensión eterna en la situación actual nos ayuda de veras a dejar de esforzarnos por conseguir más. Entramos en la vida con las manos vacías; y salimos de ella de la misma manera —¡nunca he visto un vehículo fúnebre con un remolque!

Vi la verdad de todo esto claramente y con fuerza cuando un pastor amigo mío me contó cierta experiencia que había tenido varios años antes. Necesitaba un traje negro para llevar a un funeral que le habían pedido que celebrase. Como contaba con poco dinero, fue a una tienda de empeños local en busca de alguna ganga; y para su sorpresa, tenían justamente la talla exacta, en un negro intenso, y muy barato. Era demasiado bueno para ser cierto; y mientras soltaba el dinero, inquirió cómo podían permitirse vender aquel traje tan barato. Con una mueca irónica, el prestamista reconoció que todas aquellas indumentarias habían pertenecido en otro tiempo a una funeraria de la localidad, que las utilizaba para vestir a los difuntos retirándolas luego de éstos antes del entierro.

Mi amigo se sentía un poco raro con un traje que anteriormente llevara puesto un difunto; pero, ya que nadie más lo sabría, ¿qué más daba?

Todo fue bien, hasta que en medio de su sermón comenzó a meter la mano en el bolsillo de los pantalones, ¡descubriendo que *no había bolsillos*! ¡Hable usted de una demostración práctica inolvidable! Allí estaba, predicando a toda aquella gente acerca de la importancia de vivir en el tiempo presente a la luz de la eternidad, mientras él mismo llevaba puestos un par de pantalones sin bolsillos que habían estado sobre un cadáver.

En segundo lugar, también el reducir esta existencia a las cosas esenciales y tratar de simplificar nuestro estilo de vida, nos ayuda a ejemplificar el contentamiento. El versículo 8 explica en forma clara cuáles son esas cosas esenciales: algo para comer, algo que vestir, y un techo sobre nuestras cabezas. Todo lo que vaya más allá de esto deberíamos considerarlo como un extra.

¿Entiende? El plan de ataque de la sociedad es crear insatisfacción; convencernos de que debemos perseguir constantemente algo adicional que seguro que nos traerá la felicidad. Cuando uno reduce esa mentira a su mínima expresión, lo que dice la misma es que el contentamiento es imposible sin afanarse por conseguir más. Sin embargo, la Palabra de Dios ofrece el consejo exactamente contrario: dicho contentamiento se hace posible cuando *dejamos* de luchar por más. La felicidad nunca viene de lo externo. . . ¡jamás!

Como dijera un sabio griego en cierta ocasión: "Para aquel para quien lo poco no es bastante, nada es bastante".

En *El Rey Enrique VI (Tercera Parte)*, Shakespeare describe una escena del rey vagando solo por el campo. Entonces se encuentra a dos hombres que le reconocen, y uno de ellos pregunta: "Pero si eres rey, ¿dónde está tu corona?" A lo que el rey da una espléndida respuesta:

> Mi corona la tengo en el corazón, no en la cabeza;
> No está adornada de diamantes ni de piedras de la India,
> Ni es para ser vista; mi corona se llama contentamiento,
> Una corona de la que pocos reyes gozan.[1]

Magnífica historia; pero seré franco con usted: mi interés principal no son las palabras de algún sabio griego o la elocuente respuesta de un rey, nacida en la mente de un poeta inglés; sino *usted*. Es ayudarle a reconocer los verdaderos valores en la vida, la importancia sumamente significativa de estar contento con lo que tiene en vez de perpetuamente insatisfecho, afanándose siempre por conseguir más y más. Ciertamente no estoy solo en mi deseo de ayudar a la gente a ver a través de la careta de nuestro sistema mundial:

> PROMESAS, PROMESAS. Tal vez la parte más devastadora y demoníaca de la publicidad sea que intenta persuadirnos de que las posesiones materiales nos traerán gozo y satisfacción. "Que la felicidad ha de ser alcanzada por medio de la adquisición material ilimitada es algo que niegan cada una de las religiones y filosofías conocidas por el hombre, y que sin embargo, predican incesantemente todos los televisores americanos". Los anunciantes prometen que sus productos satisfarán nuestras necesidades más profundas y los anhelos internos que tenemos de amor, aceptación, seguridad y realización sexual. Aseveran que el desodorante adecuado producirá la aceptación y la amistad; la pasta de dientes o el champú más recientes, le harán a

uno irresistible; una casa o una cuenta corriente garantizarán la seguridad y el amor.

Tenemos ejemplos por todas partes. Un banco de Washington D.C. anunciaba recientemente sus nuevas cuentas de ahorro con la siguiente pregunta: "¿Quién le amará a usted cuado sea viejo y canoso?" Y seguía diciendo: "Nuestro banco patrocina un anuncio particularmente atractivo: *Aparte un poco de amor. Todo el mundo necesita dinero para los días malos. Aparte un poco de amor*". Esas palabras son antibíblicas, heréticas, demoníacas —enseñan la gran mentira de nuestra sociedad secular materialista—; pero letra y música resultan tan seductoras que bailan en mi cabeza cientos de veces.

Si nadie prestara atención a esas mentiras, no habría peligro; pero eso es imposible: la publicidad tiene un poderoso efecto en todos nosotros, forma los valores de nuestros hijos. Hay mucha gente en nuestra sociedad que cree realmente que el poseer más traerá consigo la aceptación y la felicidad. La revista *Newsweek*, en su sección de "Estilo de Vida", describía hace poco la locura actual por las hebillas de cinturón de 150 dólares, las correas de serpiente de cascabel de 695, y las alhajas extraordinariamente caras. Y un comentario final del diseñador neoyorquino de joyas Barry Kieselstein muestra cómo la gente busca significado y amistad en las cosas: "Una bonita pieza de joyería con la que te puedes identificar es como un amigo siempre a mano".[2]

Y referente al poder de la publicidad, recuerdo haber escuchado un buen consejo acerca de cómo neutralizar esos anuncios de la televisión que tratan de convencernos de que necesitamos tal producto o tal aparato eléctrico doméstico para ser felices. Aquel individuo sugería que cada vez que comenzásemos a sentir ese estirón persuasivo, replicáramos gritando con todas nuestras fuerzas al televisor: "¡A QUIEN TRATAN DE ENGAÑAR!"

Es algo que funciona. Toda mi familia y yo lo probamos cierta tarde durante un partido televisado de fútbol. Ni una vez me sentí insatisfecho con mi suerte presente o experimenté la necesidad de ponerme en pie de un salto e ir a comprar algo. Los resultados fueron excelentes, con la única excepción de que el perro casi sufrió un ataque cardíaco canino.

Advertencia a todos los que quieren hacerse ricos (1 Timoteo 6:9, 10)

Si seguimos leyendo, las Escrituras desvían nuestra atención de aquellos que no son ricos, hacia los que quieren serlo. La advertencia es enérgica:

Porque los que quieren enriquecerse caen en tentación y lazo, y en muchas codicias necias y dañosas, que hunden a los hombres en destrucción y perdición; porque raíz de todos los males es el amor al dinero, el cual codiciando algunos, se extraviaron de la fe, y fueron traspasados de muchos dolores (1 Timoteo 6:9, 10).

Esta persona es diferente de la primera que consideramos. Se trata de alguien que no puede descansar, no es capaz de relajarse verdaderamente hasta que haya alcanzado la riqueza. La palabra *quieren* del versículo 9 sugiere, más que una "apetencia" o un "deseo" (como en el caso de un capricho pasajero), la firme resolución, la determinación inquebrantable. No sería exagerado decir que incluye hasta la idea de estar poseído por el pensamiento de hacerse rico. Esto nos ayuda a comprender por qué viene a continuación una advertencia tan severa como: Aquellos que quieren enriquecerse caen en tentación (trampas inesperadas) y en muchas codicias necias o dañosas que conducen por último a la destrucción.

Resulta interesante que, contrariamente a la opinión generalizada, la búsqueda de la riqueza —e incluso su adquisición— no hace que el pájaro azul de la felicidad llegue trinando a nuestras vidas; más bien es el siniestro y morboso buitre del tormento y la desdicha el que traza círculos sobre nuestros cadáveres.

¿Necesita un ejemplo?

Fíjese en las caras de los superopulentos. Escoja usted el grupo: ¿Los artistas fuera del escenario? ¿Qué me dice de las estrellas del rock? ¿O inlcuso de los actores y actrices de cine lejos de la cámara? Mencionemos a algunos de forma específica: Elvis Presley, Howard Hughes, John Lennon. . . Esos rostros, captados en un sinfín de fotografías reflejan agotamiento y dolor; y no olvidemos al médico o al directivo de empresa cargados de tensiones que tratan de llegar a la cumbre. En mi opinión no parecen tener mucha paz y calma.

Echemos un vistazo a lo que dijo Salomón:

El hombre de verdad tendrá muchas bendiciones;
Mas el que se apresura a enriquecerse no será sin culpa. . .
Se apresura a ser rico el avaro,
Y no sabe que le ha de venir pobreza (Proverbios 28:20, 22).

¿Por qué? ¿Cuál es la razón de que la senda de los codiciosos esté tan salpicada de lugares ciegos y trampas que conducen a la ruina? Lea de nuevo 1 Timoteo 6:10; pero no se equivoque:

> Porque raíz de todos los males es el amor al dinero, el cual codiciando algunos, se extraviaron de la fe, y fueron traspasados de muchos dolores (1 Timoteo 6:10).

Este versículo no dice que el dinero en sí sea raíz de todos los males; ni que el amor al mismo sea *la* raíz de todos los males. Hace referencia al AMOR al dinero (literalmente la "afición a la plata") como *una* (no "la") raíz: una base para todo género de males. El versículo describe también al tipo de persona que va tras el dinero como alguien que "lo ansía". El término original griego significa "estirarse a fin de tomar ansiosamente algo"; y aquellos que van en esta búsqueda, experimentan dos categorías de peligros:

- Espiritualmente, se extravían de la fe.
- Personalmente, encuentran muchos quebrantos.

Vale la pena recordar que la mayoría de la gente que siente esta clase de apremio por obtener más y más dinero no es realmente generosa, sino más bien egoísta. Cierto escritor pone todo ello en perspectiva:

> El dinero en sí no es ni bueno ni malo; sólo que resulta peligroso por el hecho de que el amor al mismo puede llegar a ser nocivo. Con dinero, un hombre puede hacer mucho bien y también mucho mal; servir egoístamente a sus propios deseos, o responder con generosidad al grito de la necesidad de su prójimo; comprar las cosas prohibidas y facilitarse el sendero de la maldad, o hacer más fácil para algún otro vivir como Dios quería que viviese. El dinero trae consigo poder; y el poder supone siempre un arma de dos filos; ya que es efectivo para el bien y para el mal.[3]

La Biblia da dos tipos de consejo: uno preventivo y otro correctivo —asistencia antes del hecho, y después del hecho—. Este versículo es lo primero: una advertencia preventiva; y destaca como las señales amarillas en la carretera cuando está cayendo una fuerte lluvia.

PELIGRO, CURVA CONDUZCA DESPACIO

¡Escuche, joven y prometedor directivo de empresa! ¡Preste atención artista de variedades en marcha! ¡Cuidado, atleta joven y capaz! ¡Sea precavido, cantante! ¡Actúe con cautela, líder y patrón visionario! ¡Vendedor de promoción rápida, esté alerta! ¡Pastor inteligente y de mucho carisma, deténgase y piense!

Si no es usted cuidadoso se verá atrapado en la vorágine de la codicia, que le conducirá inevitablemente a su destrucción. El materialismo es un asesino; y en el mejor de los casos deja paralizada a la gente. Luche contra ella como lo haría contra una manada de lobos hambrientos.

Instrucción para los ricos (1 Timoteo 6:17–19)

Antes de dejar este oportuno tema del dinero, considere una categoría más que merece nuestra atención: aquellos que han sido bendecidos con la prosperidad. Si pertenece usted a la misma tiene sus propias batallas que librar. Como mencioné anteriormente en este capítulo, no es ni sospechoso ni culpable a los ojos de Dios por el mero hecho de poseer riquezas. Usted sabe si las consiguió legal o ilegalmente. Si han sido el resultado del duro trabajo, los negocios honrados y una sabia planificación, no tiene nada en absoluto de lo que estar avergonzado. Sólo el Señor conoce cuántos ministerios no podrían continuar (humanamente hablando) si no fuese por gente como usted, capaz de aportar grandes sumas de dinero para el apoyo de las empresas de fe. Es usted muy bendecido, lo cual implica una gran responsabilidad. Como objeto de innumerables ataques del enemigo (por no mencionar la envidia de mucha gente), debe ser un siervo prudente en aquello que Dios ha encomendado a su cuidado. Conozco pocos senderos que estén llenos de trampas más peligrosas y de tentaciones más sutiles que el que debe usted transitar todos los días. Ojalá que estas cosas le ayuden mientras intenta vivir para Cristo en la insegura cuerda floja.

Para comenzar, oigamos lo que le dicen las Escrituras:

> A los ricos de este siglo manda que no sean altivos, ni pongan la esperanza en las riquezas, las cuales son inciertas, sino en el Dios vivo, que nos da todas las cosas en abundancia para que las disfrutemos.
>
> Que hagan bien, que sean ricos en buenas obras, dadivosos, generosos; atesorando para sí buen fundamento para lo por venir, que echen mano de la vida eterna (1 Timoteo 6:17–19).

Si presta atención, descubrirá tres porciones de consejo bastante directas: las dos primeras negativas, y la tercera con una nota final positiva.

Primeramente, no sea altivo

Este es un encargo difícil, pero esencial. *Altivo* significa soberbio. La arrogancia orgullosa y esnob no cabe en la vida de un cristiano rico; y ya que se la menciona en primer lugar, tal vez sería prudente considerarla como la tentación más frecuente de la que debe guardarse la persona adinerada. Una de las mejores formas de hacerlo es recordando que todo lo que uno tiene procede de su Padre celestial. Piense dónde estaría hoy si no fuera por El. A todos nos resulta saludable recordar el agujero del pozo del que Dios nos rescató. Esto contribuirá mucho a mantener sometida la altivez.

Marian Anderson, la contralto americana de color que mereció y obtuvo el aplauso del mundo como solista de concierto, no sólo se hizo sencillamente grande; sino que se hizo grande con sencillez. A pesar de su fama ha seguido siendo la misma mujer benevolente y asequible; nunca se ha dado aires —un maravilloso modelo de humildad.

Entrevistando a la señorita Anderson, un periodista le pidió que mencionara el momento más importante de su vida. Para otros que se encontraban en la habitación aquel día, la elección parecía difícil, puesto que Marian Anderson había tenido muchos momentos significativos; como por ejemplo:

- La noche en la que el director Arturo Toscanini anunció: "Una voz como la suya se da una vez cada cien años".
- En 1955, al convertirse en la primera cantante de raza negra que interpretaba con la Compañía Metropolitana de la Opera de Nueva York.
- El año siguiente, cuando se publicó su autobiografía, *My Lord, What a Morning* (¡Que mañana, Señor!) llegando a ser un éxito de librería.
- En 1958, año en que se convirtió en uno de los delegados americanos ante las Naciones Unidas.
- En varias ocasiones durante su ilustre carrera, recibió medallas de diferentes países de todo el mundo.
- Aquella oportunidad memorable en la que dio un recital privado en la Casa Blanca para el presidente Roosevelt y el rey y la reina de Inglaterra.
- Cuando su ciudad natal, Filadelfia, le concedió el Premio Bok, de 10.000 dólares, a la persona que más había hecho por esa ciudad.
- En 1963, al concedérsele la codiciada Medalla Presidencial de la Libertad.

● Y aquel Domingo de Pascua en Washington D.C., cuando se puso en pie debajo de la estatua de Lincoln y cantó para una multitud de 75.000 personas, que incluía a los miembros del Gobierno, los jueces de la Corte Suprema, y la mayoría de los miembros del Congreso.

¿Cuál de esos grandes momentos escogería? Ninguno. La señorita Anderson contó sosegadamente al reportero que el momento más importante de su vida había sido aquel día en que volvió a casa y le dijo a su madre que ya no tendría que trabajar lavando ropa para otros.[4]

El magnífico profeta Isaías nos recuerda que hagamos esto mismo, cuando dice: "Mirad a la piedra de donde fuisteis cortados, y al hueco de la cantera de donde fuisteis arrancados" (Isaías 51:1).

Eso suena mucho más noble y respetable que su significado literal. En el texto hebreo, la palabra *cantera* se refiere en realidad a "un agujero": el "agujero del pozo", como dice la antigua versión inglesa *King James*. Nunca olvide el "agujero del pozo".

¡Qué excelente consejo! Antes de que lleguemos a enamorarnos perdidamente de nuestra muy arrogante importancia, sería una buena idea echar un vistazo atrás, al "agujero del pozo" de donde Cristo nos levantó. Y no nos conformemos con *pensar* acerca de ello; admitámoslo. Nuestro "agujero del pozo" sabe cómo mantenernos al mismo nivel; el de recipientes de la gracia. Además no se engañe a sí mismo: aun aquellos que son elogiados y admirados fueron sacados de "agujeros".

En el caso de Moisés, del asesinato.

En el de Elías, de una profunda depresión.

En el de Pedro, de la negación pública.

En el de Sansón, de la lujuria reiterada.

En el de Tomás, de la duda cínica.

En el de Jacob, del engaño.

En el de Rahab, de la prostitución.

En el de Jefté, de su nacimiento ilegítimo.

Marian Anderson jamás ha olvidado que sus raíces arrancan de la pobreza. Ninguna cantidad de aclamación pública conseguirá jamás que se borre el recuerdo de que su mamá tenía que trabajar lavando ropa de otros para meter comida en la barriguita de la pequeña Marian. Tengo la impresión de que cada vez que ella empieza a forjarse ideas exageradas acerca de su propia importancia, lo único que necesita para vencer la altivez es un rápido vistazo atrás, a sus humildes comienzos; y lo mejor de todo es que no esconde esas modestas raíces.

La próxima vez que nos veamos tentados a envanecernos a causa de nuestra propia importancia, miremos simplemente atrás: al pozo del que fuimos sacados; eso tiene la virtud de desinflar nuestro orgullo.

En segundo lugar: No ponga su confianza en la riqueza

Ya antes en este capítulo consideramos el proverbio que habla de que las riquezas echan alas y escapan volando. ¡Qué gran verdad! ¡Cuán necia es ciertamente la persona que piensa que está segura porque tiene dinero! Parte de la razón por la cual es necia, es que el valor de nuestro dinero está disminuyendo a una velocidad espeluznante. Como afirma el versículo, la riqueza es "incierta".

En un artículo que se publicó a finales de 1980, y que trataba de los cambios que nos esperaban en los veinte años siguientes, se mencionaba la aceleración de los costes de las nuevas casas. Los precios actuales citados eran de 77.600 dólares. Para 1985, la misma vivienda poco más o menos costaría 121.000 dólares si continuaba la tasa de inflación del 10 por ciento. Tragué saliva al leer que en 1995, ese mismo lugar se vendería por 314.000 dólares.[5]

Otra razón por la que es una necedad confiar en las riquezas para nuestra seguridad, es que el dinero, a la postre, no produce satisfacción duradera; desde luego no en el sentido de las cosas realmente importantes. Hay cosas que ninguna cantidad de dinero puede comprar. Considérelo de esta manera:

El dinero puede comprar medicinas, pero no la salud.

El dinero puede comprar una casa, pero no un hogar.

El dinero puede comprar compañía, pero no amigos.

El dinero puede comprar diversión, pero no felicidad.

El dinero puede comprar comida, pero no el apetito.

El dinero puede comprar una cama, pero no el sueño.

El dinero puede comprar un crucifijo, pero no un Salvador.

El dinero puede comprar la vida holgada, pero no la vida eterna.

Eso explica por qué se nos dice en esta porción de las Escrituras que Dios (sólo El) es el que puede darnos "todas las cosas en abundancia para que las disfrutemos". Como expresara en cierta ocasión el estadista romano Séneca: "El dinero no ha hecho todavía rico a nadie".

Tercero: Sea una persona generosa

Lea una vez más 1 Timoteo 6:18, 19:

> Que hagan bien, que sean ricos en buenas obras, dadivosos, generosos; atesorando para sí buen fundamento para lo por venir, que echen mano de la vida eterna.

Está tan claro que apenas necesita explicación. Entretejido por toda la urdimbre de estas palabras encontramos el mismo término: dar, dar, dar, dar, dar.

¿Tiene usted dinero? Libérelo; no lo acumule. Sea una persona magnánima de posición. Permita que la generosidad se convierta en su marca de fábrica. Sea liberal con su tiempo, sus esfuerzos, energía, su aliento, y, por supuesto, con su dinero.

¿Sabe lo que sucederá entonces? Además de verse enriquecido sabiendo que invierte usted en la eternidad, hará presa de la verdadera vida —que va más allá de la vida holgada.

REPASO Y RECORDATORIO

Aunque no hemos agotado el tema del dinero, hemos podido tratar varias cuestiones decisivas en cuanto al mismo. Aquellos que luchan para vivir de sus ingresos, deben guardarse de envidiar a los ricos y esforzarse por estar contentos con la vida tal como es.

Para los que tendrían que admitir que la búsqueda del dinero es en ellos un apremio apasionado, he aquí de nuevo la advertencia: Si no se pone de acuerdo consigo mismo, el que se encuentre atrapado e infeliz será sólo cuestión de tiempo. Mientras tanto perderá aquellas mismas cosas que piensa que el dinero puede comprar: la paz, la felicidad, el amor y la satisfacción.

¿Y los que son ricos? Desechen la altivez, no traten de encontrar la seguridad definitiva en su dinero, y cultiven la generosidad —entren en contacto con la verdadera vida.

Durante su vida terrenal, Jesús hablaba con frecuencia de aquellas cosas que impiden que la gente tenga una relación significativa con Dios. Según su enseñanza, una de esas barreras es el dinero. No tiene por que serlo; pero a menudo lo es.

● Jesús enseñó que "el engaño de las riquezas" es capaz de ahogar la verdad de las Escrituras, haciéndola infructuosa en una vida (Marcos 4:19).

● También dijo que debíamos guardarnos "de toda avaricia", ya que la vida no consiste en realidad en lo que uno posee (Lucas 12:15).

● E incluso llegó a decir: "Porque donde está vuestro tesoro, allí estará también vuestro corazón" (Lucas 12:34).

Pero la línea principal de toda su enseñanza sobre ese tema, es concluyente: "No podéis servir a Dios y a las riquezas" (Mateo 6:24).

He aquí una exposición franca; sin embargo eso es lo que necesitamos para afirmar nuestro conocimiento en cuanto al uso del dinero. Dígame: ¿Lo tiene usted asido a él, o él a usted?

PREGUNTAS E IDEAS PARA DISCUSION QUE LE AYUDARAN A AFIRMARSE EN EL USO DEL DINERO

● ¿Qué idea en particular destaca en su mente como la más útil de este capítulo? Vea si puede usted expresarla con sus propias palabras.

● Volviendo al pasaje de 1 Timoteo 6, repase las tres categorías de personas. ¿Alguna dificultad al respecto?

● La artillería pesada de nuestro mundo nos aporrea los ojos y los oídos. Los medios de comunicación laten con un mensaje constante, ¿cuál es el mensaje? Sea específico. Las próximas veces que vea la televisión, preste mucha atención a los anuncios: detrás de las preciosas tomas de la cámara, y del inteligente guión, hay una potente propaganda comercial. Hable acerca de ello en voz alta mientras tiene lugar. Discuta cómo le afecta dicha propaganda cuando se deja llevar por el anuncio.

● Sea sumamente sincero en sus respuestas. ¿Se halla usted atrapado en el síndrome de vivir por encima de sus posibilidades? ¿Está tomando medidas para cambiar tales hábitos? Mencione algunas. ¿Ha avanzado usted algo hacia la estabilidad económica, digamos, en el último año? ¿En los dos años pasados? Defina su debilidad número uno en cuanto a manejar el dinero.

● Y por último, ¿da usted como debiera? ¿Es por ejemplo lo que da proporcionado con lo que gana? ¿Le considerarían otros (si conociesen sus costumbres respecto al dar) un dador generoso y alegre? Hable brevemente acerca de la generosidad. Ore específicamente para que el Señor Jesucristo pueda ser el Dueño de su dinero: Señor de cómo lo gana, dónde lo gasta, cuándo y a qué lo da, y por qué lo ahorra y lo invierte. Concluya estos momentos en oración haciendo a Cristo Señor de su tesoro.

Capítulo 6

Afirmando su conocimiento sobre la integridad

El doctor Evan O'Neill Kane, de sesenta y dos años, cirujano superior del Hospital Kane Summit de Nueva York, estaba convencido de que la mayoría de las operaciones importantes se podían llevar a cabo mientras los enfermos se encontraban bajo anestesia local, evitándose así por lo tanto los riesgos de la anestesia general. Para demostrar su tesis, el 15 de febrero de 1921, el doctor Kane *se operó a sí mismo* quitándose el apéndice bajo anestesia local. La operación resultó un éxito, y su recuperación fue más rápida que aquella esperada de los pacientes a los cuales se les administraba anestesia general. ¡Un avance más en el campo de la medicina!

Yo quisiera que usted se operase a sí mismo a medida que lee este capítulo. No de una manera física, naturalmente, sino espiritual. Llamémoslo "cirugía autoexploratoria del alma". Le invito, mientras se halla plenamente despierto y consciente, a permitir que el Espíritu de Dios le ayude, pasándole el único instrumento que necesita para realizar una operación en el alma: el bisturí esterilizado de las Escrituras. Hebreos 4:12 nos dice que la Palabra de Dios es:

> . . . viva y eficaz, y más cortante que toda espada de dos filos; y penetra hasta partir el alma y el espíritu, las coyunturas

y los tuétanos, y discierne los pensamientos y las intenciones del corazón.

Con este instrumento seguro en la mano, eche un vistazo intenso, sincero, y más profundo a su persona interior, y vea si puede determinar y evaluar la condición en que se encuentra su integridad. Para algunos será la primera mirada de este tipo; y para otros, no la primera, pero sí una mirada que venían necesitando desde hacía tiempo. Sea como sea, le aseguro que se trata de una intervención necesaria aunque poco frecuente.

DOS PRUEBAS REVELADORAS Y EFECTIVAS

Como en el terreno físico, también en el espiritual antes de operar se necesitan hacer algunas pruebas preliminares. A fin de determinar la condición interna de nuestras almas, debemos analizar nuestra respuesta a las siguientes pruebas:

La prueba de la adversidad

Al encontrarnos con las dificultades, la calamidad, la pérdida, y cualquier tipo de adversidad, descubrimos inmediatamente cómo es de profunda la estabilidad que tenemos. Salomón nos dice: "Si fueres flojo en el día de trabajo, tu fuerza será reducida" (Proverbios 24:10).

No hay nada como la adversidad para revelarnos lo fuertes (o débiles) que somos en realidad. La gente de Balvano, Italia, que sufrió ese intenso terremoto en noviembre de 1980, pasaron por una prueba de fortaleza mucho más reveladora que aquellos de nosotros, en Los Angeles, que nos ponemos nerviosos por un temblor cada tanto. Y ¿qué me dice de los huéspedes por una sola noche del Hotel MGM de Las Vegas cuando el mismo se convirtió en una enorme hoguera? ¿O de los ciudadanos de Afganistán respetuosos de la ley al ver su país absorbido por la dominación rusa? ¿O de Mary Enterline, madre de un niño de dos años de edad de Middletown, Pensilvania, que vive a pocas calles de un reactor nuclear? ¡Hable usted de pruebas de fortaleza! La señorita Enterline admite.

> Estoy muerta de miedo... cada noche, cuando bajo su persiana a la hora de acostarle, y miro por la ventana divisando las torres de refrigeración, casi me echo a llorar. Vivo en el

terror. Nunca me he considerado una persona violenta, pero empiezo a pensar que me estoy volviendo loca —lo creo de veras.[1]

¿Qué sucede? La prueba de la adversidad ha entrado en acción. . . comprobando los límites máximos de nuestra estabilidad. Añada a eso la inflación de dos dígitos, las alarmas de cáncer, el desempleo, la contaminación, la delincuencia juvenil y los disturbios raciales, y muchas cosas salen a la superficie. Estoy de acuerdo con el bromista que se encogió de hombros y dijo: "El que no es esquizofrénico en nuestros días es que no piensa con claridad".

Tome tiempo para examinar su interior: ¿Cómo se mantiene? ¿Pensaba que era más fuerte de lo que es en realidad? ¿Le ha sorprendido la prueba de la adversidad con unos resultados inesperados? ¡Tiene la virtud de hacerlo!

Pero hay una segunda prueba preoperatoria igualmente reveladora, y quizás incluso más dura, aunque mucho más sutil.

La prueba de la prosperidad

Si la adversidad es una prueba que mide nuestra estabilidad —la capacidad que tenemos para resistir y sobrevivir—, la prosperidad comprueba nuestra *integridad*; revelando como ninguna otra cosa la pura verdad en cuanto a nuestro sistema más elemental de valores. Por difícil que sea comprender este hecho, la integridad se forma a martillazos en el yunque de la prosperidad. . . o fracasa por completo en la prueba. Echemos de nuevo un vistazo a lo que dice Salomón: "El crisol prueba la plata, y la hornaza el oro, y al hombre la boca del que lo alaba" (Proverbios 27:21).

El camino de la prosperidad está sembrado de lo que han ido tirando sus víctimas. Pero hablando en un talante más positivo, aquellos que son íntegros poseen una de las virtudes que causan mayor respeto en la vida; destacando además en cualquier oficina, escuela, o comunidad. Si se puede confiar en usted —ya sea a solas o en una multitud—, si es usted verdaderamente una persona de palabra y convicciones, pertenece a una especie en rápida vía de extinción; y la prueba de la prosperidad ayudará a revelar la verdad.

DANIEL: UN EJEMPLO BIBLICO

Ya que la Biblia contiene una riqueza de información tan grande acerca de este tema, y puesto que a todos nosotros nos resulta más fácil captar la verdad abstracta cuando se halla encarnada en la vida de una persona, me gustaría que nos afirmásemos con más fuerza a la integridad, observándola en la vida de un hombre del Antiguo Testamento. Se trata de uno de esos individuos que asociamos por lo general con un sólo acontecimiento (el foso de los leones) en vez de conocer el mensaje subyacente de su vida. En el caso de Daniel, este mensaje es el de la integridad. Su persona rebosaba de ella. Era su segundo nombre; de hecho fue ésa la razón por la que le echaron en el foso de los leones en primer término.

Pero basta de preludios. Vayamos a la historia.[2] Comenzaré retrocediendo hasta aquel conocido relato de los acontecimientos que culminaron con el foso de los leones, para ocuparme luego del carácter del hombre. Ya que el trasfondo es importante, tómese por favor el tiempo de leer cada línea de las Escrituras:

> Pareció bien a Darío constituir sobre el reino ciento veinte sátrapas, que gobernasen en todo el reino.
>
> Y sobre ellos tres gobernadores, de los cuales Daniel era uno, a quienes estos sátrapas diesen cuenta, para que el rey no fuese perjudicado.
>
> Pero Daniel mismo era superior a estos sátrapas y gobernadores, porque había en él un espíritu superior; y el rey pensó en ponerlo sobre todo el reino.
>
> Entonces los gobernadores y sátrapas buscaban ocasión para acusar a Daniel en lo relacionado al reino; mas no podían hallar ocasión alguna o falta, porque él era fiel, y ningún vicio ni falta fue hallado en él.
>
> Entonces dijeron aquellos hombres: No hallaremos contra este Daniel ocasión alguna para acusarle, si no la hallamos contra él en relación con la ley de su Dios.
>
> Entonces estos gobernadores y sátrapas se juntaron delante del rey, y le dijeron así: ¡Rey Darío, para siempre vive!
>
> Todos los gobernadores del reino, magistrados, sátrapas, príncipes y capitanes han acordado por consejo que promulgues un edicto real y lo confirmes, que cualquiera que en el espacio de treinta días demande petición de cualquier dios u hombre fuera de ti, oh rey, sea echado en el foso de los leones.
>
> Ahora, oh rey, confirma el edicto y fírmalo, para que no pueda ser revocado, conforme a la ley de Media y de Persia, la

cual no puede ser abrogada.

Firmó, pues, el rey Darío el edicto y la prohibición.

Cuando Daniel supo que el edicto había sido firmado, entró en su casa, y abiertas las ventanas de su cámara que daban hacia Jerusalén, se arrodillaba tres veces al día, y oraba y daba gracias delante de su Dios, como lo solía hacer antes.

Entonces se juntaron aquellos hombres, y hallaron a Daniel orando y rogando en presencia de su Dios.

Fueron luego ante el rey y le hablaron del edicto real:

¿No has confirmado edicto que cualquiera que en el espacio de treinta días pida a cualquier dios u hombre fuera de ti, o rey, sea echado en el foso de los leones? Respondió el rey diciendo: Verdad es, conforme a la ley de Media y de Persia, la cual no puede ser abrogada.

Entonces respondieron y dijeron delante del rey: Daniel, que es de los hijos de los cautivos de Judá, no te respeta a ti, oh rey, ni acata el edicto que confirmaste, sino que tres veces al día hace su petición.

Cuando el rey oyó el asunto, le pesó en gran manera, y resolvió librar a Daniel; y hasta la puesta del sol trabajó para librarle.

Pero aquellos hombres rodearon al rey y le dijeron: Sepas, oh rey, que es ley de Media y de Persia que ningún edicto u ordenanza que el rey confirme puede ser abrogado.

Entonces el rey mandó, y trajeron a Daniel, y le echaron en el foso de los leones. Y el rey dijo a Daniel: El Dios tuyo, a quien tú continuamente sirves, él te libre (Daniel 6:1–16).

El libro de Daniel tiene doce buenos capítulos llenos de acontecimientos, historias, y amplios escenarios proféticos; pero para el público, el tema más familiar del libro es "Daniel en el foso de los leones".

Haciendo el bien, sufriendo el mal

Recuerdo de niño, en la Escuela Dominical (cuando me mantenían lo bastante callado como para escuchar), haber oído la historia de "Daniel en el foso de los leones". Dos cosas me inquietaban siempre: una, quién había echado al viejo Daniel en un sitio tan peligroso; y dos, qué habría hecho él que fuera tan malo como para que le metieran en una mazmorra donde vivía el rey de la jungla. ¡Una de las razones por las cuales sentía curiosidad acerca de todo aquello era que no quería acabar también yo allí!

Al ir haciéndome mayor y comenzar a estudiar la historia por mí mismo, me quedé sorprendido, ya que descubrí que Daniel no estaba en el foso de los leones por haber hecho algo *malo*, sino debido a que había actuado *bien*. ¡Eso me confundió todavía más! De hecho todavía confunde a muchos cristianos hoy en día. Tenemos la impresión de que si hacemos lo que está mal, seremos castigados por ello; pero si actuamos *bien*, recibiremos una recompensa poco después. Ahora bien, eso es sentido común, bueno y lógico, pero *no siempre resulta verdad*. En ocasiones, cuando uno hace las cosas mal, se le recompensa (en lo que respecta a este mundo); y de vez en cuando, al hacer lo *bueno* se paga un precio terrible por ello. Invariablemente eso nos deja anonadados.

En cierta ocasión un hombre se me acercó después de un culto matutino de adoración en nuestra iglesia de Fullerton, California, y compartió conmigo cómo había hecho lo que debía en el trabajo, realizando diligentemente su tarea. Como individuo de convicciones fuertes que era, se mantuvo firme, creyendo que lo que hacía estaba bien. Había sido cuidadoso y consecuente, llevando todo a cabo con sabiduría. Sin embargo, el mismo lunes por la mañana se enfrentó a la amenaza de la pérdida del empleo por haber actuado correctamente. De hecho, el día siguiente *perdió* su puesto de trabajo.

Por así decirlo, se trataba de su "foso de los leones" —indudablemente Daniel no fue el último hombre que sufrió por hacer lo que debía.

Ascensos y prosperidad

Volvamos a Daniel 6 —el capítulo acerca del foso de los leones—; pero ahora centremos nuestro interés en lo que sucedió *antes* de que echaran a Daniel en la mazmorra.

Este capítulo gira en torno a la decisión tomada por un hombre extremadamente poderoso llamado Darío —el rey de sesenta y dos años de edad a quien Daniel tenía que rendir cuentas—. Fíjese en lo que dice el primer versículo del capítulo 6: "Pareció bien a Darío constituir sobre el reino ciento veinte sátrapas. . ."

No sabemos lo que significa *sátrapas*, porque hoy en día no usamos ese término. Algunas versiones lo han traducido por "supervisores". Los sátrapas eran 120 hombres que compartían la delegación de autoridad de Darío sobre su reino. Se trataba de funcionarios del Gobierno que servían bajo las órdenes del rey y que estaban a cargo de grandes extensiones del reino. Darío estableció 120 "supervisores" en los que delegó parte de la autoridad de la que era responsable. Sin embargo, tan pronto como delega autoridad, un rey queda expuesto a la corrupción, y eso era exactamente lo que temía Darío; de modo que sobre dichos "sátrapas" colocó un escalón superior, el de los "gobernadores". Examine conmigo esos versículos:

> Pareció bien a Darío constituir sobre el reino ciento veinte sátrapas, que gobernasen en todo el reino.
> Y sobre ellos tres gobernadores, de los cuales Daniel era uno, a quienes estos sátrapas diesen cuenta, para que el rey no fuese perjudicado (Daniel 6:1, 2).

Los tres gobernadores eran responsables de aquellos supervisores, y entre ellos se contaba Daniel (6:2). Esta ordenación de la responsabilidad se estableció a fin de que el rey no sufriera perjuicio alguno. Eso es lo que afirma claramente el segundo versículo. Dicho con toda franqueza se trataba de una protección contra la malversación de fondos. De otra manera, aquellos 120 supervisores podían hacerse con muchos ingresos ilegales y cometer impunemente todo tipo de acciones ilícitas al no tener que dar cuentas a nadie.

De modo que esos tres hombres —que aparentemente eran los más dignos de confianza del reino— recibieron autoridad sobre todo el reino. ¡Qué gran responsabilidad conllevaba el puesto de Daniel! Para entonces tendría más de ochenta años de edad, pero a pesar de ello no había sido arrinconado. No era la clase de persona inútil, retirada, que sólo sirve para almacenar polvo y estar sentado en una mecedora. Se trataba de alguien comprometido (¡vaya que sí!). Daniel no sólo tenía años, sino que era superior a muchos otros. Eche un vistazo al versículo 3:

> Pero Daniel mismo era superior a estos sátrapas y gobernadores, porque había en él un espíritu superior; y el rey pensó en ponerlo sobre todo el reino (Daniel 6:3).

MANIFESTACION DE LA INTEGRIDAD

Ahora bien, quiero que estudie muy detenidamente ese versículo 3. Por lo general, en nuestro mundo, lo que hace que a uno le asciendan no es *lo* que sabe, sino *a quién* conoce; pero para con Dios, lo que cuenta no es lo que uno sabe, sino lo que uno *es*, es decir su carácter. A Dios le pareció oportuno, debido a la integridad de la vida de Daniel, obrar en el corazón del rey Darío para que planease un ascenso. Observe el extraordinario espíritu de Daniel. La versión inglesa Berkeley de la Biblia, lo califica como "sobresaliente".

Nosotros tenemos la tendencia a pensar en términos de la vida espiritual: que Daniel era un hombre lleno del Espíritu. Esto es cierto; pero no creo que el versículo 3 se refiera sólo a ello —para mí se refiere a su actitud.

Una actitud excelente

La primera señal de integridad en la vida de Daniel lo constituía su excelente actitud. Ahora bien, si queremos ser personas íntegras hemos de comenzar por lo más profundo de nuestro ser interno: nuestra actitud. Resulta muy fácil esconder nuestras vidas tras una máscara y dar la impresión de que tenemos una actitud buena cuando en realidad no es así. Uno de los primeros lugares donde esto se manifiesta es en el trabajo.

Es significativo el hecho de que en el corazón de Daniel no hubiera celos hacia aquellos otros dos hombres que habían sido nombrados gobernadores. Daniel podría haberse sentido amenazado, haber actuado de manera competitiva, o haberse mostrado más bien desagradable y grosero en sus responsabilidades, ya que llevaba más tiempo que los demás en el reino. Mucho antes de que aquellos hombres hubieran aparecido siquiera en escena, él había tenido autoridad bajo otros monarcas. Pero debido a que poseía ese "espíritu superior", el rey planeó ponerle sobre todo el reino.

Permítame que haga una pausa aquí y le pregunte acerca de su actitud personal: ¿Cómo es dicha actitud? Tal vez sea buena en este momento, pero ¿qué me dice de mañana por la mañana al fichar en el trabajo? ¿O al finalizar el día? ¿Cómo habrán sido sus ocho o diez horas? ¿Qué actitud tendrá usted mientras trabaja junto a otros en el taller, en la oficina, entre los vendedores de su empresa o con las demás secretarias? ¡Una actitud excelente es de gran valor! —tanto que más adelante en este libro he escrito un capítulo entero acerca de las actitudes.

Quizás se pregunte usted: "¿Se dará cuenta mi jefe si tengo una buena actitud?" No se preocupe por eso: ¡Se tropezará con ella por todas partes! Tal actitud le dejará sorprendido; se sentirá tremendamente impresionado. Quizás debería advertirle con tiempo:

su problema no será el patrón; sus principales dificultades provendrán de sus compañeros, a menudo perezosos y deshonestos, que les molestará que no sea usted como ellos. Y puesto que no lo será, verá que se vuelven envidiosos y celosos, y de tal manera mezquinos que quizás empiece a pasar por la experiencia de Daniel.

Siga leyendo, y verá que eso fue exactamente lo que sucedió. Fíjese en la confabulación que tuvo lugar contra nuestro octogenario amigo. En primer lugar intentaron acusarle:

> Entonces los gobernadores [es decir los compañeros de Daniel] y sátrapas buscaban ocasión para acusar a Daniel en lo relacionado al reino... (Daniel 6:4).

Dígame: ¿No cree que esto es significativo? Aquí tenemos a un hombre que estaba realizando una labor espléndida, con actitud excelente, y trabajando diligentemente para su superior y entre sus compañeros, y sin embargo, aquellos que trabajaban a su alrededor y bajo sus órdenes pusieron en marcha un programa de espionaje contra él. Comenzaron buscando algunas cosas que pudieran utilizar como acusaciones, y el pasaje dice que trataron de hallarlas "en lo relacionado al reino". ¿Qué encontraron? Pues el versículo 4 continúa: "... no podían hallar ocasión alguna o falta..."

¡Madre mía! ¿Cómo se sentiría *usted* si sometieran su trabajo a tan meticuloso escrutinio? Quiero decir su ocupación laboral —no cómo se comporta los domingos, sino su manera de ser donde se gana la vida—. ¿Cómo saldría usted parado si por alguna razón un grupo de investigadores secretos comenzara a examinar su trabajo? ¿Qué encontrarían? ¿Le pondría eso nervioso? ¿Tendría usted que destruir alguna evidencia o esconder secretos vergonzosos? Daniel fue objeto de una investigación que trataba de encontrar algo impropio en relación a su trabajo —en lo referente al reino—; su campo laboral. Y lo extraordinario fue que no pudieron hallar ninguna razón para acusarle... ni un fragmento de evidencia perjudicial... ¡nada de corrupción! Eso no sólo es extraordinario, sino que hoy en día parece imposible.

Algunos de nosotros nos estamos replanteando seriamente nuestra confianza total en el Gobierno. Los que amamos profundamente a los Estados Unidos (y lucharíamos hasta el fin por preservar el país), nos sentimos cada vez más preocupados por la integridad en las más altas instancias del Ejecutivo. Creo que la Biblia habla con pertinencia inmediata al expresar que Daniel no fue hallado culpable de acusación o corrupción alguna.

Fidelidad en su trabajo

He aquí la segunda señal de integridad: Daniel era fiel en su trabajo. Ahora bien, ¡cuidado con esto! A menudo sólo utilizamos la palabra "fiel" en relación con la vida espiritual, religiosa; pero aquí no se está hablando de la fidelidad en la iglesia o en el templo, como si se tratara de la adoración. Se investigaba la ocupación de Daniel. Buscaban algo que poder criticar, que tuviese que ver con su fidelidad en el trabajo. Este pasaje dice que al ser investigado, Daniel fue hallado fiel en su labor. No se encontró negligencia. La versión inglesa Berkeley de la Biblia dice que era fiel "en el desempeño de sus responsabilidades oficiales" (Daniel 6:4).

Eche un vistazo a Proverbios 20:6, 7. El versículo 6 expresa: "Muchos hombres proclaman cada uno su propia bondad, pero hombre de verdad (o digno de confianza), ¿quién lo hallará?"

¡Magnífica pregunta! Le recuerdo que la gente de confianza es poco corriente. Sólo en muy limitadas ocasiones encontrará usted individuos dignos de ella. Hace poco un hombre me decía que en su negocio no es el público el que le causa quebraderos de cabeza, sino sus empleados. Los que roban sus artículos no son únicamente personas de la calle, sino la mayoría de las veces, aquellos que trabajan para él. La cosa ha llegado al extremo de que muchos jefes no quieren ya emplear a cristianos. De hecho, cuando vivíamos en Texas éramos buenos amigos del presidente de un Banco, ¡y el riesgo más elevado para los préstamos bancarios lo constituían los predicadores! ¿Verdad que es significativo? Aquellos que le daban más motivos de queja eran los que estaban dedicados de continuo al ministerio de la Palabra de Dios.

Es hora de que evaluemos nuevamente nuestras vidas personales. ¿Somos dignos de confianza? ¿Se puede contar con nosotros para hacer el trabajo cuando el jefe está ausente? ¿Somos empleados fieles? ¿Se nos puede confiar dinero? ¿Y una cuenta de gastos? ¿Y qué me dice del privilegio de utilizar un automóvil de la compañía?

El versículo 7 sigue diciendo: "Camina en su integridad el justo; sus hijos son dichosos después de él".

¿Dónde camina el justo? En su *integridad*. De eso es de lo que está hablando Daniel 6. Daniel era fiel en su trabajo; no se encontró en él negligencia ni corrupción. ¡Qué hombre! Fiel en su trabajo.

Pureza personal

En la última parte del versículo 4 encuentro otra señal de integridad: la pureza personal. Hoy en día diríamos que "iban por Daniel". Le siguieron, le espiaron, rebuscaron en sus efectos personales. . . sólo para descubrir que no le faltaba nada; no hallaron ninguna actividad dudosa, ningún trapo sucio. . . ¡nada! Daniel era un hombre de pureza personal. Por mucho que excavaran, salía oliendo a rosas.

¿No le encantaría emplear a una persona así? ¿Verdad que sería estupendo?

Los patronos me dicen continuamente que el problema número uno que tienen son sus empleados: es decir, encontrar personal de confianza. Esto me lo cuentan una y otra vez.

Hace algún tiempo supe de cierto individuo que entró en un establecimiento donde vendían pollo frito a fin de comprar raciones para sí mismo y para la joven que le acompañaba. Esta esperaba en el auto mientras él iba a buscar el pollo.

Por un descuido, el encargado del negocio dio al hombre la caja en la cual había colocado las ganancias del día en vez de aquella con el pollo. Iba a ingresar el dinero en el Banco y lo había camuflado en un envase para pollo frito.

El individuo cogió la caja, volvió al automóvil, y partió con su acompañante. Cuando llegaron al parque y abrieron la caja, descubrieron que estaba llena de dinero. Ese es un momento de gran vulnerabilidad para la persona común y corriente; pero el hombre comprendió que debía tratarse de una equivocación, así que entró en su auto, volvió al establecimiento y restituyó aquel dinero al encargado. ¡Este se quedó encantado! Tanto es así que le dijo al joven:

—Quédese por aquí. Quiero llamar al periódico para que vengan a hacerle una foto. Es usted el tipo más honrado de la ciudad.

—¡Oh, no —respondió el otro—, no lo haga!

—¿Por qué? —preguntó el encargado.

—Bueno, sabe —contestó aquél—, es que estoy casado, ¡y la

mujer que me acompaña no es mi esposa!

Pienso que esa es una ilustración perfecta de cómo en la superficie podemos parecer personas honradas y de gran integridad —gente tan absolutamente recta que devuelve la moneda en la cabina telefónica—; pero debajo de ello es bastante corriente encontrar mucha corrupción. Si buscamos lo suficientemente lejos, y urgamos lo bastante profundo, por lo general encontraremos algo de suciedad.

¡Pero con Daniel no pasaba eso! Descubrieron que era un hombre increíble: de actitud excelente, que cumplía fielmente con su trabajo, honrado y de pureza personal. Se trataba de alguien libre de hipocresía, y que no tenía nada que esconder.

Ahora bien, aquello hizo que los que investigaban se sintieran tan frustrados que —como explica el versículo 5— idearon un plan devastador. Tras finalizar su maquinación anterior sin haber podido encontrar ninguna acusación, determinaron hacer algo peor: obtendrían un edicto por escrito contra él. Evidentemente Daniel no era corrupto, pero aquellos hombres sí lo eran.

> Entonces dijeron aquellos hombres: No hallaremos contra este Daniel ocasión alguna para acusarle, si no la hallamos contra él en relación con la ley de su Dios (Daniel 6:5).

Algo que habían descubierto acerca de Daniel mientras le investigaban, era que se trataba de un hombre de Dios. Entonces dijeron: "Este hombre es tan consecuente en su conducta que la única manera en que podemos pillarle es utilizando contra él su fe en Dios". Pasemos ahora el siguiente versículo: "Entonces estos gobernadores y sátrapas se juntaron delante del rey. . . (Daniel 6:6).

Qué interesante: "Se juntaron". Aquello no era sino una conspiración, un plan bien urdido para traicionar a Daniel. Luego apelaron a la vanidad del rey: "¡Rey Darío, para siempre vive! Todos los gobernadores del reino. . . han acordado por consejo. . ."

¡Un momento! ¡Pero eso era mentira! Todos los gobernadores no habían participado en aquella decisión. Daniel no sabía nada acerca de ella; sin embargo, actuaron como si él tuviera parte en el plan. Esto es lo que dice el pasaje:

> Todos los gobernadores del reino, magistrados, sátrapas, príncipes y capitanes han acordado por consejo que promulgues un edicto real y lo confirmes, que cualquiera que en el espacio

de treinta días demande petición de cualquier dios u hombre
fuera de ti, oh rey, sea echado en el foso de los leones (Daniel
6:7).

Esa es, pues, la razón de que le echaran al foso de los leones.
Por cierto, no quisieron echarle en un horno de fuego porque per-
tenecían a la fe zoroástrica; religión que consideraba el fuego sa-
grado. El haberle quemado hubiera sido convertirle en un dios.
Muchos que se entregaban al fuego lo hacían como un acto de
adoración a los dioses. No querían quemarle, porque eso equival-
dría a adorar a su propio dios mediante sacrificio; de manera que
dijeron: "Metamos en un foso con leones a cualquiera que no adore
a Darío durante treinta días". Muy interesante.

Hace muchos años había un programa de televisión titulado
"Reina por un día", y quizás recuerde usted que la mujer ganadora
recibía el tratamiento más elevado durante ese día completo. Pues
bien, ¡en este caso estaban sugiriendo hacer a Darío "El dios del
mes"! Eso fue exactamente lo que dijeron: "Durante estos treinta
días, si alguien adora a otro que no seas tú, oh rey, será echado
en el foso de los leones". ¡Qué adulador y cruel! ¡Cuán engañoso!

> Ahora, oh rey, confirma el edicto y fírmalo, para que no
> pueda ser revocado, conforme a la ley de Media y de Persia. . .
> (Daniel 6:8).

Algunos utilizan esa misma frase hoy en día —"la ley de Media y de Persia"— para referirse a algo que nunca se cambiará.
Pero echemos nuevamente un vistazo a los versículos 8 y 9:

> . . . la cual no puede ser abrogada. Firmó, pues, el rey Darío
> el edicto y la prohibición.

A Darío le pareció una idea magnífica, naturalmente. Pero
¿qué pasó? No olvide que Daniel, nuestro hombre, no merecía
nada de esto. Aquella solapada conspiración contra él se debía a
que había actuado bien, ¿lo recuerda? El versículo 10 continúa:
"Cuando Daniel supo que el edicto había sido firmado. . ."

Eso es significativo. No supo nada acerca del documento hasta
que estuvo firmado. ¡Vaya una treta sucia! No sólo habían tratado
de rebuscar en su vida con objeto de encontrar algún fallo en su
hoja de servicio, sino que promulgaron una ley que violaría automáticamente el estilo de vida puro y honrado de Daniel. Y lo
hicieron a sus espaldas. ¡Qué premio por no tener nada que ocul-
tar!

Caminar consecuente con Dios

Pero entonces se nos dice lo que hizo Daniel al oír que el documento estaba firmado:

> Cuando Daniel supo que el edicto había sido firmado, entró en su casa, y abiertas las ventanas de su cámara que daban hacia Jerusalén, se arrodillaba tres veces al día, y oraba y daba gracias delante de su Dios, como lo solía hacer antes (Daniel 6:10).

¿No le parece esta una respuesta increíble cuando se tiene puesto precio a la propia cabeza? Para mí se trata de la cuarta señal de su integridad: un caminar consecuente con Dios.

Considero la última parte de ese versículo como lo más notable: Se presentó delante de su Dios "como lo solía hacer antes".

Daniel no se puso a orar presa del pánico. Había estado de rodillas delante de su Dios, en forma constante, tres veces diarias, día tras día, año tras año... Ah, dicho sea de paso: recuerde que se trataba de uno de los más altos dignatarios del país, y sin embargo dedicaba tiempo a estar con Dios regularmente. El salmista escribe: "Tarde y mañana y a mediodía oraré y clamaré, y él oirá mi voz" (Salmo 55:17).

¿Verdad que es un versículo magnífico? Tarde y mañana y a mediodía oraré. Daniel no era un extraño a la oración; pero aun así no hacía alarde de ser hombre que oraba. Observe que sus ventanas *ya* estaban abiertas; no las abrió de un golpe, repentinamente, para que todo el mundo supiera que estaba orando y quedase impresionado por su piedad.

Hace algún tiempo hubo cierto anuncio de una de las compañías aéreas que decía: "Cuando lo tenga, haga gala de ello". Eso puede valer para una línea aérea, pero no para un hombre o una mujer auténticamente de Dios. Cuando se tiene, *no* se hace gala de ello. ¿Por qué? Porque si uno alardea realmente no lo tiene.

Daniel simplemente se dirigió en silencio a una habitación de su casa, y allí derramó su temor, su preocupación, su futuro, su vida... Daniel es un ser extraordinario, casi irreal. ¿Verdad que los cristianos tenemos poca resistencia frente al dolor? Cuando las cosas marchan bastante bien, podemos permanecer relativamente consecuentes; pero en el momento en que el agua se agita un poco, nos hundimos. En esas ocasiones oramos; sin embargo, por lo general se trata de oraciones de pánico del tipo "Ayúdame a salir de este lío". ¡No pasó lo mismo con Daniel! Lo extraordinario de su caso fue que él sencillamente volvió a Dios como antes. Creo que si hubiera tenido la oportunidad de hacerse electrocardiogramas con regularidad, el de aquel día habría sido exactamente igual a los demás; como ha pasado con nuestros astronautas modernos en los momentos antes del lanzamiento. Los científicos y especialistas médicos que han realizado esta prueba con ellos, han descubierto que los resultados eran exactamente los mismos que la mañana anterior mientras desayunaban: "Bah, ¿qué hay de nuevo en dar la vuelta a la tierra?" —y partían.

¿Y Daniel? Al oír las noticias acerca del documento, volvió sencillamente a la presencia de Dios y le habló de ello. Tenían un lugar de encuentro. A propósito, observará que se puso de rodillas. Quiero sugerirle que una buena forma de orar es arrodillado, por ser esto *incómodo*. El problema que tenemos es que oramos en una posición tan agradable que de alguna manera divagamos después de decir unas pocas frases. Trate de hacerlo. El misionero Jaime Elliot, muerto por los indios aucas en la década de los 50, expresó en cierta ocasión:

> Dios está todavía en su trono, y el hombre en su estrado; sólo los separa la distancia de las rodillas.

¿Cómo está su tiempo de oración? ¿Qué se necesita para hacer que se arrodille? ¿Una tragedia? ¿Un caso de verdadera emergencia? Aquel hombre lo había estado practicando como costumbre; tenía un lugar para encontrarse con Dios y lo hacía; mantenía su vida y sus cargas delante del trono de una manera constante. Por favor, no se excuse diciendo que está demasiado ocupado. Ninguno de los que leen esta página se encuentra más atareado de lo que podía estarlo Daniel siendo como uno de los tres hombres principales del país. Nadie puede tener más ocupaciones que eso. Pero de algún modo su consecuente caminar con Dios era tan importante para él que sencillamente permanecía delante de la presencia divina. No creo que pasase horas así, pero sí que dedicaba períodos de tiempo substanciales, semana tras semana, a fin de comunicar a Dios sus necesidades cotidianas.

Si se supiese la verdad, veríamos que esto no constituye una prioridad en las vidas de muchos de nosotros. Yo confieso francamente que no lo ha sido en un cierto número de ocasiones en la mía. En una de aquellas experiencias "bajas" de mi vida, vi, colgada en una pared, esta inscripción:

> Cuando te enfrentes a un día atareado, ahorra tu precioso tiempo saltándote el rato devocional.
>
> Firmado: Satanás

El arresto de Daniel se produjo como consecuencia directa de su vida piadosa: "Entonces se juntaron aquellos hombres, y hallaron a Daniel orando y rogando en presencia de su Dios" (Daniel 6:11)

¡Qué significativo! Le interrumpieron mientras oraba. Ese fue el *mal* que le encontraron haciendo, y que dio como resultado final el foso de los leones.

> Entonces el rey mandó, y trajeron a Daniel, y le echaron en el foso de los leones (Daniel 6:16).

¿Qué le parece? En todo el reino de Persia no podía encontrarse influencia más piadosa que la de Daniel, y sin embargo fue a él a quien echaron en el foso de los leones. El único hombre con una integridad auténtica y real fue lanzado dentro de la mazmorra.

UN REPASO A LA INTEGRIDAD

Gracias al fidedigno Libro de la Verdad de Dios se ha conservado este episodio de la vida de Daniel para que todos lo leamos, lo admiremos *y nos lo apropiemos.* ¿Recuerda las señales de la integridad?

- Actitud excelente
- Fidelidad y diligencia en el trabajo
- Pureza personal del mayor calibre
- Consistencia en su caminar con Dios.

Tiene usted el bisturí en la mano. De usted depende ahora el autoexamen. No se trata sólo de una buena idea, sino de un imperativo bíblico: "Por tanto, pruébese cada uno a sí mismo. . . Si, pues, nos examinásemos a nosotros mismos, no seríamos juzgados" (1 Corintios 11:28, 31).

Una advertencia final: Sólo a *usted* le es posible intervenir quirúrgicamente a su propia alma. Ninguna otra persona puede conocer la verdad. Usted tiene la posibilidad de encubrir los hechos, de tergiversarlos en su mente, de racionalizarlos y de hacer caso omiso de ellos. . . sin que nadie sepa la diferencia salvo usted mismo. Pero si de veras desea aferrarse con fuerza a la integridad, se enfrentará a *toda* la verdad sin tener en cuenta las consecuencias.

Chuck Colson, ex capitán de Infantería de Marina y antiguo confidente del presidente de los Estados Unidos, fue descrito en cierta ocasión por la revista *Time* como "duro, astuto, y tenazmente leal a Richard Nixon". Su conversión, y el subsiguiente anuncio de su fe en Cristo, sacudieron a Washington. Algunos se rieron, unos pocos mostraron perplejidad, y muchos sintieron recelo. Pero la conversión de Colson resultó ser auténtica. Aquel hombre sin escrúpulos, de edad madura, había nacido de nuevo de verdad, y como resultado de ello el Espíritu de Dios le capacitó para realizar una operación en su propia alma. Antes de que pasara mucho tiempo se vio obligado a enfrentar la verdad: ¿Era inocente de *todos* los cargos que había contra él... o de *muchos* de ellos? Hablando a un grupo de personas en cierto desayuno de oración, concluyó su charla de esta manera:

> Nadie parecía haber notado mi lapsus. La prensa no había publicado nada sobre ello. Pero las palabras "muchos de los cargos" vibraban con el trepidar de los motores del *jet* que me conducía de nuevo a Washington. ¿Se trataba de un lapsus freudiano, o era Dios utilizando mi voz? "De muchos, Chuck, pero no de *todos* los cargos".
>
> Mis propias palabras habían decidido el asunto: mi conversión permanecería incompleta mientras yo siguiera siendo un criminal en el banquillo y estuviese envuelto en el lodazal del caso Watergate. Tenía que dejar atrás el pasado completamente. Si ello significaba ir a la cárcel, que así fuese.
>
> En su libro *The Cost of Discipleship* (El costo del discipulado), Dietrich Bonhoeffer escribió acerca de lo que él llamaba la *línea divisoria* como sigue: "El primer paso después de la llamada de Cristo, separa al discípulo de su existencia anterior. El llamamiento a seguir al Señor de inmediato, produce una nueva situación; y el permanecer en la antigua hace imposible el discipulado".
>
> Todo había parecido tan fácil anteriormente... Estar en armonía con Dios, descubrir quién era Cristo y creer en El... Pero ahora me encontraba ante la decisión de si estaba o no listo para el discipulado, y no había forma de retroceder.[3]

El resultado final ya es historia: porque Chuck Colson contó la verdad, y fue a la cárcel. Por último salió libre: libre en su interior, limpio, capaz de vivir sin sentimiento de culpa, fiel a su palabra. Cristo le dio el valor para enfrentarse a la verdad, a *toda* la verdad, y convertirse en un discípulo íntegro.

¿Vale la pena hacerlo? Pregúntele a Chuck Colson.

PREGUNTAS E IDEAS PARA DISCUSION QUE LE AYUDARAN A AFIRMARSE EN LA INTEGRIDAD

- Defina la integridad con sus propias palabras. Trate de recordar las dos pruebas que revelan nuestro carácter. En su opinión ¿por qué es más complicada la prueba de nuestra integridad que la de nuestra estabilidad?

- Busque el Salmo 75:4–7 en su Biblia. A continuación compare esos versículos con Proverbios 27:21. ¿Tiene alguna observación significativa que hacer?

- Hemos meditado mucho acerca de la integridad de Daniel. ¿Cuál de las cuatro señales que caracterizaban su vida le parece la más importante? ¿Por qué?

- Si tenemos la intención de tomarnos en serio la integridad y afirmarnos en ella con más fuerza, hemos de responder a dos o tres preguntas:

  1. ¿Qué cosas permito que sucedan que me impiden llegar a ser una persona de integridad?

  2. ¿Por qué dejo que sigan ocurriendo si sé que representan un obstáculo para convertirse en todo lo que Dios quiere que sea?

  3. ¿Cómo y cuándo me enfrentaré honradamente a esta cuestión y empezaré a cambiar?

- Ore específicamente en cuanto a su propia integridad. Pida al Señor que le muestre formas de poner en práctica sus deseos. Sea responsable al menos ante otra persona. Planeen reunirse de nuevo en breve.

Capítulo 7

Afirmando su conocimiento sobre el discipulado

Una palabra que se oía mucho en círculos cristianos durante la década de los 70 era *discipulado*. Parecía como si todo el mundo hubiera hecho suya la causa triunfante. Aunque no guardé una relación escrita, dudo que durante esos años leyera una docena de libros o artículos de revista sobre la iglesia o algún aspecto concreto del ministerio que *no* mencionase el tema.

En cierta manera, uno podría pensar que es una pena, ya que el énfasis excesivo tiende a restar importancia a cualquier asunto. ¿Qué se puede decir acerca del discipulado que no se haya dicho ya? Sin embargo, por otro lado, aquel fue un cambio estimulante respecto de años anteriores en los cuales gran parte del hincapié se hacía sobre los encuentros de masas grandes e impersonales. El giro de una mera asistencia a las reuniones de iglesia y campañas evangelísticas a la entrega a la "vida corporativa" (otro término en boga) y el discipulado, era algo que se necesitaba desde hacía tiempo. Yo siempre estaré a favor de cualquier cosa que ayude a hacer más personal la fe de uno y mueva a la gente a abandonar la actitud de espectador y entrar en el terreno de juego. El discipulado, desde luego, lo hace; por lo tanto, merece que se le dedique algún espacio en un libro que pretende tratar de muchas de las cosas esenciales dentro del cristianismo de hoy en día. Tanto si se ha enfatizado como si no, el discipulado es ciertamente algo esencial. De una cosa podemos estar seguros: quizás todo el mundo hable de él, pero desde luego todos *no* lo están poniendo en práctica.

ORIGENES: ¿A QUIEN SE LE OCURRIO LA IDEA?

¿Fue el discipulado algo original de Dawson Trotman? ¿Abrieron Los Navegantes, la organización que él fundó, la primera senda a través del desierto eclesiástico? No, nada de eso. Bueno... ¿y qué me dice de Bill Bright? Ya que su organización internacional (Campus Crusade for Christ) (Cruzada Estudiantil y Profesional para Cristo) afirma hacer tanto hincapié (algunos dicen que *más*) en el seguimiento como en el evangelismo, ¿no fue él quien puso en marcha el concepto? La respuesta, nuevamente, es no. ¿Qué piensa entonces de los Grupos Bíblicos Universitarios? ¿O de Juventud para Cristo? ¿O de una determinada organización misionera? ¿O qué me dice de los seminarios teológicos que preparan a sus estudiantes para discipular a aquellos a quienes hablan de la Palabra?

Resulta evidente que ninguno de estos magníficos ministerios paraeclesiales engendró la idea. Dios ha utilizado a muchas organizaciones para afinar la mecánica del discipulado; pero nadie más que El posee la patente original. Es importante que lo recordemos; ya que de haberse concebido en un corazón humano tendríamos motivos para cuestionar su validez, y podríamos optar por una fórmula mejor —e incluso calificarlo de moda—. Pero debido a que Cristo mismo estableció el primer ejemplo, este concepto merece toda nuestra atención y demanda nuestro compromiso.

Recuerde la vida y el ministerio terrenales de Jesús. A diferencia del "clero profesional" de su generación, él no cayó en el molde de la religión formal. Su ministerio no se ajustaba al panorama normal de los rabinos del primer siglo. Empezó de un modo muy distinto: simplemente llamando a unos pocos hombres a seguirle. Nada de programas dinámicos para alcanzar a multitudes, ni de campañas grandiosas, ni siquiera una estrategia para comenzar una escuela donde enseñar a la gente a predicar. No, él simplemente estableció una relación con un puñado de hombres a los que convirtió en el punto central de su enseñanza, su filosofía de la vida y todo su ministerio.

¿Y qué me dice de lo que sucedió más tarde? ¿Cambiaron las cosas al acabar Jesús su vida terrena y volver al Padre? ¡Nada de eso! Escuche las palabras que describen aquella última escena antes de su ascensión:

> Pero los once discípulos se fueron a Galilea, al monte donde Jesús les había ordenado.
> Y cuando le vieron, le adoraron; pero algunos dudaban.
> Y Jesús se acercó y les habló diciendo: Toda potestad me es dada en el cielo y en la tierra.
> Por tanto, id, y haced discípulos a todas las naciones, bautizándolos en el nombre del Padre, y del Hijo, y del Espíritu Santo; enseñándoles que guarden todas las cosas que os he mandado; y he aquí yo estoy con vosotros todos los días, hasta el fin del mundo. Amén (Mateo 28:16–20).

He aquí las palabras finales del Evangelio de Mateo. La última parte resulta familiar para muchos cristianos —la llamamos "la Gran Comisión"—. Mire nuevamente esos versículos: ¿Cuál fue la gran meta para la que nos comisionó Jesús? ¿Ganar conversos? No, El no dijo eso. ¿Celebrar reuniones al aire libre que abarcasen ciudades enteras? ¿Dar folletos? ¿Estudiar teología para que pudiéramos defender nuestra fe? Por importantes que sean estas cosas, no aparecen en su comisión. Sólo una cosa sobresale —una sola—: "Haced discípulos. . ." Aquí tenemos el centro mismo de su mandamiento. Otras tres palabras que implican acción rodean a esta orden principal ("id", "bautizad", "enseñad"); pero la tarea esencial es sin lugar a dudas el hacer discípulos.

TECNICA: ¿COMO FUNCIONA?

Para entender lo que es el discipulado, sencillamente necesitamos examinar la técnica que Jesús empleó para la preparación de sus discípulos. Puesto que el discipulado tuvo su origen en Jesús, y ya que fue El quien dio ejemplo del método, resulta razonable estudiar su estilo y reproducirlo. El espacio del que dispongo no me permite presentar ésto con suficiente detalle, pero tal vez sea útil ofrecer una breve panorámica. Si desea tomarse en serio la tarea de hacer discípulos, le aconsejaría que comprara un ejemplar de *The Master Plan of Evangelism* (El plan maestro del evangelismo), y lo estudiase a fondo.

Se trata de una obra concisa, pero seria, que describe el proceso sin muchos galimatías. Yo estoy en deuda con su autor —Robert Coleman— por algunas de las ideas que deseo compartir con usted.

Marcos 3:13, 14 dice así:

> Después subió al monte, y llamó a sí a los que él quiso; y vinieron a él.
>
> Y estableció a doce, para que estuviesen con él, y para enviarlos a predicar.

Aunque breves, estos dos versículos están llenos de significado. Jesús se halla en los comienzos de su ministerio, está echando el cimiento para su estrategia. Resulta interesante que empiece discretamente y con cautela. Se aparta, piensa bien su plan, y determina a quiénes va a preparar. Luego *anuncia* su decisión; a lo que sigue un *nombramiento*. La selección fue precisa y segura. Según parece había muchos individuos disponibles; pero él limitó el grupo a doce. Después de dicho nombramiento, tuvo lugar la *participación*. Este versículo no sólo relata los hechos, sino que también incluye el orden. Aquellos hombres habrían de estar "con él" —el programa de estudios era la asociación—. Nada ostentoso, fascinante o ingenioso. Unicamente pasar tiempo *con* él. Por último vino la *tarea*, al "enviarlos a predicar".

Primero la selección, y *luego* la asociación. Mucho antes de involucrarse en las actividades de ministrar a otros, aquellos hombres pasaron tiempo con el Maestro. Le observaron, le hicieron preguntas, escucharon mientras enseñaba, captaron su visión, absorbieron sus ideas y su filosofía. Eso es lo que quiere dar a entender Marcos cuando dice que estaban "con él". Nunca leemos en el Nuevo Testamento que a los doce se les enseñara a tomar apuntes o a memorizar una serie de líneas que El les hubiera dado para que se las repitiesen luego o ensayaran unos con otros algún método que más tarde habrían de emplear. No, nada de eso. . . pero aquellos hombres *sí* pasaron tiempo con Jesús, y finalmente lograron poner el mundo patas arriba.

Tal vez esté usted pensando: "Bueno, se trataba de hombres excepcionalmente brillantes, y lo bastante sensibles, instruidos y creativos como para que la cosa funcionara. No, todo lo contrario; un experto escribe lo siguiente:

Lo más revelador acerca de aquellos hombres, es que en un principio no nos dan la impresión de ser personas claves. Ninguno de ellos ocupaba un puesto prominente en la sinagoga, ni pertenecía al sacerdocio levítico. En su mayoría eran trabajadores comunes y corrientes, probablemente sin preparación profesional que fuera más allá de los rudimentos de conocimiento necesarios para su oficio. Quizás algunos de ellos vinieran de familias medianamente acomodadas —por ejemplo los hijos de Zebedeo—; pero a ninguno podría considerársele rico. No estaban en posesión de títulos académicos en las artes y las filosofías de su tiempo. Al igual que su Maestro, la educación formal que recibieron probablemente sólo consistió en aquello que aprendieron en las escuelas de la sinagoga. La mayoría de ellos fueron criados en la región de Galilea, la parte pobre del país. Aparentemente, el único de los doce que procedía de la zona más refinada de Judea era Judas Iscariote. Siguiendo cualquier estándar de cultura sofisticada de entonces y de ahora, se les consideraría con toda seguridad un conjunto más bien harapiento de almas. Uno podría preguntarse cómo se las arreglaría Jesús para usarles. Se trataba de gente impulsiva, temperamental, que se ofendía fácilmente, y con todos los prejuicios típicos de su ambiente. En pocas palabras: aquellos hombres seleccionados por el Señor, para ser sus ayudantes, constituían, en general, una representación de la clase baja de sus días; no la clase de grupo que uno creería capaz de ganar al mundo para Cristo.[1]

Mi opinión es que ni usted ni yo hubiéramos escogido a ninguno de aquellos hombres como socios en una empresa de negocios —con la posible excepción de Judas Iscariote, que sin duda era el más brillante del grupo—. ¿Le parece una afirmación demasiado fuerte? Déjeme recordarle que eso era lo que pensaban sus contemporáneos, y también lo que hacía tan asombroso el ministerio de Jesús: que fuera capaz de ralizarlo con aquel "conjunto harapiento de almas".

En cierta ocasión, varios años después, Pedro y Juan fueron arrestados y juzgados por acciones que ofendían a las autoridades religiosas; y según la narración bíblica, aquellos dos discípulos causaron impresión en sus críticos. Dice así Hechos 4:12, 13:

> Y en ningún otro hay salvación; porque no hay otro nombre bajo el cielo, dado a los hombres, en que podamos ser salvos.
> Entonces, viendo el denuedo de Pedro y de Juan, y sabiendo que eran hombres sin letras y del vulgo, se maravillaban; y les reconocían que habían estado con Jesús.

Aunque no venían de ascendencia notable, estaban faltos de educación superior, y eran hombres rudos, una cosa no se podía negar: habían estado "con Jesús". No se trataba de convertidos superficiales, ni de bebés en la fe, sino que eran, con toda claridad, "hombres de Jesús", diferentes. El tiempo que pasaron con el Salvador había producido beneficios. Eran discípulos; y estaban ahora dedicados a la tarea de hacer discípulos del mismo modo que hiciera Jesús con ellos. Durante aquellos años en su compañía, la verdad había sido cuidadosamente transferida a sus vidas, las convicciones profundas habían reemplazado a la creencia superficial, y una consagración cada vez mayor a la dimensión eterna de la vida, así como una creciente entrega a esta dimensión, iba surgiendo en ellos de manera lenta pero segura. Por último llegaron a personificar las enseñanzas de Cristo, y fueron aptos para continuar su obra sin necesidad de que El estuviera presente. Habían sido transformados en verdaderos discípulos.

¿QUE SIGNIFICA ENTREGA?

Tal vez usted no tenga esto claro en su mente. Entiende que Jesús dijo que debemos "hacer discípulo", pero todo lo que ello significa le resulta todavía confuso. Quizás sea usted cristiano, y sin embargo, no un discípulo; y eso le preocupa. Antes he mencionado que los primeros discípulos fueron creciendo en su entrega y consagración, y así llegaron a ser "discípulos" (en el verdadero sentido de la palabra) y no meramente seguidores ocasionales. Esto necesita una explicación; no sea que parezca algo misterioso e inalcanzable. Después de todo, ¿cómo puede saberse cuándo se tiene la entrega suficiente? ¿Y quién dice a quién "*ahora* eres un discípulo de verdad"?

Para resolver este dilema, necesitamos echar un vistazo a otra porción de la Escritura; esta vez en el Evangelio de Lucas:

> Grandes multitudes iban con él; y volviéndose, les dijo: Si alguno viene a mí, y no aborrece a su padre, y madre, y mujer, e hijos, y hermanos, y hermanas, y aun también su propia vida, no puede ser mi discípulo.
>
> Y el que no lleva su cruz y viene en pos de mí, no puede ser mi discípulo.
>
> Porque ¿quién de vosotros, queriendo edificar una torre, no

se sienta primero y calcula los gastos, a ver si tiene lo que necesita para acabarla?

No sea que después que haya puesto el cimiento, y no pueda acabarla, todos los que lo vean comiencen a hacer burla de él, diciendo: Este hombre comenzó a edificar, y no pudo acabar.

¿O qué rey, al marchar a la guerra contra otro rey, no se sienta primero y considera si puede hacer frente con diez mil al que viene contra él con veinte mil?

Y si no puede, cuando el otro está todavía lejos, le envía una embajada y le pide condiciones de paz.

Así, pues, cualquiera de vosotros que no renuncia a todo lo que posee, no puede ser mi discípulo (Lucas 14:25–33).

Vuelva al comienzo del relato y lea nuevamente la línea introductoria; resulta estratégica para comprender la reacción de Jesús.

Una gran multitud, buenas dosis de atracción superficial. . . la gente seguía al "Hacedor de Milagros" para contemplar su espectáculo. Como lo expresa el doctor Lucas, simplemente "iban con él". No existía compromiso o entrega profunda, se trataba de un mero acompañar. Al ver esto, y sin duda sintiendo cierta tensión debido a la evidente actitud ligera de la muchedumbre, Jesús se volvió bruscamente y profirió algunas palabras fuertes.

Si examina usted los comentarios que hizo el Señor prestando atención a los detalles, se dará cuenta de que no menos de tres veces les dijo que no podían ser sus discípulos (Lucas 14:26, 27, 33). ¿Por qué se valdría de palabras tan fuertes? Es obvio que para mermar sus filas. Tenga presente que a Jesús nunca le interesó atraer a grandes multitudes; jamás le apasionaron los números. ¡Ya le dije que era diferente! De hecho le causaba disgusto tanta gente como se juntaba a su alrededor ocasionalmente esperando a que comenzara el *espectáculo*. Su interés consistía en hacer discípulos, no en aumentar la asistencia del año anterior; y la mejor manera de hacérselo comprender a aquellas personas era poniéndoles al corriente del nivel de entrega que estaba buscando; así que sin ceder ni un ápice, escogió tres áreas sensibles y anunció las condiciones no negociables del discipulado en profundidad.

Relaciones personales

Si alguno viene a mí, y no aborrece a su padre, y madre, y mujer, e hijos, y hermanos, y hermanas, y aun también su propia vida, no puede ser mi discípulo (Lucas 14:26).

¿Qué le parece eso para empezar? ¡Menuda declaración para reducir números! Pero seamos cuidadosos en cómo interpretamos las palabras de Jesús. Si estuviera diciéndonos que tratásemos a nuestros padres y demás miembros de nuestra familia con aborrecimiento, contradeciría otras manifestaciones de la Escritura. Evidentemente no era eso lo que quería dar a entender.

Creo que está hablando de la posibilidad muy real de que exista una competencia entre la lealtad al Señor y a otras relaciones personales íntimas. En tales momentos, aquellos que son verdaderamente sus discípulos le escogerán a El sobre los otros. En semejantes ocasiones, cuando seguimos a nuestro Señor, puede parecer que "aborrecemos" a aquellos de quienes aparentemente nos estamos separando a causa de una mayor lealtad a Dios. Ese es el asunto: los discípulos no tienen prioridad más elevada en sus vidas que Cristo; por encima aun del amor hacia los miembros de su propia familia.

Me viene a la mente Jaime Hutchens, un amigo mío del seminario. Jaime fue capellán de la brigada paracaidista en la guerra de Vietnam, y tuvo un ministerio sumamente eficaz sirviendo a su Señor durante aquellos días sombríos de combate en el Sudeste Asiático. Una vez finalizado su servicio obligatorio, Jim quedó en libertad para volver a los Estados Unidos junto a su esposa Patty y sus hijos; pero creyendo que el Señor tenía todavía cosas que hacer con él entre los soldados, escogió *no* regresar, antes bien permanecer en la zona de combate y seguir ministrando a aquellos hombres cansados de lucha. El capellán Hutchens amaba profundamente a su familia; pero, puesto que se trataba de un discípulo en el sentido más completo de la palabra, colocó en una prioridad más alta la voluntad de Dios que sus propios sentimientos. Para utilizar los términos de Jesús: aborreció a su mujer y a sus hijos.

Deténgase por un momento, y eche un vistazo sincero a *sus* propias prioridades en relación con sus relaciones personales. ¿Puede usted decir que Jesucristo es el primero en su vida por encima de todos los demás? De ser así, ha pasado usted la primera de las tres pruebas del discipulado, y va por buen camino.

Metas y deseos personales

> Y el que no lleva su cruz y viene en pos de mí, no puede ser mis discípulo (Lucas 14:27).

La muchedumbre que rodeaba a Jesús entendía perfectamente lo que quería decir. Estaban familiarizados con la escena a la que se refería. Habían visto a menudo a los criminales llevando sus cruces al lugar de su ejecución; y en aquellos días eso significaba lo mismo que en la actualidad el caminar hacia la cámara de gas o la silla eléctrica. Quería decir muerte: muerte segura y absoluta.

Pero, de nuevo, el tomar literalmente las palabras de Jesús supone confundir su objetivo. El no está diciendo que *todos* sus verdaderos discípulos han de dar sus vidas —note que la frase incluye el hecho de que esos mismos discípulos van "en pos de mí"; lo cual elimina la idea de muerte en el sentido literal.

El tema aquí es la entrega: una consagración absoluta por parte de aquellos que desean convertirse en discípulos. Jesús parece tener en mente nuestras metas en la vida, nuestros deseos máximos. Los que quieren ser sus discípulos sustituyen sus propios objetivos y aspiraciones egoístas por el deseo de Dios para ellos. Sacrifican su voluntad a la de El. El Nuevo Testamento se refiere a menudo a esta cuestión:

> Así que, hermanos, os ruego por las misericordias de Dios, que presentéis vuestros cuerpos en sacrificio vivo, santo, agradable a Dios, que es vuestro culto racional.
> No os conforméis a este siglo, sino transformaos por medio de la renovación de vuestro entendimiento, para que comprobéis cuál sea la buena voluntad de Dios, agradable y perfecta (Romanos 12:1, 2).
> Nada hagáis por contienda o por vanagloria; antes bien con humildad, estimando cada uno a los demás como superiores a él mismo; no mirando cada uno por lo suyo propio, sino cada cual también por lo de los otros (Filipenses 2:3, 4).

Jesús mismo ejemplificó esta verdad la noche en que fue arrestado en el huerto de Getsemaní. Lucas nos cuenta que antes de su arresto el Señor "se apartó de ellos a distancia como de un tiro de piedra; y puesto de rodillas oró, diciendo: Padre, si quieres, pasa de mí esta copa; pero no se haga mi voluntad, sino la tuya (Lucas 22:41–42).

En otra ocasión, Jesús admitió abiertamente que no había venido a la tierra para hacer su voluntad, sino la del Padre. Incluso dijo que no llevaba nada a cabo por su propia iniciativa (Juan 8:28), ni buscaba gloria para Sí (Juan 8:50).

> Porque he descendido del cielo, no para hacer mi voluntad,
> sino la voluntad del que me envió (Juan 6:38).

Lo que pretende establecer es claro: el discípulo auténtico abraza esta filosofía de la vida, y llega al punto en no tomar ninguna decisión importante sin hacerse seriamente la pregunta: "¿Qué querría el Señor que hiciera?", en contraposición a: "¿Cómo podría esto beneficiarme?" Esta forma de razonar es poco corriente en nuestros días. Impulsados por el orgullo, y animados por una interminable avalancha de libros (por no hablar del bombardeo de los medios masivos de comunicación) que nos instan a realizarnos, agradarnos y satisfacernos, así como a "ser nosotros mismos", tendemos a espantarnos cuando nos topamos con consejos tales como "Toma tu cruz y sígueme", o "Presenta tu cuerpo en sacrificio vivo", o "Nada hagas por contienda o por vanagloria".

Esto ayuda a explicar por qué el discipulado nunca deja de mermar las filas. Por todo el mundo los cristianos harán cola para escuchar a alguien hablar sobre profecía —nuestra curiosidad no tiene límites cuando se trata de conocer los acontecimientos futuros—; pero la instrucción acerca del discipulado, es decir en cuanto a la renuncia a *mis* propios deseos y metas si Dios me guía a ello,... ¡eso vaciará rápidamente la sala! Tengo la clara impresión de que algunos de mis lectores ya están empezando también a retorcerse. Esta enseñanza tiene la propiedad de quitar la capa de barniz superficial y llegar hasta las terminaciones nerviosas de la persona, ¿verdad que sí? Por si puede ser de ayuda, esa misma reacción ocurría entre la gente en el tiempo de Cristo.

> Al oírlas, muchos de sus discípulos dijeron: Dura es esta palabra; ¿quién la puede oír?
> Desde entonces muchos de sus discípulos volvieron atrás, y ya no andaban con él (Juan 6:60, 66).

Como puede ver, aun entonces muchos (sí, el versículo dice "muchos") se apartaron cuando el Maestro subrayó la cuestión de la entrega. A riesgo de excederme, quisiera hacerle tres preguntas antes de pasar a la tercera prueba del discipulado:

1. Si medita a fondo sobre las decisiones importantes que ha tomado recientemente (durante los seis u ocho meses pasados), ¿ha agradado usted al Señor o simplemente alimentado su *ego*?

2. ¿Ha comenzado ya a poner delante del Señor sus metas y deseos personales a fin de que El le dé la aprobación final?

3. ¿Está usted dispuesto a cambiar esas metas, si mientras ora acerca de ellas, el Señor le guía a hacerlo?

El discipulado no admite que pasemos ligeramente por la vida agitando algunos comentarios religiosos mientras vivimos como deseamos; sino que dice: "Que no haya relación más importante para ti que aquella que tienes con Jesucristo". Así como: "Al establecer tus metas y deseos en la vida, di "no" a aquellas cosas que solamente acariciarán tu *ego*, y "sí" a las que vayan a profundizar tu entrega a Cristo".

Todavía queda una prueba más del discipulado. . .

Posesiones personales

> Así, pues, cualquiera de vosotros que no renuncia a todo
> lo que posee, no puede ser mi discípulo (Lucas 14:33).

He aquí otra de esas declaraciones extremas ideadas para hacernos dejar a un lado nuestra lentitud y motivarnos a entrar en la acción, y que tiene que ver con algo que ocupa una parte substancial de nuestro tiempo y energía: *las cosas*. Las palabras de Jesús no son ni complicadas ni lentas. El Señor dice simplemente: "Para llamarte discípulo mío has de dejar a un lado tu materialismo". Mantenga todo esto en la debida perspectiva: El no está diciendo que no podamos poseer nada; pero sí que no debemos permitir que las cosas nos posean. Para utilizar sus propias palabras: hemos de *renunciar* a nuestras posesiones.

Corrie ten Boom, esa piadosa mujer que sufrió tanta brutalidad de parte de los nazis en Ravensbruck durante la Segunda Guerra Mundial, dijo en cierta ocasión que había aprendido a mantener las cosas asidas con poca fuerza, por haber descubierto en los años que llevaba caminando con el Señor, que si las apretaba en su mano le dolería cuando El le abriera los dedos para llevárselas. Los discípulos agarran todas *las cosas* con poca fuerza.

¿Sucede así con usted? ¿Puede usted pensar en alguna *cosa* que esté firmemente arraigada en su corazón? ¡Suéltela! ¡Ríndasela a El! Sí, tal vez resulte doloroso. . . ¡pero es esencial! Escuche el sabio y duro consejo del finado A. W. Tozer, autor de *La búsqueda de Dios*:

> Sin duda alguna el hábito de apegarse a las cosas materiales es uno de los más dañinos de la vida. Hábito que por ser tan

natural, pasa tantas veces desapercibido. Pero sus resultados son desastrosos.

Con mucha frecuencia negamos dar nuestros bienes al Señor por el temor de perderlos, especialmente cuando dichos tesoros son miembros de nuestra familia o amigos queridos. Pero no tenemos razón para albergar tales temores. Nuestro Señor no vino para destruir sino para salvar. Todo lo que encomendamos a su cuidado está seguro. La verdad es que no hay nada que esté realmente seguro si no se lo encomendamos a El... No debemos olvidar que estas verdades espirituales no se aprenden por repetición, como se aprenden las reglas de la física y otras ciencias. Las verdades divinas se aprenden por experiencia, *sintiéndolas* antes de poder saber lo que son... La antigua maldición no desaparece sin producir dolores. El viejo miserable que hay dentro de nosotros no se rinde, ni muere, acatando nuestras órdenes. Ha de ser arrancado de nuestro corazón como se arranca una mala hierba fuertemente adherida a la tierra. Es necesario extraerlo con dolor y derramamiento de sangre, igual que una muela que se extrae de la mandíbula. Debe ser echado fuertemente del alma, de la misma manera que Jesús echó a los mercaderes del templo. Por nuestra parte debemos resistir la tentación de tener lástima de nosotros mismos, uno de los pecados más represibles de la naturaleza humana... Padre, ansío conocerte, pero mi cobarde corazón teme dejar a un lado sus juguetes. No puedo deshacerme de ellos sin sangrar interiormente, y no trato de ocultarte el terror que eso me produce. Vengo a ti temblando, pero vengo. Te ruego que arranques de mi corazón todo eso que ha sido tantos años parte de mi vida, para que tú puedas entrar y hacer tu morada en mí sin que ningún rival se te oponga. Entonces harás que tu estrado sea glorioso; no será necesario que el sol derrame sus rayos de luz dentro de mi corazón, porque tú mismo serás mi luz, y no habrá más noche en mí. Te lo imploro en el nombre de Jesús, amén.[2]

No tengo la más mínima idea de lo que usted necesita soltar; pero *usted* lo sabe. Por difícil que le sea desprenderse de ello, valdrá la pena hacerlo; entonces, y sólo entonces, será usted verdaderamente libre para servir a su Señor.

Vuelva por un momento al tiempo en que Jesús andaba por las playas de Galilea. El Señor se encontró con dos hermanos —Simón y Andrés— que echaban sus redes al mar; y al llamarlos e invitarles a que le siguieran, ¿recuerda lo que éstos hicieron? "Ellos entonces, dejando al instante las redes, le siguieron" (Mateo 4:20). Poco después, vio a otros dos hermanos —Santiago y Juan—, que remendaban sus redes. ¿Se acuerda usted de la respuesta de ellos cuando les llamó? "Y ellos, dejando al instante la barca y a su padre. . ." (Mateo 4:22).

Aquellos cuatro hombres hicieron algo más que marcharse; se abandonaron a El y tuvieron una primera muestra de lo que es la consagración a su causa. A diferencia del cristianismo acomodaticio y superficial del tipo "haz lo que te agrada" que comercializan hoy en día los promotores de habla delicada de la mediocridad religiosa, Jesús fue siempre firme y enérgico en lo referente al costo del discipulado —y así debemos ser también nosotros.

Con los mandamientos de Cristo no puede haber ningún tipo de coqueteo. Nos encontramos en una guerra, y las cosas que están en juego en la misma son la vida y la muerte. Cada día que nos mostramos indiferentes a nuestras responsabilidades es un día perdido para la causa de Cristo. Si hemos aprendido siquiera la verdad más elemental del discipulado, debemos saber que se nos llama a ser siervos de nuestro Señor y a obedecer a su Palabra. Nuestro deber no consiste en razonar acerca de por qué habla como lo hace, sino sólo en cumplir sus órdenes. A menos que tengamos esta dedicación a todo lo que sabemos que El quiere que hagamos ahora, por inmadura que pueda ser nuestra comprensión, resultará dudoso que lleguemos más allá en su vida y misión. . . Uno no puede menos de preguntarse por qué existen hoy en día tantos que profesan ser cristianos que no crecen espiritualmente y son ineficaces en su testimonio. O poniendo la pregunta en su contexto más amplio: ¿Cuál es la razón de que la iglesia contemporánea se encuentra tan frustrada en su testimonio al mundo? ¿No será debido a que hay, tanto entre el clero como entre los laicos, una indiferencia general a los mandamientos de Dios, o por lo menos cierto tipo de complacencia satisfecha con la mediocridad? ¿Dónde está la obediencia a la cruz? Verdaderamente parecería que las enseñanzas de Cristo, acerca de la negación de uno mismo y la dedicación, hubieran sido sustituidas por una especie de respetable filosofía de la conveniencia caracterizada por el "haz lo que quieras".

La gran tragedia consiste en que se está haciendo muy poco para corregir la situación; incluso por parte de aquellos que comprenden lo que sucede. Ciertamente la necesidad del momento no es la desesperación, sino la acción. Ya es hora de que los requisitos para ser miembro de la iglesia se interpreten y se impongan desde el punto de vista del verdadero discipulado cristiano. Pero esta acción, por sí solo, no será suficiente. Los seguidores deben contar con líderes; lo cual significa que antes de que se pueda conseguir mucho de la membresía de la iglesia, habrá que hacer algo con las autoridades de ésta. Si la tarea parece demasiado grande, entonces tendremos que comenzar como hizo Jesús: juntándonos con unos pocos escogidos e inculcándoles el significado de la obediencia.[3]

EVALUACION: ¿POR QUE UN PRECIO TAN ALTO?

Debo confesar que durante muchos años interpreté mal las enseñanzas de Jesús en Lucas 14. Dentro del contexto de su declaración de las condiciones extremas del discipulado, el Señor pasa suavemente a dos relatos que explican la razón de esas condiciones tan costosas:

> Porque ¿quién de vosotros, queriendo edificar una torre, no se sienta primero y calcula los gastos, a ver si tiene lo que necesita para acabarla?
>
> No sea que después que haya puesto el cimiento, y no pueda acabarla, todos los que lo vean comiencen a hacer burla de él, diciendo: Este hombre comenzó a edificar, y no pudo acabar.
>
> ¿O qué rey, al marchar a la guerra contra otro rey, no se sienta primero y considera si puede hacer frente con diez mil al que viene contra él con veinte mil?
>
> Y si no puede, cuando el otro está todavía lejos, le envía una embajada y le pide condiciones de paz.
>
> Así, pues, cualquiera de vosotros que no renuncia a todo lo que posee, no puede ser mi discípulo (Lucas 14:28–33).

El primer análisis tiene que ver con la construcción, y el segundo con la guerra. Ambos destacan el alto precio de hacer esas cosas adecuadamente: la importancia de calcular el costo. Pero tenga cuidado con la manera en que lee estas palabras. No se *nos* dice a nosotros que calculemos dicho costo. Eche otro vistazo al versículo y véalo por sí mismo. ¿Quién es el que calcula el costo en ambas historias? Pues en una, el que está a cargo del proyecto de construcción y en la otra el rey que es responsable del resultado de la batalla —ni las cuadrillas de construcción, ni los combatientes, sino aquellos que tienen el mando.

Obviamente es al Señor mismo a quien Jesús tiene en mente. El ha diseñado el tipo de "edificio espiritual" que mejor revelará su gloria. . . y también está plenamente consciente de la batalla que habrá que librar a fin de realizar el trabajo. Con esa perspectiva, *El mismo* ha calculado el costo y determinado la calidad de la mano de obra que requiere su "edificio"; y *El mismo* ha calculado el costo y determinado las características que sus soldados deben tener para ganar el combate que inevitablemente se trabará en contra su plan. Es él (y no *nosotros*) quien ha calculado dicho costo.

¿No es más lógico eso? Recuerdo que hace muchos años predicaba ardientes sermones acerca de calcular el costo, e incluso cantaba con la misma idea en mente. Pero después de considerar a fondo el cuadro completo, creo sinceramente que no es el cristiano quien determina el costo, sino nuestro Señor; después de todo el arreglo es suyo enteramente.

¿Por qué son tan altos los requisitos? ¿Cuál es la causa de que las condiciones sean tan costosas? Deténgase y piense acerca de ello. El "edificio" que El ha diseñado no se puede construir debidamente sin obreros capacitados y entregados. El rebajar sus normas disminuiría la calidad del producto final; y El no está dispuesto a hacerlo. Por otro lado, el tipo de batalla que ha de librarse no puede correr a cargo de unas tropas cansadas, mal adiestradas, poco determinadas y desanimadas. Eso explica por qué las condiciones del discipulado deben permanecer al más alto nivel y las filas siempre merman cuando la multitud de cristianos comunes y corrientes se enfrenta al llamamiento serio de Cristo para discípulos delicados.

Quiero terminar este capítulo compartiendo con usted una porción de mi vida, acerca de la cual probablemente usted no sepa nada, y qué le ayudará a comprender por qué me tomo ahora estas cosas tan en serio.

Durante cierto número de años después de mi conversión a Cristo chapuceé con las cosas espirituales. Me asociaba con gente de la iglesia, aprendía la jerga piadosa, cantaba los himnos, e incluso memorizaba versículos. También hacía oraciones bastante buenas, me llevaba la Biblia a la iglesia domingo tras domingo, cantaba en el coro, y añadía a mi programa uno o dos estudios bíblicos de vez en cuando. Pero mi vida era mía; no dejaba que todas esas cosas religiosas interfirieran, por ejemplo, con mi profesión, mi hogar, mi carácter fuerte, mi interés por conseguir cosas, mi determinación a seguir mi propio camino, o mis planes personales. No era uno de esos que pegan a sus esposas, ni un criminal, alcohólico o ningún pecador horrendo y manifiesto, sino simplemente un hombre egoísta. Sabía cómo conseguir lo que quería y nada me lo iba a impedir. En mi porfía y terquedad me arremangaba dispuesto a luchar con cualquiera que se pusiese en mi camino. . . incluyendo a Dios. Yo era cristiano, pero desde luego *no* un discípulo.

Luego, poco después de alistarme en la Infantería de Marina (otra prueba de que estaba determinado a ser duro y seguro de mí mismo), me destinaron a ultramar —como ya mencioné en el capítulo acerca de la pureza—. Por una vez me enfrenté con una decisión importante que no me era posible cambiar, y en mi soledad me vi obligado a encomendar mi esposa al Señor —ya que ella no podía venir conmigo al Oriente— y a apoyarme en El para muchas cosas de las que siempre había podido hacerme cargo yo mismo.

Durante mi estancia en el extranjero, conocí a un hombre que vio trás de mi careta de duro y se propuso ayudarme para que me pusiese de acuerdo con el Cristo al cual yo confesaba como Salvador. Para utilizar las palabras de este capítulo, aquel hombre hizo un "discípulo de mí". Mes tras mes nos reunimos, hablamos, jugamos a la pelota, reímos, oramos y lloramos, estudiamos las Escrituras y testificamos juntos. Como hiciera Jesús con sus hombres, él también dedicó tiempo a ayudarme para que me quitase la careta de la religión y absorbiera el verdadero mensaje de Cristo. Poco a poco me encontré cambiando en lo profundo de mi ser, hasta llegar a odiar la hipocresía de mi anterior estilo de vida. Empecé a estudiar las Escrituras *por mí mismo*, y éstas se convirtieron en mi pan y mi carne; incluso toqué el tema de las prioridades, las metas y los objetivos de mi vida, abriendo así cada puerta de mi casa interior, habitación tras habitación, para que entrara Cristo. No fue algo repentino, sino que sucedió lenta, silenciosamente. . . Las "cosas" se fueron haciendo menos y menos importantes para mí. Mi terca voluntad se vio sometida al ojo escudriñador del Espíritu de Dios, y empecé a reunirme cada día con mi Señor y a pedirle que tratara con mi repulsivo egoísmo. . . ¡y vaya que si lo hizo!

Ahora, cuando miro hacia atrás, me doy cuenta de que estaba en el proceso de convertirme en discípulo. ¿Quiere esto decir que ha terminado ya ese proceso? ¿Estoy sugiriendo que soy ya un discípulo completo? En absoluto. Pero a pesar de toda mi humanidad (¡y todavía me quedan toneladas de ella!), Dios ha captado verdaderamente mi atención y me ha reprendido acerca de mi voluntad obstinada. Le alabo humildemente por su paciencia y su misericordia al haber persistido en la labor y no haberme soltado hasta que me rindiese. El sustituyó mi mentalidad de "yo y nadie más" por una visión mucho más amplia de la importancia de los demás. Dios ha moderado mi obstinado dogmatismo y me ha dado una tolerancia completamente distinta a la personalidad que tenía en el pasado.

Resulta un poco difícil compartir esto en mucho detalle, no sea que dé la impresión de ser algún santo superpiadoso al que empiezan a salirle las alas. ¡Nada más lejos de la verdad! Todavía meto la pata; aún lucho con el impulso de querer salirme con la mía, y tengo esos deseos de agradarme sólo a mí mismo. Pero la gran diferencia con años atrás es que ya no defiendo tales impulsos. Verdaderamente no quiero que éstos me controlen; mientras que antes me daba excusas para ello. Deseo estar bajo el dominio del Señor, y me siento cada vez más incómodo cuando dichos impulsos carnales se manifiestan. El cambio sucedió en mi vida al pasar el punto crítico de mi crecimiento espiritual, en el cual decidí que ya había jugado bastante con Dios.

Tengo la sensación de que muchos de los que leen éstas páginas pueden identificarse con mi peregrinación. Tal vez los detalles sean diferentes, pero el cuadro general resulta similar, ¿verdad? Para algunos de ustedes se trata de un riesgo que quieren correr, pero temen el costo. Acepte mi consejo: ¡Vale la pena! El Señor se encargará de que usted venza. Todo cuanto necesita es entrevistarse con el Maestro a solas y derramar sus miedos y fracasos delante de él, y luego decirle que está dispuesto a dar ese primer paso para alejarse de un mundo que gira en torno a usted mismo y entrar en una nueva vida centrada en El. Entonces comenzará a afirmarse con el discipulado y a ceder en la mera religión.

> Había caminado por la senda de la vida con paso fácil,
> Y seguido la comodidad y el placer,
> Cuando, casualmente, en un lugar tranquilo,
> Me encontré cara a cara con mi Maestro.
>
> Teniendo como metas la posición, el rango y las riquezas,
> Y pensando mucho en el cuerpo y poco en el alma,
> Había entrado en la loca carrera de la vida dispuesto a ganar,
> Cuando me encontré cara a cara con mi Maestro.

Había construido mis castillos muy altos,
Hasta que sus torres perforaron el azul del cielo;
Había jurado regir con mano de hierro,
Cuando me encontré cara a cara con mi Maestro.

Me encontré con El, y le conocí, y me sentí avergonzado al ver
Que sus ojos llenos de tristeza estaban fijos en mí.
Aquel día titubeé y caí a sus pies
Mientras mis castillos se desvanecían.

Los castillos desaparecieron, y en su lugar
No vi otra cosa sino el rostro de mi Maestro.
Y clamé sollozando: ¡Oh, Señor, hazme apto
Para seguir las huellas de tus pies heridos!

Ahora pienso en las almas de los hombres.
He perdido mi vida para hallarla de nuevo
Desde que a solas, en aquel lugar santo,
Mi Maestro y yo nos encontramos cara a cara.[4]

Autor desconocido

PREGUNTAS E IDEAS PARA DISCUSION QUE LE AYUDARAN A AFIRMARSE EN EL DISCIPULADO

• La palabra "de moda" durante la década de los 70 fue "discipulado". La usábamos constantemente en la iglesia; las organizaciones misioneras la utilizaban a menudo; y los libros incluían largos capítulos acerca de ella. Pero ¿qué quiere decir? Trate de explicarlo en dos o tres frases.

• En este capítulo hemos explorado Lucas 14:25–33. En primer lugar descubrimos que Jesús habló esas palabras para mermar las filas de sus seguidores. ¿Por qué querría El hacer tal cosa? ¿Qué relación guarda esto con el discipulado? Mientras discuten el asunto, conteste a lo siguiente: ¿Son automáticamente *discípulos* todos los creyentes? Explique su respuesta.

• Al desarrollar lo que significa llegar a ser sus discípulos, Jesús tocó tres aspectos concretos que nos causan a menudo dificultades. Examinando nuevamente los versículos 26 al 33 de Lucas 14, trate de mencionar de qué tres aspectos se trata. Hable brevemente de cada una de ellas. ¿Le da alguna más problemas que las otras? Discutan el *por qué*.

• En Lucas 14:28–33 (por favor tómese el tiempo de leerlo) Jesús dio un par de ilustraciones destinadas a aclarar lo que supone llegar a ser sus discípulos. Mientras repasa dichos versículos, intente explicar cómo se relacionan con el tema. En ambos casos, alguien se sienta y medita sobre la entrega (versículos 28, 31). Hablen acerca de la importancia de sus implicaciones.

● Por último, piense seriamente en contribuir al crecimiento espiritual de alguna otra persona. En nuestra época de separación y aislamiento, lo más natural es operar a una distancia prudente... manteniendo un "retraimiento" unos de otros. Hablen acerca del valor que tiene el acercamiento mutuo. Mencione dos o tres beneficios específicos relacionados con el ministerio en grupos pequeños, e incluso con el trato de persona a persona. Pídale a Dios que le dirija a este tipo de ministerio durante el presente año.

Capítulo 8

Afirme su conocimiento sobre la vejez

La vida es un compendio de numerosas posibilidades y algunas cosas inevitables. En ella no hay límite a lo que se puede hacer. Pero se trata de un viaje que cuenta con unas pocas realidades ineludibles; y el envejecimiento es una de dichas realidades. Uno no sólo se hace viejo; sino que ¡se hace viejo *deprisa*!

Esta semana he cumplido los cuarenta y siete años de edad —¡sólo estoy a tres del medio siglo!—. Eso es suficiente para que un individuo quiera acostarse y dormir una siesta... especialmente después de mirarse, como hice yo esta mañana, en un espejo de doble ancho. Mientras estudiaba mi imagen, me vino de inmediato a la memoria un pequeño cartel que había visto en cierta tienda de regalos de la localidad:

> Cuando uno se hace demasiado viejo
> para los granos pasa inmediatamente a las arrugas.

Uno sabe que está envejeciendo cuando...

... la mayoría de sus sueños son "reestrenos",
... cuando la azafata del avión le ofrece "café, té o leche de magnesia",
... se sienta en una mecedora y no puede empezar a moverla,
... su mente se propone hacer algo que su cuerpo no puede cumplir,
... ¡la señora de pelo gris a la que ayuda a cruzar la calle es su esposa!
... leer *La mujer completa* (The Total Woman) le da sueño,
... todo duele; y lo que no duele, no funciona,

. . . hinca sus dientes en un jugoso filete y se los deja allí,

. . . aquellos que están jubilados empiezan a comprender: si no se andan con cuidado pronto caerán en la rutina de la inactividad; como ese caballero que reconocía:

Me levanto cada mañana y desempolvo mis sesos.
   Luego echo mano del periódico, y leo las esquelas de defunción.
Si falta mi nombre, sé que no estoy muerto;
   De manera que hago un buen desayuno, y me vuelvo a la cama.

Aunque todavía me falta mucho para retirarme, ¡he de confesar que ese me parece un programa maravilloso para nuestros días!

Pero no todo el mundo sonríe. Para muchos el hacerse viejos representa una sombría realidad, un viaje solitario y espantoso que se antoja abrumador, y a veces insoportable.

ACTITUDES HUMANAS EN CUANTO A LA VEJEZ

Cuanto más hablo con ancianos y escucho lo que ellos dicen, más siento el descontento en lugar de la aceptación. Lo observé en mi propio padre durante la última década de su vida. Mi madre murió en 1971; él, en cambio (aunque quince años mayor que mamá), siguió viviendo hasta 1980. Papá pasó varios de aquellos años en casa, con nosotros, dándonos una ocasión inolvidable de contemplar en persona la agonía del que envejece solo; a pesar de encontrarse rodeado de nuestra familia de seis miembros que quería relacionarse con él, expresarle su amor, e incluirle en la corriente principal de su vida. Pudimos detectar que el abuelo había adoptado una serie de actitudes las cuales hacían sumamente difícil, si no imposible, una relación estrecha. Ya que dichas actitudes no son exclusivamente suyas, las comparto de un modo franco.

Sin deseos de parecer crítico, creo que resulta adecuado decir que tales actitudes proceden de nuestra humanidad —no del Señor—, y son por lo tanto terriblemente desmoralizadoras.

Inutilidad

Este sentimiento expresa: "Estoy en el ocaso. . . soy un estorbo. . . ya no tengo mucho que aportar; de modo que me retiro de la vida". A menudo tal actitud se da en personas que en otro tiempo eran ingeniosas y competentes; de hecho no resulta excepcional descubrir que aquellos que en su día desempeñaron un papel sumamente importante en la vida se sienten los más inútiles a medida que la arena del tiempo cubre sus logros pasados.

Sentimiento de culpa

¡Qué pésimo compañero de viaje para los últimos años de nuestra vida! Y sin embargo, el sentimiento de culpa sabe cómo arreglárselas para asaltar nuestras mentes cuando la edad nos hace más lentos y sensibiliza nuestra memoria. "¡Qué mal lo he hecho!", "¡Ojalá tuviera una segunda oportunidad para educar de un modo distinto a mis hijos!", "Entonces emplearía mejor el dinero. . .", "He sido demasiado *esto*, y poco *lo otro*." Y dale que dale. Al disponer de más tiempo, cedemos al dedo acusador de la culpa y al ceño fruncido del "debería darte vergüenza", e inevitablemente los sentimientos de insatisfacción gruñen y se agitan en nuestro interior. Pasa como con aquel verso anónimo que aprendí hace años:

Volviendo de sus juegos, a veces viene a mí
 Un muchachito alegre: el niño que yo fui.
Me mira con nostalgia cuando dentro está;
 Diríase que a otro pensara allí encontrar.

Tales visitas imaginarias nunca dejan de echarnos mano y lanzarnos con estrépito a la lona. El sentimiento de culpa es un cobarde y un fanfarrón siempre en busca de pelea. Pareciera que jamás podemos ganar.

Compadecerse de sí mismo

Hay todavía otra actitud que atormenta a los ancianos: esa vieja justiciera de compadecerse de sí mismo —el síndrome del *¡ay de mí!* que nos convence de que la tierra de nadie es nuestra isla—. "A nadie le importo, de modo que ¿por qué habría de importarme a mí mismo? A la gente le da lo mismo si vivo o muero." El autocompadecerse conecta entre sí los extremos de la culpa y el resentimiento, y a menudo nos lleva debajo del enebro junto con el profeta Elías, para unirnos al conocido coro que dice: "Basta ya, oh Jehová, quítame la vida. . ." (1 Reyes 19:4).

Miedo

Tal vez la actitud más corriente entre aquellos que están avanzando en años, sea la del miedo: miedo en el terreno económico, miedo a perder la salud física o mental, el cónyuge, los amigos... "El mundo está dando vueltas junto a mí a una velocidad terrible. Me temo que no podré mantenerme en pie." Una a esto la impaciencia de la juventud, la tasa ascendente de crímenes que implican violencia y fraude contra los ancianos, la pérdida del oído, y las enfermedades paralizadoras, y no resulta difícil comprender por qué el miedo se adhiere a la gente mayor.

Al escribir la siguiente frase no quiero parecer falto de compasión; pero es algo que necesita decirse con toda franqueza: Por naturales y comprensibles que puedan ser los sentimientos de inutilidad, culpabilidad, compadecerse de sí mismo y miedo, *no provienen de Dios*; el Señor no inspira tales actitudes, sino nosotros. Dichos sentimientos son de origen estricta y completamente humano, y nos dejan atrapados en su resaca. Para afirmar nuestro conocimiento sobre el envejecimiento hay que contrarrestarlos de alguna manera. Dediquemos el resto del capítulo a considerar cómo podemos hacerlo.

UN SALMO QUE INCLUYE UN PRINCIPIO

La Palabra de Dios nunca deja de guiarnos a una perspectiva correcta de la vida; y el Salmo 90 no es ninguna excepción. Dicho Salmo, escrito por un anciano de aproximadamente ochenta años de edad —o tal vez más— (Moisés), echa un breve pero preciso vistazo a la existencia. Comienza el mismo recordándonos que Dios no tiene edad:

> Señor, tú nos has sido refugio
> De generación en generación.
> Antes que naciesen los montes
> Y formases la tierra y el mundo,
> Desde el siglo y hasta el siglo, tú eres Dios   (Salmo 90:1, 2).

Una vez establecido esto, el escritor vuelve su atención hacia la humanidad, y escoge varias descripciones gráficas distintas para presentar la brevedad y la aflicción de la vida con colores fuertes. Trate de localizar tres o cuatro de esas ilustraciones:

Vuelves al hombre hasta ser quebrantado,
Y dices: Convertíos, hijos de los hombres.
Porque mil años delante de tus ojos
Son como el día de ayer, que pasó,
Y como una de las vigilias de la noche.
Los arrebatas como con torrente de aguas; son como sueño,
Como la hierba que crece en la mañana.
En la mañana florece y crece;
A la tarde es cortada, y se seca.
Porque con tu furor somos consumidos,
Y con tu ira somos turbados.
Pusiste nuestras maldades delante de ti,
Nuestros yerros a la luz de tu rostro.
Porque todos nuestros días declinan a causa de tu ira;
Acabamos nuestros años como un pensamiento.
Los días de nuestra edad son setenta años;
Y si en los más robustos son ochenta años,
Con todo, su fortaleza es molestia y trabajo,
Porque pronto pasan, y volamos   (Salmo 90:3–10).

La vida. . . la vida es "como el día de ayer, que pasó".
Como "una de las vigilias de la noche".
Como "la hierba que crece en la mañana".

Acabamos nuestros años como "un pensamiento", viviendo a veces setenta años, y a veces ochenta. De todas formas, "pronto pasan, y volamos".

Ahora bien, ¿qué sentido tiene esto? ¿Hay alguna pauta, algún consejo, algún principio divino que podamos seguir que nos ayude a afirmar nuestro conocimiento sobre el envejecimiento? ¡Sí!

Enséñanos de tal modo a contar nuestros días,
Que traigamos al corazón sabiduría (Salmo 90:12).

El texto hebreo sugiere que "demos cuenta" debida de nuestros días. A mí me resulta interesante el que hayamos de considerar la vida por días, en vez de por *años*. Tenemos que vivir esos días de tal forma que cuando se acerquen a su fin hayamos "traído al corazón sabiduría". Con el Señor ocupando el primer lugar en nuestras vidas (volvemos a las *prioridades*, capítulo 1), aceptamos y vivimos cada día de un modo entusiasta para El. El resultado será, como expresa el salmista, sabiduría en el corazón.

Esta semana he cumplido cuarenta y siete años, los cuales, si los multiplico por 365 días que tiene cada uno, ascienden a 17.155 días. No puedo identificarme con una enorme porción de días que equivalen a un año; pero ciertamente me es posible tomar un bocadito que represente un día. Cuando vivo éste como Dios quiere —como se prescribe aquí, en el Salmo 90:12—, considero dicho día como un don suyo para mí, y lo disfruto bajo su control y para su gloria.

He aquí por lo tanto el principio:

YA QUE CADA DIA ES UN DON DE DIOS, LO VIVO DE
MODO ENTUSIASTA PARA EL.

Puedo oír ahora mismo, saltando de su mente a la mía, las siguientes palabras: "Vamos, Chuck, es usted un idealista. . . ¡Si conociera mi situación tendría que formular de nuevo ese principio!"

No, dudo sinceramente que retiraría lo dicho aunque en este momento usted estuviera en una situación cuyo aspecto fuera entre terrible e imposible.

Tal vez ayudaría el ver este principio abstracto y teórico manifestado en la vida de una persona de aproximadamente ochenta años de edad. Si podemos contemplar la verdad encarnada, estoy convencido de que nos será más fácil a todos afirmar nuestro conocimiento sobre el envejecimiento. La persona que tengo en mente vivió una vida dura, experimentó su ración de decepciones, y se aproximó al ocaso de sus años sin ningún sillón a la vida —encantado con el desafío que todo ello representaba—. Se trata de un personaje de la Biblia llamado Caleb.

UN HOMBRE QUE NO SE METIO EN NAFTALINA

Creo que no hay ningún personaje bíblico del Antiguo Testamento al que admire más que a Caleb. Su vida se halla maravillosamente resumida en varios versículos de Josué capítulo 14. Todo lo que se dice del hombre son unas pocas palabras; pero los tentáculos de su biografía se extienden hasta 45 años antes. Al leer su historia comprenderá por qué digo esto.

> Y los hijos de Judá vinieron a Josué en Gilgal; y Caleb, hijo de Jefone cenezeo, le dijo: Tú sabes lo que Jehová dijo a Moisés, varón de Dios, en Cades-barnea, tocante a mí y a ti.
> Yo era de edad de cuarenta años cuando Moisés siervo de Jehová me envió de Cades-barnea a reconocer la tierra; y yo le traje noticias como lo sentía en mi corazón.

Y mis hermanos, los que habían subido conmigo, hicieron desfallecer el corazón del pueblo; pero yo cumplí siguiendo a Jehová mi Dios.

Entonces Moisés juró diciendo: Ciertamente la tierra que holló tu pie será para ti, y para tus hijos en herencia perpetua, por cuanto cumpliste siguiendo a Jehová mi Dios.

Ahora bien, Jehová me ha hecho vivir, como él dijo, estos cuarenta y cinco años, desde el tiempo que Jehová habló estas palabras a Moisés, cuando Israel andaba por el desierto; y ahora, he aquí, hoy soy de edad de ochenta y cinco años.

Todavía estoy tan fuerte como el día que Moisés me envió; cual era mi fuerza entonces, tal es ahora mi fuerza para la guerra, y para salir y para entrar.

Dame, pues, ahora este monte, del cual habló Jehová aquel día; porque tú oíste en aquel día que los anaceos están allí, y que hay ciudades grandes y fortificadas. Quizá estará conmigo, y los echaré, como Jehová ha dicho.

Josué entonces le bendijo, y dio a Caleb hijo de Jefone a Hebrón por heredad.

Por tanto, Hebrón vino a ser heredad de Caleb hijo de Jefone cenezeo, hasta hoy, por cuanto había seguido cumplidamente a Jehová Dios de Israel (Josué 14:6–14).

Antes de que nos metamos de lleno en la vida de Caleb, quisiera mencionar dos verdades obvias que emergen de su ejemplo, y que se aplican perfectamente a todos aquellos que están envejeciendo y empezando a sentir el aliento ardiente de ese viejo dragón —el Tiempo— en sus nucas:

1. Los mayores logros de la vida pueden ocurrir en la vejez.
2. En la vida cristiana no hay jubilación.

Antes de ir más lejos, necesitamos comprender esas dos verdades, y saber que son aplicables a usted y a mí tanto como a aquel hombre llamado Caleb. La historia de este último no debe considerarse como única.

Primeros años

Caleb empieza reflexionando sobre aquellos días, cuarenta y cinco años atrás, en los cuales Josué, él y otros diez espías israelitas se introdujeron furtivamente en Canaán antes de que los judíos invadieran y conquistasen la tierra; y expresa que en ese tiempo contaba cuarenta y cinco años de edad. También recuerda que el informe que entonces dio fue minoritario: diez de los doce espías tenían miedo, y estaban absolutamente convencidos de que no había forma de ocupar el territorio.

Números 13:25–33 nos da a conocer el relato al que se refiere Caleb mientras habla con Josué:

> Y volvieron de reconocer la tierra al fin de cuarenta días.
>
> Y anduvieron y vinieron a Moisés y a Aarón, y a toda la congregación de los hijos de Israel, en el desierto de Parán, en Cades, y dieron la información a ellos y a toda la congregación, y les mostraron el fruto de la tierra.
>
> Y les contaron, diciendo: Nosotros llegamos a la tierra a la cual nos enviaste, la que ciertamente fluye leche y miel; y este es el fruto de ella.
>
> Mas el pueblo que habita aquella tierra es fuerte, y las ciudades muy grandes y fortificadas; y también vimos allí a los hijos de Anac.
>
> Amalec habita el Neguev, y el heteo, el jebuseo y el amorreo habitan en el monte, y el cananeo habita junto al mar, y a la ribera del Jordán.
>
> Entonces Caleb hizo callar al pueblo delante de Moisés, y dijo: Subamos luego, y tomemos posesión de ella; porque más podremos nosotros que ellos.
>
> Mas los varones que subieron con él, dijeron: No podremos subir contra aquel pueblo, porque es más fuerte que nosotros.
>
> Y hablaron mal entre los hijos de Israel, de la tierra que habían reconocido, diciendo: La tierra por donde pasamos para reconocerla, es tierra que traga a sus moradores; y todo el pueblo que vimos en medio de ella son hombres de grande estatura.
>
> También vimos allí gigantes, hijos de Anac, raza de los gigantes, y éramos nosotros, a nuestro parecer, como langostas; y así les parecíamos a ellos" (Números 13:25–33).

Caleb recuerda que ni él ni Josué dudaron nunca. Cuarenta y cinco años antes se quedó solo, confió en Dios, y anunció públicamente su seguridad de que podían vencer a aquellos "gigantes" de Canaán; pero ya que el pueblo escogió no creer al Señor vagaron cuarenta largos años por el desierto. Sólo él y Josué —ahora el más viejo del campamento— sobrevivieron aquella marcha de la muerte; y con hombres y mujeres más jóvenes a su alrededor, siguieron luchando, trabajando, y finalmente conquistaron la tierra de Canaán. Considere de nuevo las palabras de Caleb:

> Yo era de edad de cuarenta años cuando Moisés siervo de Jehová me envió de Cades-barnea a reconocer la tierra; y yo le traje noticias como lo sentía en mi corazón.
>
> Y mis hermanos, los que habían subido conmigo, hicieron desfallecer el corazón del pueblo; pero yo cumplí siguiendo a Jehová mi Dios.

Entonces Moisés juró diciendo: Ciertamente la tierra que holló tu pie será para ti, y para tus hijos en herencia perpetua, por cuanto cumpliste siguiendo a Jehová mi Dios (Josué 14: 7–9).

Caleb se está entusiasmando nuevamente. No olvide que ahora es un joven de ochenta y cinco años. Quizás se trataba en realidad de su cumpleaños. Sea como sea, el hombre no ha perdido nada de su celo entusiasta por la vida.

Años maduros

¡Me encantan los dos versículos que vienen ahora!

Ahora bien, Jehová me ha hecho vivir, como él dijo, estos cuarenta y cinco años, desde el tiempo que Jehová habló estas palabras a Moisés, cuando Israel andaba por el desierto; y ahora, he aquí, hoy soy de edad de ochenta y cinco años.
Todavía estoy tan fuerte como el día que Moisés me envió; cual era mi fuerza entonces, tal es ahora mi fuerza para la guerra, y para salir y para entrar (Josué 14:10, 11).

Observe, por favor, que me estoy refiriendo a este hombre de ochenta y cinco años como a alguien de "edad madura". ¡Así no ofendemos a nadie!

Y ¿qué dice ese hombre acerca de sí mismo? ¿Qué idea tiene de la persona que está dentro de su piel? ¿Es alguien que lucha con el miedo, la compasión de sí mismo, la inutilidad o el sentimiento de culpa? Nada de eso. Se ve más fuerte que nunca. Capaz de luchar o de dirigir, de utilizar un arma o de emplear la cabeza. ¡Qué estimulante resulta leer la opinión que este hombre tiene de sí mismo! Aunque avanzado en años, ¡está todo menos en el ocaso! Siga leyendo:

Dame, pues, ahora este monte, del cual habló Jehová aquel día; porque tú oíste en aquel día que los anaceos están allí, y que hay ciudades grandes y fortificadas. Quizá Jehová estará conmigo, y los echaré, como Jehová ha dicho.
Josué entonces le bendijo, y dio a Caleb hijo de Jefone a Hebrón por heredad (Josué 14:12, 13).

Ultimos años

Cuando Caleb fijaba la mirada en el futuro, sus ojos brillaban de entusiasmo, optimismo, esperanza y fe.
No decía: "Déjame en paz, estoy cansado".

"Me merezco un lugar cómodo y con sombra".

"Me debes algún subsidio por todos estos años en los cuales he trabajado y peleado".

"Yo ya he hecho mi parte, ¡ahora les toca a *ellos*!"

Sino: "Mira esa montaña. Dámela para que la conquiste".

"¡A ver, haz salir a esos feos gigantes!"

"¡Dónde están esas ciudades fortificadas!"

"Toma, Josué, para ti las zapatillas de andar por casa, ¡yo voy a ponerme las botas de montañero!"

Sugiero que empecemos un nuevo club. ¿Qué me dice de "Los Montañeros de Caleb", o "Los Hijos de Caleb"? Podríamos llamarlo club LHDC, para hacerlo más corto, y uno tendría que tener al menos sesenta y cinco años para pertenecer al mismo. Creo firmemente que en cuestión de horas miles de personas se incorporarían a dicho club, después de haber leído estas palabras de Caleb.

Y es que nuestro problema no es la edad, sino una actitud tradicional; sufrimos la invisible lluvia radiactiva de los medios de comunicación. Se nos ha programado para que creamos que a los sesenta y cinco años nos convertimos en una nulidad laboral. Algún tipo de magia negra ha pronunciado un maleficio sobre nuestra motivación, y nos ha hecho pensar que hemos de arrastrar los pies, encorvarnos, mofarnos y roncar el resto de nuestros días.

¡Tonterías!

Los verdaderos gigantes son esa clase de pensamientos; que gruñen y rugen como un bosque lleno de cíclopes. ¿Pero quién ha dicho que el club LHDC tiene que escucharles? Caleb no lo hizo; sino que se arremangó y retó a pelear a esos gigantes. *Se negó* a dejarse intimidar o desanimar. Larry Olsen, el autor de *Outdoor Survival Skills* (El arte de sobrevivir al aire libre), ilustra maravillosamente bien la importancia de una actitud positiva al describir a un hombre perdido en el desierto. Fue dicha actitud lo único que le permitió sobrevivir:

> Lleva varios días sin comida ni agua. Tiene los labios hinchados, y también la lengua; está rendido y ensangrentado. Algunos de sus huesos casi se le asoman por la piel. Ha sido terriblemente arañado y azotado por los cactus, la arena y el sol. Su cuerpo está lleno de ampollas. Entonces, mientras sube a gatas por un pequeño montículo, se encuentra con una plantita,

y apoyándose en su ensangrentado codo, la mira, y dice: "Sabes, si las cosas siguen como hasta ahora, muy bien podría desanimarme".[1]

Esto suena como algo que hubiera podido decir el viejo Caleb. ¡Y lo bueno es que él no tiene la exclusiva!

UNA RESPUESTA ADECUADA AL ENVEJECIMIENTO

¿Recuerda usted el principio que descubrimos en el Salmo 90? Lo repetiré una vez más:

YA QUE CADA DIA ES UN DON DE DIOS,
LO VIVO DE MODO ENTUSIASTA PARA EL.

Puesto que no podemos cambiar lo inevitable, es necesario adaptarnos a ello; y no lo hacemos de año en año, sino día a día. En vez de sufrir amargamente porque a nuestro cuerpo se han agregado algunos dolores y padecimientos más, tomamos la determinación de festejar la vida en vez de soportarla. El envejecimiento no es algo optativo; pero sí podemos elegir nuestra respuesta al mismo. Hay muchas maneras en las que determinamos cómo será nuestro envejecimiento.

Me gustaría hablar de ello antes de concluir este capítulo. Quiero que considere seriamente el no meterse en naftalina. De veras que la elección es suya. El difunto general Douglas Mac-Arthur comprendió esta cuestión el día de su septuagésimoquinto cumpleaños.

> Cada corazón tiene en su centro una cámara de grabación. Mientras dicha cámara recibe mensajes de belleza, esperanza, alegría y valor, uno permanece joven; pero cuando los cables están caídos y el corazón se halla cubierto por las nieves del pesimismo y el hielo del escepticismo, entonces, y sólo entonces, se ha hecho viejo.[2]

Comprendiendo la verdad de todo esto, examinemos ahora un par de respuestas alternativas al envejecimiento:

Primeramente, *considere la vida como un desafío en vez de una amenaza*. Ya lleva bastante tiempo en el mundo como para saber que nadie puede predecir el mañana que nos aguarda. De manera que, obviamente, la respuesta es que adoptemos la mentalidad de Caleb rechazando cualquier tentación a hibernar, preocuparnos, hacernos un ovillo, plegarnos, y secarnos. Eche mano de cada día (recuerde que el secreto consiste en saber manejar cada *día*) y acepte cada hora como un desafío. He aquí la forma en que un hombre sugiere que lo hagamos:

COMO VIVIR

No sea tímido:
    Muerda.
Tómela con los dedos,
    Y permita que su jugo pueda
    Correrle por la barbilla.

La vida está lista y madura
    AHORA
        Dondequiera que usted se encuentre.

No necesita cuchillo, ni tenedor,
    Ni cuchara, ni servilleta, ni mantel;
Porque no hay en ella corazón
    Ni tallo
    Ni corteza
    Ni hueso
    Ni pepitas
    Ni piel
        Que tirar.[3]

Si el ver la vida como un desafío fuese una meta inalcanzable, resultaría una burla que yo lo pusiera como señuelo; pero ciertamente se puede conseguir. A menudo contemplo a hombres y mujeres mayores que se niegan a hundirse en el pantano de la depresión. En nuestra iglesia, aquí en Fullerton (California), hemos empezado hace poco un emocionante programa para los hombres de edad avanzada. El grupo se denomina a sí mismo *Forever Young* (Eternamente jóvenes), y ¡va en serio! Se reúnen para comer una o dos veces por semana, visitan lugares de interés turístico, realizan proyectos en común. . . ; pero, sobre todo, están *juntos*. Resulta conmovedor ver a algunos que en otro tiempo se hallaban solos, desanimados y decaían mentalmente, salir de su caparazón y gozar de la vida.

De vez en cuando, algunos atletas americanos surgen como modelos de este contagioso estilo de vida.

La segunda respuesta alternativa al envejecimiento es *seguir al Señor por entero, y no a medias*. Eso fue precisamente lo que hizo Caleb:

Por tanto, Hebrón vino a ser heredad de Caleb hijo de Jefone cenezeo, hasta hoy, por cuanto había seguido cumplidamente a Jehová Dios de Israel (Josué 14:14).

Tengo la certeza de que eso constituyó un factor principal en su respuesta juvenil a la vida. De hecho, un examen detenido de su biografía revelará que en otras dos ocasiones se dice de Caleb que cumplió siguiendo al Señor (14:8, 9). Expresado con otras palabras: la andadura de fe de Caleb era constante —una parte normal de su día—. Aquel hombre había determinado convertir al Señor su Dios en el Socio de su vida a cualquier precio.

Quiero animarle a usted a que tome esa misma decisión a partir de hoy. ¡Puede hacerlo! Lo único que se requiere es la decisión de entregarle a El su vida. Una vez que la haya tomado (*no* antes) comenzará a comprender que las muchas nubes nunca podrán opacar el brillo del Hijo de Dios en su existencia. ¡Hágase de los Hijos de Caleb! ¡Unase al club! En cuanto lo haya hecho, se quedará asombrado de la diferencia en su modo de ver la vida.

Hace varios años, una pareja ya mayor asistió a cierto retiro espiritual en Colorado. Sus hijos ya estaban criados, y los ancianos se enfrentaban a los años del ocaso de sus vidas. Ambos eran cristianos, pero ni el uno ni el otro habían dado nunca testimonio. El tema del encuentro era "Miremos a Jesús"; y ese fue el énfasis de toda la semana. Mientras se hallaban en la conferencia, y al verse expuestos al mensaje del compromiso total con Cristo, cada uno de ellos decidió poner al Señor en el trono de su vida. Costara lo que costase seguirían a Jesús plenamente, no a medias. Antes de emprender el largo viaje a casa en automóvil, hicieron la siguiente oración:

"Señor, te damos el primer lugar en nuestras vidas. Ya hemos vivido demasiados años para nosotros mismos. Decidimos gastar el saldo que nos queda para Ti. Pase lo que pase, tienes el resto de nuestros días en tus manos".

Aquella noche, ya tarde, cuando se dirigían a su destino, otro auto dio un fuerte viraje situándose en su lado de la carretera, y fue derecho hacia ellos. El hombre movió bruscamente el volante hacia la derecha, apretó de golpe los frenos, y el automóvil se metió patinando en una zanja para detenerse por último en medio de un arroyo poco profundo. Cuando el agua empezó a entrar a borbotones en el auto, la mujer salió por la ventana de su lado, y su esposo hizo lo propio por la del suyo. Luego se pusieron en pie sobre el vehículo viendo cómo el arroyo corría por debajo de ellos. Estaban aturdidos; pero al mismo tiempo tan agradecidos de hallarse con vida, que se abrazaron con fuerza y empezaron a cantar, de forma suave y espontánea:

A Dios el Padre celestial
  Al Hijo nuestro Redentor,
Y al eterno Consolador;
  Unidos todos alabad.[4]

Cuando sus voces se fueron apagando, levantaron la vista hacia el estrecho puente que había sobre sus cabezas y vieron a un gran número de personas mirando fijamente hacia abajo con silenciosa incredulidad. Entre ellos se encontraba un policía de la carretera que, según contaron más tarde, se había colocado el sombrero sobre el corazón. Nadie sabía qué decir.

De repente, la comprensión de que aun *aquello* podía utilizarse como testimonio para la gloria de Dios se apoderó del anciano marido; y con un destello en los ojos, una sonrisa en los labios y voz temblorosa, comenzó: "Han debido preguntarse para qué hemos convocado hoy aquí esta reunión" —y siguió contando a los curiosos acerca de su decisión de "mirar a Jesús" pasara lo que pasase. Así, en lugar de quejarse y sucumbir al miedo, ambos hablaron abiertamente del Señor su Dios a quien ahora seguían plenamente; no a medias.

¿Está usted haciéndose mayor? Claro, nos pasa a todos. ¿Le interesa afirmar su conocimiento sobre ese inevitable proceso de envejecimiento? Estoy seguro de que sí. Pues no lo aplace más. Sin tener en cuenta su edad, sus circunstancias, su pasado o sus sentimientos, sea un Caleb moderno. No ceda más a los sentimientos de inutilidad, culpa, compadecerse de sí mismo, o miedo.

Considere la vida como un desafío, no como una amenaza.

Siga al Señor plenamente, y no a medias.

Y una cosa más: Empiece hoy mismo, no espere.

PREGUNTAS E IDEAS PARA DISCUSION QUE LE AYUDARAN A AFIRMARSE EN LA VEJEZ

● Trate de recordar algunas de las actitudes corrientes entre aquellos que están envejeciendo. ¿Por qué, según usted, son tan fuertes esos sentimientos? ¿Recuerda a alguien que conoce y que es preso actualmente de una o varias de estas actitudes?

● En este capítulo, cuando considerábamos el Salmo 90, vimos varias descripciones gráficas de la brevedad de la vida, y luego indicamos un principio que resultaba del versículo 12. ¿Puede usted formular dicho principio? Hable acerca de qué es lo que más le ayuda del mismo. Intente ser específico.

● Caleb, aquel viejo guerrero de ochenta y cinco años, decidió no dejarse cubrir de bolas de naftalina; recuerde una o dos razones por las cuales permaneció joven de corazón. ¿Cómo se aplica esto a su caso?

● Hacia el final de este capítulo hemos meditado acerca de un par de formas de responder adecuadamente al envejecimiento. Nómbrelas, y luego hable de la importancia de las mismas en su situación personal.

● Quizás es un buen momento para orar acerca de su gran lucha con el envejecimiento. Diríjase a Dios de un modo simple y sincero, y pídale ayuda. ¿Necesita usted hacer algo para disminuir su lucha?

Capítulo 9

Afirmando su conocimiento sobre la oración

Debería decirle con toda franqueza que este no será el consabido capítulo básico de tono religioso sobre la oración. Lo siento, no soy capaz.

Bueno, la verdad es que no lo siento.

Voy a ser tremendamente sincero con usted: la mayor parte de lo que he leído u oído siempre acerca de la oración, me ha dejado bien bajo una tonelada y media de culpabilidad o hastiado de frases estereotipadas aparentemente piadosas y de frases devotas vacías. Sin tratar de parecer un escéptico, tengo que reconocer que frecuentemente he salido pensando: "¿Y de qué me sirve?" Porque no pasaba dos o tres horas penosas cada día de rodillas como el querido doctor fulano de tal; o porque no había orado "de la manera correcta" (sea cual fuera su significado); o porque no era capaz de entretejer varios versículos de las Escrituras en mi oración; o porque no había tenido éxito en mover montañas. . . me quedaba con la clara impresión de que estaba en ayunas en lo referente a esta parte de la vida cristiana. Me parecía algo casi misterioso, místico, y —me atrevería a decir que —hasta un poco supersticioso: un montón de galimatías entretejidos con cierta jerga secreta que algunos tenían y otros no —yo, desde luego, *no*.

Si me hubiera usted preguntado hace veinte años o más, si consideraba la oración como una de las cosas esenciales en un mundo a la deriva como el nuestro, con toda certeza le habría dicho que no; al menos no la clase de oración a la que yo había estado expuesto. Y no era porque no tuviese conciencia del papel destacado que la oración desempeña en la Biblia. Simplemente me sentía repelido por lo que conocía; de modo que cerraba mis oídos a ello.

Tal vez usted también lo haya hecho, y por lo tanto es muy posible que postergara la lectura de este capítulo durante algún tiempo. Si así ha sido, lo comprendo. Y no le culpo; al contrario, ¡le admiro por atacarlo ahora! Veamos si puedo decir algo que sirva para darle un mejor concepto de la oración. Espero que pronto descubrirá que con lo que ha estado luchando no ha sido con la oración *verdadera*, sino más bien con una caricatura, una distorsión, una lastimera imitación de la auténtica.

PERSPECTIVA PAULINA

En el cuarto capítulo de Filipenses —una pequeña epístola del primer siglo que escribió Pablo y que llegó a ser incluida en el Nuevo Testamento—, el apóstol menciona varias cosas que todos queremos:

- *Deseamos* estar firmes en nuestra fe (4:1).
- *Deseamos* tener una actitud gozosa durante todo el día (4:4).
- *Deseamos* que nuestras mentes se ocupen en cosas provechosas (4:8).
- *Deseamos* aplicar tan plenamente los principios de Dios que seamos inundados de su paz (4:9).
- Y naturalmente *deseamos* contentamiento y satisfacción (4:10–12).

Sí, todos *queremos* esas cosas; pero pocos las experimentamos de forma regular.

¿Y qué pasa entonces? Nuestro grado de ansiedad se hace más y más profundo; nuestras preocupaciones se multiplican; nuestros cuidados aumentan; a menudo nos invade la irritación haciendo que nos sintamos resentidos y confusos, y aunque nos esforzamos no podemos hacerla salir; luchamos con pensamientos como: "Soy un hipócrita, y un mal ejemplo de cristiano". Y lo más interesante es que LO PRIMERO Y LO UNICO QUE DARA RESULTADO

ES LO ULTIMO QUE PROBAMOS: LA ORACION. Eche un vistazo a lo siguiente:

Por nada estéis afanosos, sino sean conocidas vuestras peticiones delante de Dios en toda oración y ruego, con acción de gracias.

Y la paz de Dios, que sobrepasa todo entendimiento, guardará vuestros corazones y vuestros pensamientos en Cristo Jesús (Filipenses 4:6, 7).

La mayoría de los cristianos conocen tan bien estas palabras que me temo que las mismas hayan podido perder su impacto. Para guardarnos de ello, leámoslas en otra versión:

No se afanen por nada; más bien oren por todo. Presenten ante Dios sus necesidades y luego no dejen de darle gracias por sus respuestas. Haciendo esto sabrán ustedes lo que es la paz de Dios, la cual es tan extraordinariamente maravillosa que la mente humana no podrá jamás entenderla. Su paz mantendrá sus pensamientos y su corazón en la quietud y el reposo de la fe en Jesucristo (Filipenses 4: 6, 7), (*El más importante es el amor*).

¡Vaya declaración! Si entiendo bien, la ansiedad que aumenta dentro de mí, la creciente irritación y las luchas que hacen que me revuelva, se desvanecerán —de hecho serán sustituidas por una paz interior y por todas esas otras cualidades que tanto deseo— si simplemente hablo con mi Dios. La oración es la cosa más importante para transformar en paz la agitación: es la respuesta a nuestra necesidad.

Pero ¡un momento! ¿Por qué supone entonces tal lucha? ¿Qué tiene la oración que hace que aun los grandes y piadosos (aquellos a quienes admiramos) se sientan tan culpables, insatisfechos, descontentos de su propia vida devocional?

En modo alguno quiero ser irrespetuoso al decir lo que sigue: pero creo que es hora de que alguien lo haga, para ayudar a aclarar la barrera que nos impide entrar en la verdadera oración. Esa barrera la constituyen los envoltorios tradicionales que se han puesto alrededor de ella. ¡Ni siquiera los grandes modelos de la historia de la iglesia confesaban tener un gozo, una paz, o una satisfacción muy grandes en sus vidas de piedad!

Dietrich Bonhoeffer, por ejemplo, reconoció en cierta ocasión que su vida de oración era algo digno de vergüenza. Martín Lutero, el gran reformador alemán, se angustiaba en oración, reservando a la misma tres de las mejores horas del día, y sin embargo pocas veces parecía satisfecho. Recorramos la lista, y encontraremos a uno tras otro esforzándose en la oración; pero con frecuencia les veremos insatisfechos —algunos de ellos incluso *lastimeramente* infelices en cuanto a su vida devocional.

Grandes hombres como: E.M. Bounds, Alexander Maclaren, Samuel Rutherford, Hudson Taylor, John Henry Jowett, G. Campbell Morgan, Joseph Parker, Charles Haddon Spurgeon, F. B. Meyer, A. W. Tozer, H.A. Ironside, V. Raymond Edman, William Culbertson —y así podríamos seguir—, fueron buenos ejemplos cristianos, modelos magníficos, y sin embargo, apenas se puede encontrar entre ellos a alguno que estuviera satisfecho con su vida de oración. Naturalmente que se esforzaban en la oración, creían en ella, enseñaban y predicaban en cuanto a la misma. . . ¿Por qué entonces esa insatisfacción, ese sentimiento de culpa, esa desilusión, o —para algunos— esa vergüenza? ¿Por qué? —le pregunto.

A riesgo de parecer lisa y llanamente un hereje, diré que estoy convencido de que durante siglos los cristianos han obligado a la oración a desempeñar un papel para el que jamás fue ideada. Yo señalaría que la hemos *hecho* difícil, dura, e incluso penosa. La caricatura que ha surgido a través de años de un modelo tradicional (no bíblico), es ahora una disciplina autoimpuesta que produce sentimiento de culpa, en vez de una práctica que alivia la ansiedad. Esa oración no viene de Dios.

¿Recuerda Filipenses 4:6, 7? La perspectiva de Pablo acerca de la oración era esta: *Produce* paz, no la quita; *alivia* la ansiedad, ¡no ha sido ideada para crearla! Sin embargo, como puede ver, se nos ha enseñado a creer que para que la oración resulte eficaz, debe ser ardua, larga, e incluso dolorosa; y que hemos de perseverar en ella durante horas sin interrupción. . . rogando, anhelando, esperando, sufriendo.

¿Está usted listo para recibir un susto? Uno no encuentra nada de eso en las Escrituras. Exceptuando ciertos casos extremos muy limitados, la oración no es nunca larga ni difícil de sobrellevar; y no puedo pensar en ningún personaje bíblico que luchara con el sentimiento de culpa por no haber orado durante bastante tiempo, sufrido suficiente, o rogado y suplicado cuanto era necesario. Compruébelo por sí mismo: no hay nada sobre ello.

Durante mis años en el seminario, había cierto estudiante de uno de los cursos superiores que creía que Dios le estaba llamando al campo misionero. Se trataba de un joven sincero, buen estudiante, que leía numerosas biografías de grandes hombres y mujeres que habían servido a Dios durante toda su vida. Y cuanto más leía, tanto más se convencía de que el compromiso exigía la imposición de un sufrimiento corporal: noches en vela dedicadas a la oración. Incluso dormía en el suelo en vez de en su cama.

Con el paso del tiempo, aquel estudiante se volvió cada vez más masoquista en su pietismo, firmemente dedicado a su estilo de vida autoimpuesto de rigurosa negación. Un marcado fanatismo caracterizaba su actitud. Se hizo más distante y defensivo, y menos tolerante y equilibrado en su perspectiva general de la vida. Era un hombre esclavizado, que, dicho sea de paso, hablaba a menudo de su falta de tiempo en oración y de su necesidad de una mayor devoción a Cristo. Recuerdo que en cierta ocasión, le pedí que me mostrara la base bíblica para su mentalidad de "lo bastante nunca es bastante". Todavía estoy esperando su respuesta.

Una advertencia: ¡Cuidado con hacer de lo extremo nuestra norma! En lo concerniente a la oración, despojémonos de toda la basura tradicional y volvamos al modelo que nos dejó nuestro Salvador cuando anduvo y habló entre nosotros.

INSTRUCCIONES DE JESUS

En los días de Jesús, la gente religiosa se dejaba guiar por los líderes de la sinagoga: los fariseos, los saduceos y los escribas. ¿No creían *ellos* en la oración? Ciertamente que sí. Tenían un dicho: "El que ora dentro de su casa rodea a ésta de un muro más fuerte que el hierro". Lo único que les pesaba era que no podían pasar todo el día orando. Y fue esta intensidad lo que hizo que la oración degenerase de algo espontáneo y fluido a un plan envasado y rígido que repartían rutinariamente los jefes religiosos —de un privilegio se había convertido en una obligación; de un deleite en la presencia de Dios en unos requerimientos humanos—. Para comprender mejor la situación a la que se enfrentaba Jesús, examinemos por unos momentos el impacto de la tradición sobre el judaísmo del primer siglo.

Cómo había degenerado la oración

Cualquiera que lleva a cabo un estudio serio de la vida de Cristo basándose en los cuatro primeros libros del Nuevo Testamento (Mateo, Marcos, Lucas, Juan), adquiere la idea de que las enseñanzas de Jesús eran diferentes de aquellas de los líderes oficiales del judaísmo. Para éstos, el Señor era, en todo sentido de la palabra, un revolucionario radical, y en último término una amenaza para su sistema. En otras palabras: ¡Los desacreditaba! Esto resulta evidente cuando leemos su ahora famoso "Sermón del Monte" puntuado con la repetición de una misma declaración: "Oísteis que fue dicho... pero yo os digo..." Vez tras vez hizo referencia a la enseñanza que habían recibido de los fariseos para luego ofrecer una alternativa fresca y muy necesaria. Considere el ejemplo de la oración.

En aquellos días, la oración había degenerado en cinco aspectos específicos:

1. Había dejado de ser una expresión libre para convertirse en un ejercicio formal. Existían oraciones hechas para todo tipo de ocasiones. La oración era algo litúrgico, uniforme, —rutinario y carente de originalidad.

> ... en las costumbres judías relacionadas con la oración, habían comenzado a notarse algunos errores. Conviene señalar, sin embargo, que dichos errores no son en absoluto exclusivos de las ideas devocionales hebreas, sino que pueden darse, y de hecho se dan, en cualquier sitio. También cabe destacar que sólo podían ocurrir en una comunidad en la cual se tomaba la oración con la mayor seriedad. No se trata de errores debidos a la negligencia, sino a una devoción mal dirigida...
>
> ... la liturgia judía proporcionaba oraciones hechas para todo tipo de ocasiones. Apenas había acontecimiento o vista en la vida que no contara con su fórmula de oración. Se oraba antes y después de cada comida; había oraciones relacionadas con la luz, el fuego, el relámpago, la vista de la luna nueva, de los cometas, de la lluvia, de la tempestad, del mar, de los lagos, de los ríos... con el recibir buenas noticias, usar muebles nuevos, entrar o salir de una ciudad... Todo tenía su oración. Resulta claro que hay algo infinitamente hermoso en esto: la intención era traer cada acontecimiento de la vida a la presencia de Dios. Pero precisamente porque las oraciones estaban prescritas y formuladas de un modo tan meticuloso, todo el sistema se prestaba al formalismo, y había la tendencia a recitar oraciones con muy poco significado.[1]

2. La oración era ritualista en vez de espontánea. Había momentos fijos para orar —algo muy semejante a lo que hacen los musulmanes actuales, que se postran hacia La Meca a determinadas horas del día—. En tiempos de Jesús, las horas "requeridas" eran las 9:00 de la mañana, las 12:00 del mediodía, y las 3:00 de la tarde. Asimismo había ciertos lugares para orar: los preferidos eran las sinagogas.

3. Se hacían oraciones largas, llenas de verbosidad. De hecho existía la creencia de que Dios oía más fácilmente a aquellos que se extendían en la oración; y cuanto más floreada fuese ésta, mejor. Una oración muy conocida tenía nada más y nada menos que dieciséis adjetivos antes del nombre de Dios. Había esa extraña idea subconsciente de que los que aporreaban lo bastante fuerte y durante el tiempo suficiente las puertas del cielo, recibían la atención de Dios.

4. Se repetían palabras y frases. Recordamos haber leído acerca de esto en relación con los adoradores de ídolos gentiles —por ejemplo en 1 Reyes 18 ("¡Baal, respóndenos!")—; pero hacia el siglo primero la misma tendencia comenzaba a notarse en la sinagoga. La oración llevaba casi a una borrachera de palabras al caer aquellos involucrados en la práctica bajo el hechizo de la repetición vacía.

5. El orar llegó a ser una razón para el orgullo más bien que la expresión humilde de alguien necesitado. Orar bien constituía un símbolo legalista de rango social; y el sistema religioso, cuando se seguía al pie de la letra, conducía a una exhibición pública y ostentosa, en las esquinas de las calles —con las manos extendidas, las palmas hacia arriba, y la cabeza inclinada—, tres veces al día.

¿Es acaso extraño que la oración hubiera perdido su valor? Se arruinó al degenerar en una rutina insignificante, caracterizada por la hipocresía abierta y unos términos vacíos, además de por un espíritu de juicio. Aquellas expectativas tan altas, que se hacían imposibles de alcanzar para la persona común y corriente, daban como resultado que el acto en su totalidad se convirtiera en una exhibición carnal llevada a cabo con orgullo por los religiosos competentes. Esto explica que nuestro Señor los censurara en su inmortal sermón; y también por qué Jesús dice lo que dice acerca de la oración y de otras actitudes religiosas en Mateo 6.

Cómo puede ser eficaz la oración

Al sugerir un plan para los que desean llevar una vida de oración que les satisfaga y honre a Dios, Jesús hace tres declaraciones fuertes y todas ellas negativas:

1. No sea hipócrita.

> Guardaos de hacer vuestra justicia delante de los hombres, para ser vistos de ellos; de otra manera no tendréis recompensa de vuestro Padre que está en los cielos.
>
> Cuando, pues, des limosna, no hagas tocar trompeta delante de ti, como hacen los hipócritas en las sinagogas y en las calles, para ser alabados por los hombres; de cierto os digo que ya tienen su recompensa.
>
> Y cuando ores, no seas como los hipócritas; porque ellos aman el orar en pie en las sinagogas y en las esquinas de las calles, para ser vistos de los hombres; de cierto os digo que ya tienen su recompensa.
>
> Cuando ayunéis, no seáis austeros, como los hipócritas; porque ellos demudan sus rostros para mostrar a los hombres que ayunan; de cierto os digo que ya tienen su recompensa (Mateo 6:1, 2, 5, 16).

Jesús reservó para la hipocresía algunos de sus comentarios más duros. Podemos decir, sin temor a equivocarnos, que la *despreció*. La observación que repite (por razón del énfasis) es que aquellos que actúan para ser vistos reciben *ahora* toda su recompensa, dejando bien claro que no recibirán nada más tarde. En vez de convertir estas cosas en un espectáculo barato, Jesús dice:

> Mas tú, cuando ores, entra en tu aposento, y cerrada la puerta, ora a tu Padre que está en secreto; y tu Padre que ve en lo secreto te recompensará en público (Mateo 6:6).

La oración no es algo que uno hace para que le vean; si se convierte en una plataforma para impresionar a otros, pierde todo su propósito. Se trata de un acto de devoción privado, no de una demostración pública de piedad. Según Jesús, su sitio es el gabinete de nuestras vidas —es algo que se hace en secreto.

Anteriormente, en el capítulo dedicado a la integridad, consideramos a Daniel. ¿Recuerda usted la decisión del rey y cómo Daniel continuó orando tres veces al día? ¿Y a dónde fue para orar?

> Cuando Daniel supo que el edicto había sido firmado, entró en su casa, y abiertas las ventanas de su cámara que daban

hacia Jerusalén, se arrodillaba tres veces al día, y oraba y daba gracias delante de su Dios, como lo solía hacer antes (Daniel 6:10).

Daniel no hizo ninguna gran demostración pública, sino simplemente se retiró en silencio a su habitación para encontrarse, en secreto, con su Señor. Y notará usted que había hecho esto mismo muchas veces en el pasado. En Daniel se trataba de una costumbre regular. Lo que le impresiona a uno es la ausencia de hipocresía.

2. No utilice mucho la repetición.

Y orando, no uséis vanas repeticiones, como los gentiles, que piensan que por su palabrería serán oídos.

No os hagáis, pues, semejantes a ellos; porque vuestro Padre sabe de qué cosas tenéis necesidad, antes que vosotros le pidáis (Mateo 6:7, 8).

Incluso una lectura informal de estas palabra nos llevará a la conclusión de que Cristo nunca consideró la oración como un implorar, mendigar o machacar delante del trono de Dios. No, el Padre conoce a sus hijos, sabe lo que necesitamos; por lo tanto no hay razón para pensar que el entrar en contacto con El requiera palabras especiales repetidas de un modo excesivo.

Permítame ser aun más específico: hoy como entonces no hay aspecto de la vida cristiana más necesitada de frescura y espontaneidad que la oración. Ya se trate de orar en el púlpito, o de un grupo de iglesia reunido para hacerlo, o de la oración antes de las comidas o del comienzo de un encuentro, ¡las repeticiones vacías abundan! Las palabras y las frases gastadas siguen saliendo una y otra vez. ¡Libérese de esos viejos somníferos! Para empezar, le desafío a que ore sin usar términos como "bendecir", "guiar, dirigir y conducir", o frases del tipo "Señor ayuda a fulanito", o "tu voluntad", "todos y cada uno de nosotros", o cualquiera de esas expresiones institucionalizadas y galvanizadas. ¡Sí, le desafío!

En cierta ocasión, el evangelista Dwight L. Moody había recibido numerosos beneficios del Señor, y hallándose en aquella abundancia, comprendió de repente que su Padre celestial estaba derramando sobre él casi más de lo que podía soportar. Animado y abrumado, hizo una pausa para orar; y luego profirió sencillamente en alta voz: "¡Para, Señor!" ¡*Eso* es espontaneidad! Y también supone un hermoso cambio de: "Padre de toda cosa buena, eterno, todopoderoso y benigno. Tu mano ha suplido abundante y gloriosamente nuestras más profundas necesidades. Cuán bendecidos y agradecidos nos sentimos de venir a Ti y confesar que etc., etc., etc." —machacando hasta el aburrimiento—. ¿Puede imaginarse a uno de sus hijos dirigiéndose así a usted? Le aseguro que si alguno de los míos lo hiciera, me quedaría mirándole y pensaría si estaba en sus cabales.

Escuche cómo oran los recién convertidos —ya sabe, los que acaban de nacer y gracias a Dios no han aprendido todavía la "forma correcta" de hacerlo—. Hablan con el Señor como si fuera su amigo, utilizan un vocabulario corriente que todo el mundo puede comprender, y a veces se ríen o lloran. Es precioso. Otro consejo que puede añadir una nueva dimensión a su oración es el empleo de la música. Cante a su Dios. En nuestra iglesia hemos empezado a hacer esto más y más; aun la oración pastoral incluye a menudo un coro de adoración. O cuando ore antes de las comidas, haga que cada persona dé gracias por una cosa, o pida por esos alimentos en particular: nombrando la verdura o el plato de carne. En ocasiones, nuestra familia pasa unos minutos antes de la cena contando algo que ha sucedido durante la jornada, y luego, el que ora menciona dos o tres de esos asuntos delante del Señor. El propósito es claro: guardarnos de la verbosidad vacía.

3. No albergue nada contra otro.

> Porque si perdonáis a los hombres sus ofensas, os perdonará también a vosotros vuestro Padre celestial; mas si no perdonáis a los hombres sus ofensas, tampoco vuestro Padre os perdonará vuestras ofensas (Mateo 6:14, 15).

Para que Dios nos perdone hemos de asegurarnos de que nuestra conciencia esté limpia. A menudo, cuando empiezo a orar, me viene a la mente un conocido versículo de los Salmos: "Si en mi corazón hubiese yo mirado a la iniquidad, el Señor no me habría escuchado" (Salmo 66:18). Si deseo la limpieza, debo cerciorarme de que todo esté bien en mi relación con los demás.

La oración incluye alabanza y acción de gracias, intercesión y peticiones, meditación y confesión. Al orar nos concentramos por entero en nuestro Dios; ganamos nuevo celo para seguir adelante, una visión más amplia de la vida, y más determinación para resistir. Es asombroso cómo, cuando afirmamos nuestro conocimiento sobre la oración, eso altera nuestra perspectiva completa.

El fallecido doctor Donald Barnhouse, pastor y escritor americano muy admirado de la generación pasada, subió al púlpito en cierta ocasión e hizo una declaración que dejó aturdida a su iglesia: *"¡La oración no cambia nada!"* —expresó. En aquel abarrotado culto dominical de adoración en Filadelfia, se hizo un profundo silencio. Naturalmente, su comentario iba dirigido a hacer comprender a los cristianos que Dios tiene control soberano de todo: nuestros tiempos están literalmente en sus manos. Ningún débil ser humano se hace con el dominio de los acontecimientos y los cambia pronunciando unas pocas palabras en oración. Es Dios quien les da la existencia, quien cambia las cosas, quien gobierna. Barnhouse tenía razón, salvo en un pequeño detalle: la oración me cambia *a mí*. Cuando usted y yo oramos, *cambiamos*, y ese es uno de los motivos principales por los que la oración constituye tan magnífica terapia para contrarrestar la ansiedad.

UNA ULTIMA PALABRA DE ALIENTO

El propósito de la oración no fue nunca que nos sintiéramos culpables, ni se ideó ésta como un maratón verbal sólo para los iniciados, como una forma de hablar en clave para los clérigos, o como una exhibición pública de piedad. Nada de eso: la oración verdadera —aquella a la que Jesús se refirió y que El ejemplificó— es realista, espontánea. . . una comunicación práctica con el Dios vivo que produce como resultado el alivio de la ansiedad personal y una confianza tranquila en que nuestro Dios tiene bajo su control todas las circunstancias que nos afectan.

Le animo a empezar otra vez. Fórmese algunos hábitos completamente nuevos al tiempo que se sacude la vieja tendencia a caer en la jerga vacía. Afírmese en la oración: se trata de algo esencial para sobrevivir.

Hace muchos años decidí hacer esto mismo. Estaba harto de palabras vacías y de frases farisáicas; y en mi búsqueda de nuevo significado, me topé con esta breve descripción de la oración la cual puse sobre mi escritorio y he llevado en la parte delantera de mi Biblia durante años. No puedo encontrar el libro del que la tomé, pero sí conozco su autor: un católico francés del siglo XVII llamado Francisco Fenelón. Aunque escrita hace siglos, tiene una innegable nota de pertinencia:

Dígale a Dios todo lo que está en su corazón; como uno se descarga, tanto de alegrías como de penas, ante un amigo querido. Cuéntele sus problemas, para que El pueda confortarle; sus gozos, para que los modere; sus anhelos, a fin de que los purifique; sus aversiones, para que pueda ayudarle a conquistarlas; sus tentaciones, para que le sea posible protegerle de ellas. Muéstrele las heridas de su corazón, con objeto de que pueda curarlas; descubra ante El su indiferencia hacia el bien, sus gustos depravados por el mal; su inestabilidad... Explíquele cómo el egoísmo le hace injusto con los demás; cómo la vanidad le tienta a ser hipócrita; y cómo el orgullo le disfraza para sí mismo y para la gente.

Si de esta manera vacía todas sus debilidades, necesidades, problemas... no le faltará qué decir; nunca agotará el tema —es algo que se renueva continuamente—. Las personas que no tienen secretos entre sí jamás se encuentran necesitados de temas de conversación. No pesan sus palabras, ya que no hay nada que guardar del otro. Tampoco buscan qué decir. Hablan de la abundancia de su corazón, y dicen libremente lo que piensan. Bienaventurados aquellos que alcanzan una comunicación tan familiar y franca con Dios.

PREGUNTAS E IDEAS PARA DISCUSION QUE LE AYUDARAN A AFIRMARSE EN LA ORACION

- Defina la oración con sus propias palabras sin la ayuda del diccionario. Describa las cosas que le vienen a la mente al pensar en *sus* luchas con la oración. Trate de ser sincero y abierto.

- En este capítulo hemos estudiado varias porciones de las Escrituras. ¿Puede recordar uno o dos pasajes que hayan cobrado vida para usted? ¿Qué idea de las que recibió al abordar el tema de la oración sobresale como la más útil? Explique la razón por la cual fue importante para usted.

- Esto puede requerir algo de tiempo, así que antes de acometerlo asegúrese de que cuenta con más que unos pocos minutos. ¿Cambia realmente algo la oración en sí? Intente dar una respuesta bíblica. Si contesta "sí", describa cómo llegó a esa conclusión; y si su respuesta es "no", entonces, *para qué orar*? Medítelo.

- ¿Cómo puede una persona romper con el hábito de utilizar palabras y frases vacías en la oración? ¿Por qué nos aferramos a ellas?

- Hagamos una valoración honrada de nuestra vida devocional. Comparta algunas cosas que le hayan ayudado a superar la tendencia de postergar la oración. Hable asimismo de una dificultad reciente a la que se haya enfrentado la cual le ayudó a superar la oración. Tómese el tiempo que necesite para describir cómo fue traspasada la carga de sus hombros a los del Señor. Especifique la diferencia que se produjo en sus emociones una vez que su ansiedad pasó de usted a El.

● Por último dedique algún tiempo a meditar sobre el valor de la alabanza y la gratitud. ¿Cómo pueden esas dos expresiones llegar a formar parte de su día de un modo regular? Antes de terminar la discusión, pase un rato orando; y dele más significado a su oración hablando en tono familiar y dirigiéndose a Dios como a un amigo personal e íntimo —algo parecido a lo que Fenelón menciona en su fragmento sobre la oración.

Capítulo 10

Afirmando su conocimiento sobre el ocio

Este capítulo se basa en los principios que abordé en el folleto titulado *Ocio*[1], y tiene un objetivo principal: ayudarle a disfrutar, a gozar de la vida y del Señor más que nunca, sin sentirse culpable o poco espiritual. Sí, lo ha leído bien: la palabra que he utilizado es *disfrutar*.

En nuestro mundo, cuyo dios es el trabajo, no resulta fácil aprender a gozar de la vida. Muchos han cultivado un nivel de grandes logros tan poco realista, que la compulsión neurótica a rendir, competir, producir y lograr el máximo posible se ha apoderado de sus vidas. El estar afanado de doce a quince horas diarias es ahora más bien la regla que la excepción. Ya nada parece bastante.

Y seré sincero con usted: los cristianos necesitan afirmar su conocimiento sobre el ocio tanto como cualquier otra persona con la que entro en contacto —especialmente los obreros cristianos profesionales.

¿Cuántos líderes cristianos puede usted citar que toman suficiente tiempo para relajarse? La mayoría de las veces les oímos alardear de que no han tenido vacaciones desde hace varios años o están demasiado ocupados para irse a descansar y a reponer fuerzas incluso durante uno o dos días.

El origen de identidad principal del cristiano se está convirtiendo a pasos agigantados, en su trabajo. Poco después de decirle a alguien cómo nos llamamos, describimos aquello con lo cual ganamos la vida. Y para añadir la presión máxima, actuamos bajo ese viejo lema que dice: "Si no estás forzándote constantemente hasta el agotamiento, no estás sirviendo de veras al Señor". Se trata del aforismo gastado pero aparentemente glorioso que reza: *Antes quemarme que oxidarme.* Tanto lo uno como lo otro nos deja inservibles, lo cual nunca ha tenido mucho sentido para mí.

Reconozcámoslo: a pesar de lo esencial que es el ocio para nuestra salud física, emocional y mental, nos resulta algo extraño. Preferimos oír de los miembros de nuestra familia, y de otra gente, que no deberíamos trabajar tanto, a enfrentarnos a la posibilidad de que alguien piense que somos perezosos. Para muchos de nosotros, criados bajo la ética laboral de nuestros padres, la fatiga y el agotamiento son pruebas del grado mayor de entrega; a lo que yo digo: ¡Monsergas!

Este capítulo presenta una lógica distinta: no sólo dice "relajarse no está mal"; sino "relajarse es absolutamente esencial". Sin estimular la pereza ni la irresponsabilidad, quiero abrir sus ojos a esa realidad de que usted puede disfrutar de ratos de ocio y seguir siendo eficiente; de hecho lo será *más* todavía.

Así que invito a todos los adictos al trabajo y a la iglesia... a los creyentes excesivamente entregados, liados, de semblante torvo, labios apretados... que se abren paso a través de sus responsabilidades como un tren de mercancías sobrecargado funcionando bajo toda la presión del vapor, a ir más despacio, buscar una vía muerta, y tomar un respiro. Sírvase un refrescante vaso de té helado, o una taza de café, quítese los zapatos, ponga los pies en alto, y tómese tiempo para digerir estas páginas lenta y sosegadamente. Si tiene mucha prisa por ir a algún sitio, cierre el libro y vuelva luego a él —el consejo que está a punto de recibir es demasiado importante para echarle un vistazo con prisas.

¿ES LA FATIGA TAN IMPORTANTE COMO LA SANTIDAD?

Resulta curioso que, lo último que consideramos es aquello que más necesitamos. Se nos ha programado para pensar que la fatiga es algo santo; que cuanto más agotados nos encontremos (¡y parezcamos!), tanto más dedicados estaremos a las cosas espirituales y obtendremos la sonrisa de aprobación de Dios. De modo que sepultamos todo pensamiento de disfrutar de la vida, ya que los cristianos verdaderamente consagrados son aquellos que trabajan, sin parar ni un momento... Como consecuencia de ello nos hemos convertido en una generación que adora su trabajo, trabaja en su juego, y juega en su adoración.

¡Eh, un momento! ¿Quién ha inventado esa regla? ¿Cómo es que hemos adoptado esa filosofía? ¡Qué bicho le picó al que hizo tal declaración! ¡Cómo fuimos atrapados en esa corriente enloquecedora!

Le desafío a que apoye esta postura con la Biblia. Comience con la vida (y el *estilo de vida*) de Jesucristo, y trate de encontrar la menor evidencia que corrobore el que Él haya abrazado tal teoría. Algunos se sorprenderán de saber que no hay ni una sola referencia en todo el Nuevo Testamento (ni siquiera implícita) a que Jesús trabajara intensa y duramente en una ocupación hasta el punto del agotamiento emocional. Sin embargo, varias veces se nos dice que tomó deliberadamente un descanso: se apartó de las exigencias del público y disfrutó de períodos de relajamiento con sus discípulos. No estoy sugiriendo que el Señor llevara a cabo su ministerio paseando sin propósito o de un modo indiferente. ¡En absoluto! Pero tampoco estuvo a punto de tener una úlcera. Ni una sola vez le vemos trabajando frenéticamente.

Según Marcos 6:30–32, Jesús buscó expresamente descanso del apresurado ritmo de ministrar a otros, y aconsejó a sus apóstoles que hicieran lo mismo.

> Entonces los apóstoles se juntaron con Jesús, y le contaron todo lo que habían hecho, y lo que habían enseñado.
> El les dijo: Venid vosotros aparte a un lugar desierto, y descansad un poco. Porque eran muchos los que iban y venían, de manera que ni aun tenían tiempo para comer.
> Y se fueron solos en una barca a un lugar desierto (Marcos 6:30–32).

Jesús tuvo una vida maravillosamente equilibrada. Llevó a cabo todo aquello para lo cual le había enviado el Padre —todo—; y lo hizo sin pasar por alto esos momentos esenciales de ocio reposado. Si esa fue la forma que Él siguió, entonces es de sentido común que nosotros también debemos aprender a vivir así. Si ha adquirido usted el hábito de trabajar en exceso y no ha cultivado la habilidad de hacer un alto y relajarse, estas cosas pueden parecerle difíciles; pero no son imposibles.

EMPEZAMOS CON DIOS

Ya que la mayoría de los humanos sufren de una falta de equilibrio en sus vidas, nuestro mejor consejo sobre este tema lo sacamos de la Palabra de Dios: la Biblia. En ese libro aparece un mandamiento de lo más insólito: "Sed, pues, imitadores de Dios como hijos amados" (Efesios 5:1). Tal vez usted nunca se había dado cuenta de que semejante frase se encontrara en las Escrituras. Qué mandamiento tan extraño: "¡Sed imitadores de Dios!"

El término griego que se traduce por "sed imitadores" es *mimeomai*, de donde viene la palabra castellana *mimo*. W.E. Vine, erudito de confianza, dice que este verbo "siempre se utiliza en exhortaciones y en el presente continuo, sugiriendo un hábito o una práctica constante."[2] En otras palabras: no se trata ni de un pensamiento pasajero ni de una experiencia que tiene lugar de higos a brevas. El ser "imitadores de Dios" ha de convertirse en nuestra práctica diaria. Debemos hacer lo que El hace, reaccionar ante la vida como El reacciona, emular sus rasgos, copiar su estilo.

Pero para hacerlo, para ser un imitador de Dios, es necesario que admitamos el valor de la quietud, de ir más despacio, de apartarnos del ritmo acelerado y bullicioso de nuestros días, y de ensanchar nuestras vidas con una visión de la magnitud eterna del tiempo; significa decir "no" a más y más actividades que aumentan la velocidad de nuestro motor. Para conocer a Dios *es necesario* que estemos quietos (Salmos 46:10).

Quiere decirse que si soy pastor he de hacer algo más que cuidar de las ovejas. Así debe ser, o con el tiempo empezaré a caminar peligrosamente al borde de la desintegración emocional. Y esto también es pertinente para un hombre de negocios o una ama de casa. Significa que me niego a dejarme llevar por el sentimiento de culpa y las demandas poco realistas, mías propias o de los demás. Para ser imitadores de Dios debemos empezar a comprender que el ocio no es un lujo opcional, sino algo necesario para sobrevivir.

Entienda, por favor, que ocio quiere decir algo más que el tiempo libre que no dedicamos a ocupaciones remuneradas. Algunas de las obras más valiosas que se han realizado en el mundo, han sido hechas en el tiempo de ocio, sin que jamás se pagase por ellas en metálico. El ocio es una actividad libre; el trabajo, por el contrario, algo obligatorio. En nuestro ocio hacemos lo que nos gusta, mientras que en el trabajo llevamos a cabo lo que debemos. Con nuestro trabajo satisfacemos las necesidades y demandas objetivas de otros: el jefe, el público, y la gente que se ve afectada por la labor que realizamos, mientras que en el ocio nos rascamos los picores subjetivos internos. Nuestras mentes se ven liberadas de lo inmediato... lo necesario; y al incorporar el ocio a la corriente principal de nuestra vida, ganamos perspectiva, elevándonos por encima de la rutina de una mera existencia.

Pero si hemos de incluir el ocio en nuestra —de otro modo— utilitaria rutina, tendremos que darnos permiso para hacerlo. Como más adelante veremos, Dios así lo hizo, y nosotros debemos también hacerlo si queremos ser sus imitadores.

No obstante, esto requiere un estudio más detenido. Necesitamos algunas pautas específicas, en las que concentrarnos, que nos ayuden a imitar a Dios, permitiéndonos al mismo tiempo cultivar el ocio en nuestras vidas.

CUATRO PAUTAS SACADAS DEL GENESIS

Para imitar a Dios como una costumbre diaria en nuestras vidas, necesitamos establecer firmemente algunas normas específicas. Hace poco se me ocurrió que un lugar excelente de las Escrituras para localizar dichas pautas sería allí donde primeramente Dios se revela a nosotros en: el libro de Génesis —especialmente en sus primeros dos capítulos.

Quiero animarle a que lea esta conocida porción; así descubrirá que Dios se halla comprometido a cuatro actividades:

- Crear
- Comunicar
- Descansar
- Relacionarse

Limitemos nuestra meditación a esas cuatro cosas específicas. Cada una de ellas encaja perfectamente y nos ayuda a cultivar el ocio, además todas representan excelentes pautas a seguir mientras comenzamos a cultivar un concepto adecuado del tiempo libre.

Creatividad

Ante todo, según Génesis 1 y 2 se dedica al acto de la creación; y comienza con lo *desordenado* y *vacío* (1:2) —falto de belleza, significado y propósito.

Se toma tiempo para crear con sus propias manos. Tiene en mente un universo indescriptiblemente hermoso: grandes extensiones de tierra, profundos océanos, una vegetación llena de colorido, y casi infinitas variedades de seres vivos; por no hablar de las estrellas, los planetas y el ritmo y movimiento perfectos de todos esos cuerpos celestes. Por último, Dios crea al género humano —con un cuerpo y una mente que aún asombra a los estudiantes de fisiología y psicología.

Y mientras creaba, añadía la música, la armonía, y la coordinación del movimiento: el milagro del nacimiento y del crecimiento, toda la gama de colores, vistas y sonidos. Le preocupaban los detalles: desde los copos de nieve hasta las alas de las mariposas, de los pétalos de los pensamientos a los huesos de los cuerpos, desde el mundo microscópico de la biología hasta el telescópico de la astronomía.

Al hacer todo esto, Dios marcó la pauta a seguir —el primero en crear anunció la importancia de ello.

Si se me permite saltar súbitamente al futuro, al día de hoy, quisiera hacerle una pregunta penetrante: *¿Está usted dedicando algún tiempo a crear?* Resulta obvio que no puede formar un sistema solar o sacar de la nada un océano, pero *es capaz* de hacer cosas con sus manos. Tiene la posibilidad de escribir con una pluma, pintar con un pincel, componer con la ayuda de un piano, una guitarra o una armónica. . . Puede usted soñar algo, y luego tratar de hacerlo real utilizando la construcción, el dibujo, o algún otro proceso creativo.

En sus manos tiene usted un libro, con numerosos capítulos compuestos por miles de palabras. Hubo un tiempo en el cual nada de eso existía. Todo empezó como un sueño, una idea mía que —dicho sea de paso— surgió en uno de mis momentos de ocio. Me di permiso para pasar unos días de vacaciones descansando, y la idea de este libro surgió y comenzó a tomar forma. No existía estructura requerida u obligada —ha supuesto casi por completo una experiencia creativa—. Una de las actividades de las que más disfruto en mi tiempo de ocio es la de escribir: algo que jamás hubiera creído posible hace veinte años. Sin embargo, ahora comprendo que he tenido este comezón interior durante la mayor parte de mi vida. Pero cuando empecé a dejar que el mismo se manifestara libre y plenamente, una nueva dimensión fue añadida a mi experiencia. ¡Y *cómo* me divierto!

Todos los niños tienen una creatividad innata. Fíjese simplemente en las cosas que hacen y ejecutan (¡y dicen!) por sí mismos. Hay una enorme riqueza de poderes creativos en la mente de un pequeño —Walt Disney así lo creía, y con frecuencia hablaba de ello—; pero si no nos andamos con ojo, los adultos podemos estropearla: no animándola, no cultivándola, e incluso no dejándola libre. ¿Por qué? Pues porque requiere un poco de tiempo adicional y a menudo cuesta algo de dinero. Debiera añadir además que suele crear cierto desorden. No hay muchas personas realmente creativas que, mientras están produciendo, mantengan todo limpio, recogido y en su sitio.

Si se decide a animar y cultivar la creatividad, he aquí un buen lema para recordar:

> Un desaguisado creativo
> . . .es mejor que una pulcra ociosidad.

Si queremos imitar a Dios, tendremos que encontrar salidas creativas para nuestro ocio. Tal vez lo suyo sea la música, o alguna de las artes. Quizás tenga que ver con la decoración —a mi esposa le gustan las plantas de interior y el hacer edredones—, o puede que se trate de la horticultura o la jardinería ornamental; o de hacer trabajos de carpintería o albañilería en la casa. Durante las mejoras que hicieron en nuestro hogar cerraron nuestro patio. Tanto el albañil como el carpintero que hicieron la obra utilizaban mucha creatividad en sus especialidades. ¡Supone una ventaja adicional cuando podemos crear y además se nos paga por ello! Sea como sea, nuestra creatividad necesita expresión.

Si se propone usted afirmar su conocimiento sobre el ocio, medite un poco sobre la manera en que puede, de paso utilizar su creatividad. Dios lo hizo, y nosotros también podemos hacerlo.

Comunicación

Si lee usted con bastante atención el relato de la creación en Génesis, verá que intercalados en la semana creativa hubo momentos de comunicación. Dios hacía las cosas, y decía: "Esto es bueno". Y después del sexto día, su valoración aumentó hasta: "Esto es *muy* bueno".

Como posiblemente recordará, la Divinidad se comunicaba antes de la creación del hombre:

> Entonces dijo Dios: Hagamos al hombre a nuestra imagen, conforme a nuestra semejanza; y señoree en los peces del mar, en las aves de los cielos, en las bestias, en toda la tierra, y en todo animal que se arrastra sobre la tierra (Génesis 1:26).

Y una vez que Dios hubo creado al hombre —la forma de vida más elevada sobre la tierra— se comunicó con éste.

> Y los bendijo Dios, y les dijo: Fructificad y multiplicaos; llenad la tierra, y sojuzgadla, y señoread en los peces del mar, y en las aves de los cielos, y en todas las bestias que se mueven sobre la tierra.
>
> Y dijo Dios: He aquí que os he dado toda planta que da semilla, que está sobre toda la tierra, y todo árbol en que hay fruto y que da semilla; os serán para comer.
>
> Y a toda bestia de la tierra, y a todas las aves de los cielos, y a todo lo que se arrastra sobre la tierra, en que hay vida, toda planta verde les será para comer. Y fue así. (Génesis 1:28–30).

Una vez más quisiera aplicar esto a la actualidad. Al comenzar a disfrutar del ocio, debemos dedicar una parte a comunicarnos con nosotros mismos (como Dios hizo) y a decirnos a nosotros mismos: "Esto es bueno... *muy* bueno". ¿Lo hace usted? A la mayoría de nosotros se nos da muy bien criticarnos a nosotros mismos y sacar faltas a lo que hemos hecho o dejado de hacer. Quisiera sugerirle un plan alternativo: dedique una parte de su tiempo libre a deleitarse y tomar satisfacción tanto en lo que ha hecho como en quién y qué es usted. ¿Le parece que suena demasiado liberal? ¿Por qué? ¿Desde cuándo es liberal tener una buena autoestima?

Hay veces que necesitamos decirnos a nosotros mismos: "¡Buen trabajo, muchacho!" —si sabemos que es verdad. Sonrío al escribirle esto; pero debo confesar que a veces, cuando estoy muy contento con algo que he hecho, incluso me digo: "¡Eso está *muy bien*, Swindoll!". Tal cosa no es orgullo vanidoso, amigo mío, sino reconocer en palabras los sentimientos del propio corazón. ¡El Señor sabe que escuchamos más que suficientes humillaciones internas! La comunicación en el tiempo de ocio debe incluir una afirmación de la persona; reconociendo, naturalmente, que la gloria final es de Dios —después de todo, El es quien hace posible toda la experiencia.

En su excelente libro *The Friendship Factor* (El factor amistad), Alan McGuinnis considera tan importante la afirmación personal que dedica al tema un capítulo entero, el cual titula con mucha propiedad: "El arte de la afirmación"[3] —ya que se trata verdaderamente de un arte, que pocos practican y menos aún dominan.

El ocio debe incluir asimismo ocasiones para comunicarse con otras personas que son importantes para nosotros —del mismo modo que Dios el Creador hizo con su criatura, el hombre—. A menos que nos andemos con cuidado, la velocidad de nuestras vidas reducirá la comunicación a gruñidos guturales, ceños, miradas fijas, y suposiciones inexpresadas. Sea sincero: ¿ha empezado eso a sucederle a usted? En muchas ocasiones nuestros hijos reflejan el verdadero ritmo de nuestras vidas.

Recuerdo con gran claridad que hace varios años me vi atrapado en la resaca de demasiados compromisos en muy pocos días, y no tardé en empezar a contestar bruscamente a mi esposa e hijos, a tragarme la comida entera, y a sentir exasperación por las inesperadas interrupciones a lo largo del día. Antes de que pasara mucho tiempo las cosas en el hogar habían comenzado a reflejar el patrón apresurado de mi estilo de vida. La situación se estaba haciendo insoportable. Todavía recuerdo con claridad las palabras que pronunció nuestra hija pequeña, Colleen, una noche después de la cena. La niña quería hablarme de algo importante que le había sucedido aquel día en el colegio, y empezó apresuradamente: —Papá, quiero decirte algo, y voy a hacerlo muy de prisa.

De repente comprendí su frustración, y le contesté de una manera más bien pausada: —Cariño, puedes contármelo, y no tiene que ser *muy deprisa*. Dímelo despacio.

Nunca olvidaré su respuesta: —Entonces *escucha* despacio.

No había tomado ningún tiempo libre, ni siquiera con mi familia, durante las comidas. Se notaba una gran tensión. Yo pasaba por allí visto y no visto. Y adivine lo que empezó a fallar: las importantísimas líneas de comunicación.

Dios no sólo hizo al hombre, sino que habló con él, le escuchó. No seré tan necio como para pensar que pueda desarrollar aquí el tema en forma adecuada; únicamente quiero resaltar su importancia. Resulta *imperativo* que comprendamos que si uno no añade el suficiente tiempo libre a su horario para tener una comunicación significativa, la relación con aquellos que son importantes para él se desintegrará a mayor velocidad de la que se necesita para mantenerla en buen uso.

Tómese tiempo para escuchar, sentir, contestar. . . Al hacerlo, imitamos a Dios en la utilización de nuestro ocio, y las recompensas son de largo alcance y producen una enorme satisfacción.

Descanso

Después de los seis días de la creación, el Señor paró deliberadamente de trabajar. ¿Recuerda usted el relato de Génesis?

> Fueron, pues, acabados los cielos y la tierra, y todo el ejército de ellos.
> Y acabó Dios en el día séptimo la obra que hizo; y reposó el día séptimo de toda la obra que hizo.
> Y bendijo Dios al día séptimo, y lo santificó, porque en él reposó de toda la obra que había hecho en la creación (Génesis 2:1–3).

Fíjese en esto de un modo especial: Dios *reposó*. No se trataba de que no pudiera hacer nada más; ni tampoco de que estuviese agotado —¡la ominipotencia jamás se cansa!—; no se había quedado sin ideas, ya que la omnisciencia no conoce limitaciones mentales. Hubiera podido hacer fácilmente muchos más mundos, crear un número infinito de otras formas de vida, y proveer múltiples millones de galaxias más de las que hizo.

Pero no actuó de esta manera; sino que paró.

Dedicó un día entero a descansar; y de hecho "bendijo al día séptimo, y lo santificó" —algo que no hizo con ninguno de los seis días anteriores—. Separó aquel día como sumamente especial. Ninguno era semejante a él. A mí me da la impresión de que Dios convirtió el día en el cual reposó en un período de tiempo "prioritario".

Si queremos imitar a Dios, también nosotros hemos de hacer una prioridad del descanso; concediéndonos:

- Un buen descanso nocturno de forma regular;
- Todo un día de reposo por lo menos una vez a la semana;
- Momentos de descanso sacados de aquí y de allá durante la semana;

- Períodos de vacaciones para renovar y restaurar tanto nuestro cuerpo como nuestra alma;
- Liberación de la gran tensión, producto de las luchas diarias, que nos atenaza.

Estoy tan empeñado en declarar la guerra a la ansiedad personal, que he escrito un folleto dedicado por entero a la tensión[4] y a las pérdidas que ésta puede infligir a nuestras vidas. Hay varias cosas que contribuyen a nuestra falta de reposo interior:

- Un sentido del humor poco desarrollado;
- El concentrarnos más en lo que no tenemos que en aquello que tenemos;
- No dar al juego, a la diversión, al descanso, y al ocio un lugar apropiado y digno;
- Nuestra fuerte tendencia a competir y comparar, que nos lleva a una total insatisfacción con las cosas tales como son;
- Nuestra continua preocupación por conseguir más;
- Una culpabilidad autoimpuesta. . . expectativas poco realistas;
- Una filosofía de la vida que dice: "El mucho trabajar y no jugar nada me hará feliz".

Y ¿cuál es el resultado? Eche un vistazo a su alrededor. En las caras de la mayoría de las personas que van y vienen del trabajo puede leerse el aburrimiento; no la realización, ni un profundo sentido de satisfacción. . . ni siquiera una sonrisa de contentamiento sosegado.

A pesar de que la cantidad de días laborales está disminuyendo, y los fines de semana son más largos, nos falta paz interior. ¿Verdad que el ocio externo no garantiza un reposo interior?

Ciertamente, nuestro país cree en la *teoría* del ocio. Hace algún tiempo, oí en un documental televisado que cada año gastamos más en el esparcimiento que en la educación, la construcción de nuevas casas, o la defensa nacional. Las últimas cifras que he leído indican que los americanos gastarán más de 300.000 millones de dólares en artículos y actividades relacionados con el ocio para 1985; pero pongo sinceramente en duda esos anuncios de goma de mascar que nos dicen que si duplicamos el placer habremos duplicado automáticamente la diversión. Los hospitales psiquiátricos siguen atestados; y la mayoría de los enfermos de esos centros no son precisamente ancianos.

Es verdad que disponemos de bastante tiempo; pero no gozamos de un "reposo" significativo en el sentido bíblico.

Le sugiero que hagamos algo más que chasquear la lengua y menear la cabeza ante el problema. ¡Eso no ayuda a nadie! Nuestra mayor contribución es un corte radical con la rutina de la forma de vida normal. Mi buen amigo Tim Hansel, de Summit Expedition (Expedición Cumbre), sugiere que se tomen distintos tipos de vacaciones: diminutas o *microvacaciones* (¡de un minuto en adelante!); si está a su alcance, *microvacaciones*; e incluso, a ser posible, *super-microvacaciones* —cuando se toma bastante tiempo como para disfrutar de un largo período de ocio—. A esto último lo llama "El Año de la Aventura", en el cual probamos nuestra habilidad en la navegación, el alpinismo, el "skydiving", para aprender karate, o en lo que sea. . . Cambie su rutina, amigo mío. Quite el polvo del aburrimiento a su horario. Libérese y guste algo de la vida lozana. He aquí varias sugerencias para añadir vitalidad a su tiempo libre:

- Comience un programa de "jogging" (o trote corto) y/o un programa de ejercicio.
- Cómprese una bicicleta y empiece a pedalear de tres a cinco kilómetros todos los días.
- Compre uno o dos álbumes de su música predilecta y deléitese escuchándola.
- Apúntese a una clase de arte en la localidad donde vive, y pruebe a pintar.
- Si tiene dinero suficiente, viaje al extranjero.
- Construya un pequeño barco de vela con algún amigo.
- Adopte un nuevo pasatiempo favorito —como por ejemplo la fotografía, la cerámica, o el hacer arreglos con flores artificiales.
- Comience a escribir cartas de aliento a personas a las que aprecia.
- Haga algo de madera con sus propias manos.
- Cave en su jardín, plante un pequeño huerto, y observe cómo Dios coopera con sus esfuerzos.
- Asista a unas clases de gastronomía.
- Pase algún tiempo en la biblioteca pública y escoja varios libros buenos sobre temas o personas que le interesan;

luego siéntese cómodamente y lea sin parar mientras come una manzana.

- Planee ir de camping o de excursión por las mañanas, en fecha próxima, con uno de sus hijos, su cónyuge, o un amigo, y pase una o dos noches durmiendo bajo las estrellas.
- Saque todas sus fotos viejas, clasifíquelas, y póngalas en álbumes.
- Escriba algunos poemas.
- Visite un museo o parque zoológico de su ciudad.
- ¡Ah, y no olvide los placeres sencillos de la vida! Tómese tiempo para disfrutar de la belleza de una salida o una puesta de sol, huela las rosas por el camino. . .

Ensanche su mundo. Derribe de un golpe los gruesos muros de la tradición. Silencie a su viejo enemigo: el sentimiento de culpabilidad, que sigue cantándole la misma canción de siempre al oído. Y esfuércese por quitar esa profunda arruga que tiene entre los ojos; busque cosas que le hagan reír, y *ría en alta voz*. ¡Eso es bíblico! "El corazón alegre constituye buen remedio; mas el espíritu triste seca los huesos" (Proverbios 17:22).

El cómico Bill Cosby tiene razón: en lo profundo de las personas hay una sonrisa que está deseando salir, pero no lo hará hasta que le demos permiso. Tómese tiempo para sonreír. El descanso libera el humor.

Valdrá la pena echar un vistazo más a ese pasaje de Génesis. ¿Recuerda por dónde íbamos?

- En su tiempo libre, Dios creó; y así lo hacemos *nosotros*.
- En su tiempo libre, Dios descansó; y eso mismo haremos *nosotros*.

Pero El también se *relacionó* con el hombre y la mujer que había formado.

Relaciones

El pasaje de Génesis 2 es muy conocido: después de que Dios hubo hecho al hombre, vio una necesidad en esa vida —una soledad insistente de la que Adán no lograba zafarse—; "Y dijo Jehová Dios: No es bueno que el hombre esté solo; le haré ayuda idónea para él" (Génesis 2:18). Luego, para cumplir la promesa de que ayudaría a Adán en cuanto a su necesidad de compañía, Dios intervino:

> Entonces Jehová Dios hizo caer sueño profundo sobre Adán, y mientras éste dormía, tomó una de sus costillas, y cerró la carne en su lugar.
>
> Y de la costilla que Jehová Dios tomó del hombre, hizo una mujer, y la trajo al hombre (Génesis 2:21, 22).

Más adelante leemos que el Señor vino a relacionarse con sus criaturas "al aire del día" (Génesis 3:8). Yo supongo que esa debió ser una práctica habitual entre Dios y sus amigos Adán y Eva.

El los consideraba valiosos; de modo que el Dios Creador infinito dedicó tiempo a relacionarse con la pareja en el huerto del Edén. Se interesó personalmente; observó las necesidades que tenían; sacó tiempo y se tomó la molestia de hacer *cuanto* fuese necesario para ayudarles; cultivó aquella amistad, considerándola una actividad que valía la pena.

Me hizo gracia una tira cómica que apareció en cierta revista. En ella se veía a un ladrón, con uno de esos antifaces estilo "Llanero Solitario", que apuntaba con la pistola a su aterrorizada víctima y gritaba: "Muy bien, ¡dame todos tus objetos de valor!" El otro comenzó entonces a atiborrar el saco de *amigos*.

¿Qué valor tienen para *usted* las relaciones? Si tiene dificultad en contestar a eso, le ayudaré a decidirse. Haga un alto y piense en el mes o el par de meses pasados. ¿Qué parte de su tiempo libre ha dedicado a fomentar relaciones y a disfrutarlas?

Ciertamente, Jesús, el Hijo de Dios, consideraba que valía la pena dedicar su tiempo a la relación con sus discípulos. Pasaban literalmente *horas* enteras juntos. Comían y lloraban en mutua compañía; y estoy seguro de que también debieron reírse juntos. Siendo Dios, El en realidad no "necesitaba" a aquellos hombres; y desde luego no tenía en absoluto necesidad de los barullos que ellos formaban de vez en cuando. Pero Jesús amaba a esos doce hombres; creía en ellos —tenían una relación especial muy parecida a la de Pablo, Silas y Timoteo; David y Jonatán; Bernabé y Juan Marcos; Elías y Eliseo. . . Como en cierta ocasión dijera el poeta Samuel Taylor Coleridge: "La amistad es un árbol de refugio".[5] ¡Qué gran verdad! Sea cual sea la cantidad de tiempo libre que podamos invertir en las relaciones, estará bien empleada. Y al hacerlo, recordemos que estamos imitando a Dios —ya que su Hijo ciertamente lo hizo.

LA PRACTICA DEL OCIO

El fondo de todo esto, consiste, naturalmente, en *hacerlo*. Podemos asentir con la cabeza hasta que nos dé un latigazo; pero nuestra mayor necesidad no es la inclinación, sino la demostración.

He aquí dos sugerencias útiles:

1. *Haga el firme propósito de no dejarse absorber por los infinitos detalles de la vida.* Nuestro Salvador lo expresó claramente al afirmar que no podíamos servir al mismo tiempo a Dios y al hombre. Sin embargo, ¡con cuánto ahínco lo intentamos! Lo que quieren decir las palabras de Jesús que encontramos en Mateo 6, es: "No sudes por las cosas que sólo Dios puede resolver". Cada mañana, decídase a no permitir que la preocupación le robe el tiempo e impida su ocio.

2. *Empiece conscientemente a apartar tiempo para el ocio.* Una vez que Dios hubo formado el mundo, descansó; y a nosotros se nos manda que le imitemos.

Para que ese descanso tenga lugar en *nuestras* vidas, Jesucristo debe aparecer claramente; ha de ocupar el lugar que le corresponde antes de que podamos siquiera esperar que *nuestro* mundo encaje.

Cierta noche, un padre muerto de cansancio entró a rastras en su casa. Aquel había sido uno de esos días increíbles de tensiones, fin de plazos y exigencia. El hombre esperaba con ilusión un rato de descanso y quietud. Agotado, tomó en sus manos el periódico de la tarde y se dirigió a su sillón favorito, situado al lado de la chimenea. Cuando ya tenía los zapatos desatados, ¡*plaf!*, su hijo de cinco años le saltó sobre sus rodillas con una sonrisa de emoción en el rostro.

—Hola, papá, ¡vamos a jugar!

Aquel padre amaba profundamente a su hijo; sin embargo, en ese momento, la necesidad que tenía de pasar un poco de tiempo a solas para reponerse y pensar, era más importante que estar con el pequeño. Pero ¿cómo podía resolver aquella situación?

Hacía poco que se había realizado una prueba lunar, y el periódico publicaba una enorme foto de la tierra. Con un chispazo muy necesario de clarividencia, el padre pidió a su hijo que trajese un par de tijeras y un poco de cinta adhesiva transparente. Luego, sin perder ni un momento, cortó la foto en trozos de diferentes formas y tamaños, y le tendió al niño el montón de piezas de aquel rompecabezas casero.

—Toma Danny, pega todo otra vez en su sitio con ayuda de la cinta adhesiva, y luego vuelve y jugaremos, ¿vale?

Y allá fue corriendo el niño a su habitación, mientras su padre daba un suspiro de alivio. Pero en menos de diez minutos, el chiquillo volvió saltando con todo perfectamente pegado en su lugar. Pasmado, el hombre preguntó: —¿Cómo lo has terminado tan deprisa, hijo?

—Era muy fácil, papá —contestó el niño—. Ves, en la parte de atrás de la hoja hay una foto de un hombre; y cuando formas a ese hombre, has reconstruido el mundo.

Así pasa en la vida: es asombroso lo que le sucede a nuestro mundo cuando ponemos al hombre en su debido lugar; y lo que es aún más importante: lo que nos sucede a *nosotros*. Puedo asegurarle que en el último análisis de su vida —cuando algún día haga un alto y mire hacia atrás para ver cómo empleó su tiempo—, el uso que hizo del ocio será mucho más importante que las horas que pasó trabajando incesantemente. No espere hasta que sea demasiado tarde para disfrutar de la vida.

¡Páselo bien *ahora*! Abandónese a la vida. Levántese y salga de la rutina del trabajo el tiempo suficiente para ver que la vida consiste en algo más que en un empleo y un cheque a fin de mes. ¡No volverá a ser el mismo!

Tal vez sería útil orar en este momento. Permítame expresar los sentimientos de mi corazón, que quizás reflejen muchos de sus propios pensamientos.

Señor Dios nuestro:

Es cierto que durante toda nuestra vida nos estamos preparando para vivir indefinidamente. Los hábitos y los temores, el sentimiento de culpa y el descontento, se han unido contra nosotros y nos han inmovilizado en la lona de la monotonía.

Nos encontramos corriendo dentro de un círculo de radio reducido —como una rata dentro de un tubo de alcantarilla—. Nuestro mundo se ha hecho demasiado pequeño, rutinario, sombrío... Aunque ocupados, hemos de confesar que un sentimiento insistente de aburrimiento a subido a bordo de nuestro barco en este viaje de la vida. En vez de disfrutar del paisaje, lo soportamos. Hemos em-

pezado de veras a tomarnos demasiado en serio a nosotros mismos.

Deseamos cambiar. . . curarnos de esta enfermedad terminal de monotonía y rutina.

Somos ovejas, no ratas. Tú nos has hecho personas completas, libres para pensar y relajarnos con el ocio; y no esclavos encadenados a un horario. ¡Capacítanos para liberarnos! Muéstranos maneras de hacerlo. Danos el valor necesario para empezar hoy mismo, y la esperanza que precisamos para permanecer lozanos mañana, y pasado, y al otro. . . Saca al niño que llevamos dentro. Haznos conocer de nuevo los sonidos, las fragancias y las vistas de este maravilloso mundo en el que nos has envuelto. Convéncenos de la importancia de las amistades, la risa y la admiración. Reconstruye nuestro mundo.

Que podamos llegar a ser personas como tu Hijo: entregadas al nivel más alto de excelencia y devoción a tu voluntad, y sin embargo gente agradable, con paz interior, y que dedica tiempo al ocio.

Te lo pedimos en su poderoso nombre,
Amén.

PREGUNTAS E IDEAS PARA DISCUSION QUE LE AYUDARAN A AFIRMARSE EN EL OCIO

- Defina lo que es el *ocio* sin la ayuda de un diccionario. A continuación exponga cuál es la razón de que nuestra cultura nos haga considerar dicho ocio como un enemigo del diligente o como un lujo especialmente reservado para los ricos. ¿Por qué es falso este concepto?
- Lleve a cabo un pequeño estudio con las Escrituras, y localice tres o cuatro versículos o pasajes que apoyen la necesidad del ocio. Después de leer cada uno de ellos, personalícelos, relacionándolos con algo que ocurre hoy en día, preferentemente en su propia vida o su situación familiar.
- Medite bien acerca de lo siguiente antes de contestar: ¿Cuál es la razón de ser del ocio? ¿Es cierto que su propósito fundamental —su función primordial— es proporcionar descanso del trabajo? ¿Es la restauración el objetivo del ocio? ¿Constituye el ocio un tiempo para relajarse y recuperarse? El ocio, la tranquilidad, el silencio y el descanso van juntos,

son inseparables, hacen juego. En vista de esto, substituya en el Salmo 46:10 las palabras *estad quietos*, por *tened ocio*. Y en lugar de repetir el término *reposo* en Hebreos 4:1–11, intente utilizar la palabra *ocio*. Hable acerca de cómo amplía esto el concepto del ocio.

Finalmente, siéntese en silencio y evalúe su nivel normal de agitación. ¿Está usted siempre "de acá para allá"? ¿Le estimula que la gente diga que es usted un adicto al trabajo? ¿Tiene dificultad en estar tranquilo, a gusto, a solas y en silencio? Ore acerca de ello.

Capítulo 11

Afirmando su conocimiento sobre las misiones

Mi primer encuentro serio con el programa mundial de Dios ocurrió a pocos kilómetros de la antigua prisión de Alcatraz.

No, no estaba en la iglesia, ni en la capilla de ningún seminario escuchando las conmovedoras y melódicas notas de Bach tocadas por un enorme órgano de catedral. Tampoco me sentí elevado a la gloria por unos enormes brazos celestiales a fin de recibir una vista panorámica de este planeta, ni hubo formación extraña de nubes, como si de una escritura divina en el cielo se tratara, que dijese: "Ve allende los mares. ¡Quiero que seas misionero!" Jamás vi a ningún ángel señalándome como esa vieja imagen patriótica del Tío Sam, y profiriendo: "Preciso de tí". No, nada de eso: de principio a fin no hubo absolutamente *nada* religioso en el episodio. Para serle sincero, Dios no me caía demasiado bien en aquel entonces; sentía que me había fallado después de que yo confiara en su ayuda para salir de mis problemas.

Esto necesita un poco de explicación. Corría la última mitad de los años 50 —para ser exacto el 1957—. Yo llevaba menos de dos años casado, y había estado recibiendo prórrogas para mi servicio militar mientras terminaba los estudios. Pero ahora el momento había llegado. Sentía el tórrido aliento del Departamento de Defensa de los Estados Unidos en la nuca, y mi tarjeta de exención no tardaría en ser sustituida por la cartilla militar. El asunto no consistía en si había de ir o no al Ejército, sino en qué cuerpo escogería. Por aquel entonces el servicio militar no era optativo.

A mí no me atraían todos aquellos carteles de la Marina que decían: "Unete a la Armada y conoce el mundo". Estaba casado, y no tenía interés en ver el mundo; sólo quería cumplir con mi deber, que mi mujer estuviese conmigo todo el tiempo, y acabar de una vez.

Ya que el oficial de reclutamiento de la Infantería de Marina me prometió que no había nada que temer ("No existe posibilidad de que le destinen fuera del país, joven", me dijo), y como me aseguró que una vez pasado todo contaría con algo de lo cual sentirme orgulloso, me alisté en la Infantería de Marina.

A lo largo de todo el período de instrucción, y antes de saber a dónde se nos destinaría a mi esposa y a mí, estuve orando y pidiéndole a Dios que cumpliese mi deseo de quedarme en los Estados Unidos. Dicho sea de paso, también rogaba que fuera capaz de sobrevivir al campamento. Ambas cosas parecían bastante dudosas entonces. Sin embargo, menos de seis meses después las dos oraciones fueron contestadas —es decir, en un principio.

Nos establecimos en un pequeño y pintoresco apartamento de Daly City, California; y mi primer destino militar —que yo esperaba que fuese el *único*— se hallaba situado en el centro de San Francisco, calle Harrison número 100: ¡Una magnífica plaza! Semanas antes, cuando en el Regimiento de Infantería Avanzada de Camp Pendleton cada uno recibimos nuestra orden, había sido la envidia de toda mi compañía. Algunos muchachos fueron enviados a Barstow, y otros a un lugar llamado Veintinueve Palmeras. . . dos sitios preciosos y pintorescos del desierto Mojave. A unos pocos los embarcaron inmediatamente para ultramar, con destino a una unidad de infantería o de carros de combate (¡uff!) en alguna región selvática o desértica. ¡Pero no pasó lo mismo conmigo, compañero! "San Francisco, abre esas puertas doradas, que aquí vengo", me dije; y allí nos quedamos. Resultó verdaderamente delicioso. . . durante algunos meses.

Luego, una tarde de niebla, cuando me disponía a volver a casa, me pusieron una carta en la mano; pero ya que ésta parecía otra comunicación más del Gobierno, no me molesté en abrirla hasta estacionar mi autómovil en la cuesta que había frente al lugar donde trabajaba mi esposa. Entonces abrí el sobre, desdoblé la carta, *y tuve mi primer encuentro serio con las misiones mundiales*. El escrito venía de Washington, y era para informarme de mi traslado a Okinawa. . . así como de que no me sería posible llevar conmigo a mi esposa, puesto que ello iba en contra de las normas de la Infantería de Marina. Me quedé allí sentado. . . . aturdido; el nudo que tenía en la garganta me estrangulaba.

Una palabra se grababa con fuego en mis entrañas: Okinawa —"La Roca"—. Irónicamente, levanté la vista a través de las lágrimas y divisé Alcatraz: un siniestro pero oportuno recordatorio de que mejor haría en pensármelo dos veces antes de desertar. No existía escapatoria posible. Por eso estaba decepcionado de Dios —deshecho sería más bien la palabra—. Me sentía confuso, resentido, desilusionado de todo el asunto.

Pocas semanas después estaba nuevamente en Camp Pendleton; esta vez tremendamente desanimado. Me encontré solo en un regimiento de tránsito al que se estaba preparando para el servicio en ultramar. Había docenas de vacunas, clases y sesiones de información, mezcladas con largas horas vacantes de soledad.

Cierto fin de semana, visité a Orville, mi hermano mayor, y a su esposa, que vivían en Pasadena; y mientras subía al autobús para volver a la base aquel grisáceo domingo por la noche, mi hermano me tendió un libro que habría de cambiar mi actitud, mi futuro, mi perspectiva, mi profesión. . . mi vida entera: *Through Gates of Splendor* (Puertas de gloria)[1]. Se trataba de la historia verídica del martirio de cinco jóvenes misioneros que intentaban alcanzar y ganar para Cristo a la tribu de los aucas, indios del interior de Ecuador. Su autor era una mujer de la que jamás había oído hablar por aquel entonces: Elisabeth Elliot —una de las cinco viudas.

Mientras aquel viejo autocar avanzaba con estruendo por la carretera 5 en dirección a Oceanside, y la lluvia chocaba contra el cristal de mi ventanilla, yo devoraba el libro, página tras página. Debo decir que fue entonces cuando por primera vez empecé a admitir la posibilidad de que: (1) mi traslado a ultramar hubiera sido dispuesto por el Señor; (2) el programa mundial de Dios me incluyese de alguna manera a mí. *¡A mí nada menos!* No puede usted imaginarse lo extraños que me resultaban aquellos pensamientos; sin embargo, al mirar atrás, todo parece tan evidente, tan claro... En mi ineludible situación de quebranto, desesperación y soledad, Dios me mostró un mundo mucho mayor que el mío propio, mientras captaba más y más mi atención por medio de cada una de las 256 páginas. Capítulo tras capítulo fui dejando una parte cada vez mayor de mi egoísmo. Dios escaló los muros que yo había construido y aislado con las palabras: "Propiedad privada". Como ya mencioné en el capítulo 7 sobre el discipulado, yo era cristiano, ¡pero me había asegurado bien de que nada de aquello se descontrolase! ¡Poco imaginaba la mella que ese libro iba a hacer en mi estilo de vida egocéntrico, bien protegido y tranquilo. Ahora comprendo que Dios había sincronizado todo a la perfección. Sin su enérgico plan para hacerme ir al extranjero, yo jamás habría captado la visión de un mundo entero sin Cristo. ¡Nunca!

VISITA A UN PROFETA A TRAVES DEL TUNEL DEL TIEMPO

Tal vez la situación del joven Isaías fuera semejante. Hace veintisiete siglos aquel muchacho aristócrata nació en el hogar de un hombre llamado Amoz, en la ciudad de Sion. Mientras crecía, Isaías era de alguna manera consciente de su mundo y de los problemas que éste tenía. La sombra cada vez mayor de Asiria constituía una amenaza creciente. Los nombres de Tiglat-pileser, Salmanasar, Sargón, y Senaquerib eran tan conocidos para los judíos de entonces como los de Fidel Castro, Mao Tse-tung y Breznev lo son para los americanos de hoy en día. Isaías sabía que su nación era débil. Probablemente suspiraba en cierto modo al pensar en la superstición, la idolatría, la inmoralidad, y las costumbres paganas venidas del Oriente que corroían como un cáncer de huesos la estructura de su sociedad. La gente se estaba desviando, erosionando... —hasta los sacerdotes se hallaban faltos de pureza moral y espiritual—. La mayoría de los profetas, aquellos hombres en otro tiempo valerosos que servían como conciencia de su nación, estaban asimismo debilitados. Las mujeres eran vulgares, sensuales, superficiales. Había unas enormes necesidades.

Sin embargo, es probable que Isaías no tuviese la menor intención de meterse en todo aquello. Tenía su vida planificada, e iba lanzado en la dirección que le agradaba, hasta que... hasta que parte de su mundo se hundió. . . Dios captó su atención y le dio un giro de 180°.

No fue en un autobús, ni por medio de un libro, ni tampoco porque un pequeño grupo de hombres hubieran muerto mientras trataban de alcanzar a una desconocida tribu de indios. Isaías no se encontraba lejos de su hogar sirviendo en la Infantería de Marina de Israel. Dios captó su atención por medio de la muerte de un amigo que se llamaba Uzías —un rey, además de un hombre bueno de los pocos que en aquel día eran un ejemplo de una vida justa.

Isaías, que contaba aún veintitantos años de edad, lloraba la pérdida de Uzías, tan inoportuna para el país de Judá como lo fue la muerte de Lincoln para los Estados Unidos allá en el 1865.

PRINCIPIOS PERTINENTES SACADOS DE LA VIDA DE UN PROFETA ANTIGUO

Isaías capítulo 6 contiene una historia notable de aproximadamente veintisiete siglos de antigüedad; y entretejidos en ese relato milenario descubro varios principios que nos ayudan a afirmar nuestro conocimiento sobre el programa mundial de Dios. Pero antes de tratar dichos principios, echemos una ojeada a lo que escribió el profeta:

> En el año que murió el rey Uzías vi yo al Señor sentado sobre un trono alto y sublime, y sus faldas llenaban el templo.
> Por encima de él había serafines; cada uno tenía seis alas; con dos cubrían sus rostros, con dos cubrían sus pies, y con dos volaban.
> Y el uno al otro daba voces, diciendo: Santo, santo, santo, Jehová de los ejércitos; toda la tierra está llena de su gloria.
> Y los quiciales de las puertas se estremecieron con la voz del que clamaba, y la casa se llenó de humo.
> Entonces dije: ¡Ay de mí! que soy muerto; porque siendo hombre inmundo de labios, y habitando en medio de pueblo que tiene labios inmundos, han visto mis ojos al Rey, Jehová de los ejércitos.
> Y voló hacia mí uno de los serafines, teniendo en su mano un carbón encendido, tomado del altar con unas tenazas; y tocando con él sobre mi boca, dijo: He aquí que esto tocó tus labios, y es quitada tu culpa, y limpio tu pecado.
> Después oí la voz del Señor, que decía: ¿A quién enviaré, y

quién irá por nosotros? Entonces respondí yo: Heme aquí, envíame a mí. (Isaías 6:1–8).

Leyendo estos versículos, podemos con facilidad quedar tan
impresionados por la visión que pasemos por alto las circunstancias que la causaron. Si comprendo bien, aquel era un tiempo de
pérdida, una experiencia de dolor para Isaías. Su amigo había
muerto. Tal vez el profeta se escabulló a la casa de Dios en busca
de un poco de quietud y oración. Quizás se sentía solo o abando-
nado. "En el año que murió el rey Uzías vi yo al Señor".

*Principio No. 1: Dios utiliza las circunstancias para hacernos
conscientes de su presencia.*

Isaías dice: "Vi yo al Señor". Su situación terrenal le hizo
levantar la vista al cielo. Eso fue también lo que me pasó a mí a
finales de los años 50. La decepción, la soledad y la confusión, en
vez de endurecer la tierra de mi alma, cavaron profundamente.
Estas cosas me afectaron en lo más hondo, y me hicieron sensible
a mi Señor de una forma que *jamás* lo habría sido de no haber
sucedido todo aquello.

En su caso tal vez se trate de una enfermedad prolongada, del
traslado repentino a una nueva localidad, de un cambio de empleo,
o quizás de la pérdida inesperada y completa del trabajo. Conozco
a un individuo que afirma que fue necesario un divorcio para que
él se pusiese de rodillas y (por primera vez en su vida) experimen-
tara la presencia de Dios. Un matrimonio al que mi mujer conocía
desde hacía quince años, perdió a su niñita de dieciocho meses. El
dolor de aquellos padres apenas se podía mitigar, y algunas personas se preguntaban si volverían *jamás* a ser los mismos. Sin
embargo, al pasar el tiempo se hizo evidente que la muerte de su
hija había supuesto un punto decisivo en la peregrinación espiritual de ambos. La pareja dejó la actitud que tenían de espectadores y participaron en la acción. Como resultado de la pérdida
de su niña, Dios llegó a ser más real e importante para aquel
matrimonio.

Fue en el año que murió su amigo cuando Isaías vio al Señor.
¿Y qué estaba El haciendo? ¿Acaso frunciendo el entrecejo o paseando nerviosamente de acá para allá? No. ¿Se encontraba in-
quieto, perplejo o airado? Tampoco: estaba sentado. El Señor estaba tranquilamente sentado en su trono. Cuando leo acerca de

la posición de Jehová pienso en su soberanía majestuosa. Dios tenía todo bajo control. No se estaba retorciendo las manos y preguntándose que podía hacer. Su trono era "alto y sublime". Con la altura viene la *perspectiva*, y "sublime" nos habla de *autoridad*. Isaías no vio a ninguna deidad desconcertada o ansiosa, sino a Dios sentado en dominio soberano y tranquilo, con plena perspectiva y absoluta autoridad. Curiosamente la muerte de Uzías no vuelve a mencionarse. De ahora en adelante sólo se hablará del profeta y de su Dios —de la presencia divina llenando el templo.

En la visión de Isaías también estaban presentes un grupo de criaturas de muchas alas llamadas "serafines" (cierto especialista en el Antiguo Testamento se refiere a ellos como "ángeles llameantes"). Estas formaban un coro antifonal que cantaba y repetía con voz alterna: "Santo, santo, santo, Jehová de los ejércitos; toda la tierra está llena de su gloria". ¡Aquella sí que debió ser una visión tremenda! En el *Unger's Bible Dictionary* (Diccionario bíblico de Unger), leemos: "Debido a su canto antifonal. . . podemos imaginar que estaban colocados en dos filas, una a cada lado del trono."[2] Un grupo clamaba, y el otro le respondía. Y esto una y otra vez, mientras el atónito Isaías miraba fijamente en silencio. No era de extrañar que los quiciales de las puertas del templo terrenal se estremecieran: esas voces resonaban como truenos ensordecedores sobre la ladera de un cerro. . . *¡era impotente!*

Hace varios años, el amplio coro de la iglesia que pastoreo en Fullerton, California, interpretó uno de los musicales más hermosos y ricos en adoración que yo haya escuchado jamás. Se titulaba: "Greater Is He" (Más grande es El). Entretejida a lo largo de toda la obra, hay una parte especial de la composición —una inolvidable melodía con letra de acompañamiento— que permanece en la mente de uno durante meses, y que dice así:

Ciertamente la presencia de Dios está aquí.
Puedo sentir su gran poder y su gracia.
Veo la gloria en cada rostro.
Ciertamente la presencia de Dios está aquí.[3]

Eso era lo que sentía Isaías. El "roce de las alas de los ángeles", unido a las palabras antifonales de alabanza de éstos, hizo exclamar al profeta: "¡Ay de mí! que soy muerto".

Isaías no sólo ve al Señor soberano, alto y sublime, o contempla el coro antifonal de ángeles atestando el trono celestial, sino que también escucha que Dios es infinitamente santo; y al contrastar esto con su propia pecaminosidad y depravación se siente condenado... muerto.

Principio No. 2: Dios revela su carácter para hacernos ver nuestra necesidad.

Esta es una parte capital del proceso por el que Dios nos abre los ojos a su programa mundial al que nosotros llamamos "las misiones". Lo primero que nos muestra no son los millones de personas que mueren de hambre, ni a los paganos en sus densas tinieblas, sino su propia Persona; comienza con un cara a cara. El Señor utiliza algunas circunstancias dolorosas para hacernos levantar la vista, y luego revela ciertas cosas acerca de su carácter (denominadas por los teólogos "atributos" de Dios) con objeto de que comprendamos nuestra necesidad de El. ¿Ha captado el contraste tan tremendo?

"Santo, santo, santo,　　¡Ay de mí! que soy
Jehová de los　　　　　　muerto... hombre inmundo
ejércitos..."　　　　　　de labios..."

De repente, Isaías no está ya mirando desde una distancia prudencial, retirado y seguro. La escena entera cobra literalmente vida, cuando uno de aquellos serafines sale de la visión y vuela hacia nuestro asustado amigo... Sin previo aviso, la alada criatura pasa rápidamente a la presencia del profeta y hace algo de lo más insólito:

Y voló hacia mí uno de los serafines, teniendo en su mano un carbón encendido, tomado del altar con unas tenazas; y tocando con él sobre mi boca, dijo: He aquí que esto tocó tus labios, y es quitada tu culpa, y limpio tu pecado (Isaías 6:6, 7).

El ángel llameante toca a Isaías con un carbón caliente... ¿Y se ha dado usted cuenta de *dónde* le toca? En los labios. Yo sugiero que se trata de un acto significativo. Isaías acababa de admitir que era un "hombre de labios inmundos", por lo tanto no debería suponer un escándalo para nosotros el tomar su confesión en sentido literal. Sin duda luchaba con un lenguaje indecente, y es probable que el joven estuviera usando aquello como excusa para descalificarse del servicio a Dios.

Todos tenemos excusas así:

"No gozo de buena salud física. Soy enfermizo, flojo. . ."

"Tengo un problema de mal genio".

"No hablo muy bien en público".

"No tengo mucha preparación".

"Mi pasado es demasiado malo. . . ¡Ah si usted supiera!"

"Poseo antecedentes penales".

"En cierta ocasión me sometí a un aborto".

"He estado metido en drogas".

"Soy divorciada, comprende. . ."

"Una vez estuve ingresado en un hospital siquiátrico".

Etcétera, etcétera, etcétera. . . Es la vieja historia del pájaro con el ala rota. Pero Dios es más grande que *cualquiera* de esas razones; su especialidad consiste en recoger vasos golpeados, sucios, rotos, culpables e infelices, y recomponerlos, perdonarlos y hacerlos útiles de nuevo. ¿Recuerda lo que dijo el ángel a Isaías al tocarle en los labios?

". . . Es quitada tu culpa, y limpio tu pecado."

¡Qué tremenda afirmación! Donde abundó el pecado, *sobre-bundó* la gracia. Dios trató precisamente con aquello tras lo cual se había estado escondiendo Isaías —avergonzado de admitirlo, pero incapaz de vencerlo.

Principio No. 3: Dios nos da esperanza para hacernos comprender que somos útiles.

Hasta que no lea usted el diálogo que tuvo lugar a continuación, no podrá captar todo el significado de este principio.

"Después oí la voz del Señor, que decía: ¿A quién enviaré, y quién irá por nosotros? Entonces respondí yo: Heme aquí, envíame a mí" (Isaías 6:8).

No pase por alto esa primera palabra: *después* —después de la pena que llevó a Isaías a ponerse de rodillas, de que Dios se revelara como todo lo que el profeta no era; de que el serafín hubiera tocado sus labios (la lucha de Isaías específica) y le hubiese asegurado que era útil; de que Dios preguntara:" ¿A quién enviaré?". . . Como puede usted ver, la perspectiva de Dios es mucho más amplia que la nuestra. En aquel tiempo El tenía ante sus ojos a miles de pueblos, millones de personas; su corazón estaba puesto en un mundo necesitado. Hasta ese momento, Isaías había estado nadando dentro de su estrecho círculo y absorto en una visión limitada de su universo.

Todos los veranos me gusta llevar a mi familia a ver algunos partidos de béisbol. De vez en cuando, en dichos partidos, hay un momento en el que el juego se hace un poco lento y aburrido —la gente se queda extraordinariamente callada e incluso a los jugadores les falta chispa—. Eso sucedió precisamente en uno de los que presencié el verano pasado. Entonces, enrollando la hoja del programa miré por todo el estadio a través del agujero del tubo. ¿Quién no ha hecho esto cuando era niño? Al mirar al terreno de juego, sólo podía ver al bateador y al receptor —a nadie más—; o al jugador de la primera base y al jugador de la derecha. Cuando alzaba la vista a los graderíos, me era posible divisar a 35 ó 40 personas por el agujero, pero no a más. En cuanto me quité el programa enrollado del ojo, pude ver miles de cabezas entre los aficionados, o a todos los jugadores.

En la última parte de la década de los 50, mi mundo era muy limitado, y abarcaba únicamente a mi esposa, mi futuro, mi profesión, mis deseos, mi perspectiva —casi como si estuviera contemplando la vida a través de un programa de juego enrollado—. Pero Dios intervino y quitó esa limitación, exponiéndome a un mundo que yo nunca, nunca antes había considerado importante. Y lo mismo hizo con Isaías. Cualquiera que lleva a cabo un esfuerzo determinado para aferrarse con fuerza a las misiones, tarde o temprano tendrá que dejar el programa enrollado y captar una visión del plan mundial de Dios; lo cual nos introduce al siguiente principio.

Principio No. 4: Dios nos amplía la visión para que evaluemos nuestra disponibilidad.

No tengo palabras para describir la sacudida que supuso para mí el verme expuesto a aquel viaje de diecisiete días a través del Pacífico y luego a las numerosas culturas y necesidades de la gente en Japón, Okinawa, Formosa y las Filipinas. Ante mí se abrió literalmente un nuevo mundo. Hasta entonces tenía una visión restringida y un conocimiento limitado. Al ser tejano, me imaginaba a un Dios americano que hablaba con acento de Texas, sonreía ante el quimbombó frito, las rodajas de tomate, el chile, las judías pintas, las tortas de maíz, el bajo, y la barbacoa. Sin duda le gustaban las grandes extensiones (ranchos), la música popular de Texas, las reuniones familiares y la pesca en agua salada. Pero cuando este "americanito" recorrió asombrado los exóticos e insólitos caminos del Oriente, escuchó la extraña música del samisén, vio aquellos altares idolátricos de una altura de varios pisos, y contempló kilómetros enteros de arrozales y cientos de otras vistas extranjeras, Dios y su programa mundial cobraron un significado completamente nuevo. Cosas tales como los prejuicios personales comenzaron a desvanecerse junto con mi propio orgullo egoísta de ser americano. La determinación por conseguir lo que quería se hizo cada vez menos deseable. No me esforcé con ahínco en ser piadoso, ni alguien del tipo misionero con inclinaciones superespirituales, sino que las cosas fueron encajando de un modo muy natural, hasta que dije sinceramente como Isaías: "Heme aquí, envíame a mí". Llegué a sentir una extraña motivación para liberarme del reducido círculo de *mi* profesión, *mi* futuro, y *mis* planes. Sin darme cuenta de ello, mi atención se fue desviando lentamente de mi mundo, al mundo de Dios. Pero antes de que esto empiece a sonar a uno de esos testimonios espectaculares y maravillosos, déjeme añadir que el Señor me mantuvo todo el tiempo en contacto con la realidad: recuerde que estaba viviendo en un barracón de Infantería de Marina —uno de los sitios más difíciles sobre la tierra para practicar el cristianismo auténtico—. Esto nos ayuda a entrar en el quinto y último principio que encontramos entretejido en este pasaje de Isaías 6.

Principio No. 5: Dios nos dice la verdad con objeto de que seamos realistas.

Una decisión como la que estaba considerando Isaías era demasiado importante para basarla únicamente en la emoción; y a fin de que el profeta no supiera que su ministerio sería como deslizarse por una cuesta abajo, Dios le presentó la fría realidad:

Y dijo: Anda, y di a este pueblo: Oíd bien, y no entendáis; ved por cierto, mas no comprendáis.

Engruesa el corazón de este pueblo, y agrava sus oídos, y ciega sus ojos, para que no vea con sus ojos, ni oiga con sus oídos, ni su corazón entienda, ni se convierta, y haya para él sanidad.

Y yo dije: ¿Hasta cuándo, Señor? Y respondió él: Hasta que las ciudades estén asoladas y sin morador, y no haya hombre en las casas, y la tierra esté hecha un desierto (Isaías 6:9–11).

¡Eso sí que es hablar claro! Nada de: "Si me sirves te usaré para traer al reino a innumerables millones". ¡Fuera exageraciones celestiales! Ni siquiera le dio un montón de promesas alentadoras como: "¡Te vas a sentir verdaderamente bien!" o "La gente te admirará, Isaías". En absoluto. Por el contrario, Dios dijo a su siervo que el desafío sería gigantesco, la respuesta a sus esfuerzos poco estimulante, y en último análisis, ¡no habría mucho sobre lo cual escribir a casa! Esto explica por qué contestó Isaías: "¿hasta cuándo, Señor?" Para afirmar nuestro conocimiento sobre las misiones se requiere una visión clara de la realidad. La mayor confirmación que la persona necesita no son resultados tangibles de sus trabajos, sino la seguridad interior de que se encuentra en el centro de la voluntad de Dios.

¿Y QUE SUCEDE CON USTED Y CONMIGO AHORA?

Basta ya de aquella escena antigua. A pesar de lo valiosa e importante que fue, no podemos permitirnos el lujo de quedarnos allí y vivir de esos recuerdos. ¿Qué hay en cuanto a todo esto hoy en día? ¿Nos está diciendo Dios algo específico a usted y a mí referente a su programa mundial? La contestación tenemos que darla cada uno por separado. Repase esos cinco principios de manera muy lenta y cuidadosa; personalícelos imaginándose a *sí mismo* en cada uno de ellos.

Tal vez esté usted pensando: "¡Oiga, yo no!" Eso fue exactamente lo que dije yo en 1957 —hasta que me arrancaron de un tirón todas las muletas, y me senté en el autocar aquella noche lluviosa... hasta que leí acerca de un grupo de individuos que podrían haber tenido bastante éxito como hombres de negocios en los Estados Unidos, pero que en vez de ello decidieron alcanzar a una tribu de indios de Sudamérica... hasta que fui literalmente despachado a ultramar por barco y se me presentó una visión amplia del mundo que de otro modo jamás me hubiera preocupado en descubrir. Quizás *piense* usted que el presente capítulo no ha estado hablándole personalmente, o haciendo referencia a su caso; pero hasta que no personalice estas cosas, no tendrá seguridad al respecto.

En algún lugar improbable, como la cabaña de un pastor o la casita de un artesano, Dios tiene su instrumento señalado y dispuesto. Por el momento la saeta está escondida en la aljaba del Señor, bajo la sombra de su mano; pero llegado el tiempo, cuando su efecto vaya a ser mayor, El la sacará y la disparará al aire.[4]

Cinco cuerpos —los de Jim Elliot, Nate Saint, Pete Fleming, Ed McCully y Roger Yoderian— fueron encontrados flotando boca abajo en el río Curary, en la selva del Ecuador; y cinco viudas recibieron, sentadas en silencio y aturdidas, las noticias de las muertes heroicas, pero trágicas de sus esposos. Cuando la historia del martirio de aquellos hombres llegó a los Estados Unidos, la prensa americana declaró o dio a entender el mismo veredicto: "En vano, en vano. . . ¡todo ha sido en vano!" Pero ¡no!; se trataba de una pérdida trágica, pero no vana.

Desde entonces, los aucas han sido alcanzados y evangelizados —por último el sueño de aquellos cinco se hizo realidad—; y ¿quién podrá saber jamás cuántos cientos, o quizás miles de hombres y mujeres jóvenes recogieron en aquel momento la antorcha de las misiones?

Sé que no resultó vano, porque yo fui uno de ellos.

PREGUNTAS E IDEAS PARA DISCUSION QUE LE AYUDARAN A AFIRMARSE EN LAS MISIONES

● Alguien ha dicho que no podemos quitar del evangelio el mandato de ir. Jesús da una comisión específica a sus seguidores, diciendo: "Id y haced discípulos a todas las naciones. . ." Hable acerca del tema de la participación de *cada uno* en el programa mundial de Dios. Es evidente que no todos son llamados a viajar al extranjero y ministrar en otra cultura; ¿cómo pueden los cristianos *ir* permaneciendo en su país?

● En este capítulo hemos examinado detenidamente la experiencia de Isaías cuando se le reveló el Señor. ¿Se ha puesto usted en el lugar del profeta y pensado qué pasaría si eso sucediera en la actualidad? Hágalo ahora. Trate de recordar los principios más importantes que hemos descubierto. ¿Existe alguna analogía con la vida de usted en el momento presente?

● Esforzándose en ser terriblemente sincero, trate de identificar algunas de las causas por las cuales le repelen las misiones y, si siente libertad para hacerlo, exprese con palabras sus pensamientos. Recuerde cosas tales como: la manipulación de los sentimientos de culpa de la gente, el uso del emocionalismo, y la explotación de las masas.

● ¿Qué es lo que destaca en su mente al considerar que Dios dijera al profeta Isaías que en su ministerio iba a encontrarse con una gente en efecto insensible, de oídos torpes, ojos entenebrecidos, y corazones duros (Isaías 6:10)? Hable acerca de la cuestión del éxito en el ministeiro hoy en día. No eluda la verdad de que Dios no dispone que todo el mundo disfrute de inmensas bendiciones. Trate el tema de la obediencia.

● ¿Cómo puede estar *seguro* un cristiano de que su lugar de ministerio *no* se encuentra fuera de su país? ¿Y de que *sí* es así? Una pregunta más: ¿Qué puede hacer la persona que es llamada a servir a Cristo en el extranjero para evitar el tener resentimiento hacia aquellos que se quedan en la patria?

● Si no está seguro de dónde quiere Dios que le sirva, ore; no dejando de preguntar al Señor, exactamente, qué puede hacer para conocer su voluntad respecto a su futuro. ¿Está usted dispuesto a decir: "Heme aquí, envíame a mí"? Si así es, expréselo con toda libertad al orar.

Capítulo 12

Afirmando su conocimiento sobre la piedad

La manera de vivir acelerada de la década de los 80 no se presta para manifestar los rasgos que hemos atribuido tradicionalmente a la piedad. La letra de un viejo himno expresa:

Dedica tiempo a la santidad, habla a menudo con tu Señor;
Permanece en El siempre, y aliméntate de su palabra.
Dedica tiempo a la santidad, mientras el mundo corre apresurado. Pasa mucho tiempo en secreto, solo con Jesús.[1]

Es bastante probable que los que leemos estas palabras, las creamos e incluso que las defendiéramos llegado el caso; sin embargo confesamos con un suspiro que la mayoría de las veces no las experimentamos. Hubo una época en la que dar un paseo por el parque o pasar una tarde solos eran bastante corrientes. Pero las cosas han cambiado; por desgracia los días en que uno se sentaba en la mecedora del porche y veía caer la tarde son reliquias del pasado. Puede que aún logremos sacar de vez en cuando una que otra hora para instalarnos cerca de la chimenea; pero la idea de dedicar la clase de tiempo que dedicaban nuestros abuelos a la "santidad" está más bien pasada de moda.

¿Significa esto que no podemos ser santos? ¿Nos obliga un estilo de vida urbano a perder la piedad? ¿Es que hemos de volver a "La Casa de la Pradera" para ser devotos? Evidentemente la respuesta es "no". Si la piedad estuviera ligada a una cierta cultura o a una época de coches de caballos, entonces ¡pobres de la mayoría de nosotros! A pesar de lo mucho que podemos disfrutar de un estilo de vida más pausado y con menos presiones, Dios no ha llamado a eso a todo el mundo —por lo menos no a aquellos de nosotros que vivimos en la zona del Gran Los Angeles—; y sin embargo, varias de las personas más piadosas que yo haya conocido jamás residen en esta parte de California (¡aunque a algunos de ustedes les cueste trabajo creerlo!).

¿Y QUE ES LA PIEDAD?

Esto nos trae a una cuestión esencial de la que muy pocas veces oigo hablar en estos tiempos: ¿Qué significa exactamente ser piadoso? Tenga cuidado; trate por todos los medios de no vincular su contestación con una geografía, cultura, o mentalidad tradicional determinadas. Es muy fácil dejar que se cuelen nuestros prejuicios y definir erróneamente el concepto en virtud de nuestra propia inclinación.

● ¿Significa el ser piadoso vivir arriba en los montes cortando leña para calentar una cabaña, y leer la Biblia bajo la vacilante llama de una lámpara de queroseno?

● O, a ver que piensa de esto: La persona piadosa ha de ser anciana, ponderada, orar durante muchas horas todos los días, y no ver demasiado la televisión. ¿Es eso la piedad?

¿Puede un individuo ser piadoso y al mismo tiempo tener espíritu de competencia en los negocios, agudeza de mente, y éxito en lo financiero?

¿Es compatible la piedad con el conducir un Porsche. . . quedarse soltero. . . y (hasta) no ir a la iglesia todos los domingos por la tarde?

¿Necesito para ser santo ponerme en cuclillas en la ladera de un cerro, tocar la guitarra con los ojos entornados, comer una bolsa entera de alpiste, y poner música a los Salmos?

¿Queda uno descalificado por ser un buen atleta o un famoso artista de variedades (¡con representante y todo!); o por el hecho de tener fortuna, gustarle el champán o llevar diamantes o abrigos de pieles? ¿Puede una persona perteneciente a esa categoría ser un cristiano piadoso?

Una más (ésta puede que duela): ¿Qué me dice de los creyentes que todavía luchan con ciertas cosas, que no tienen claros algunos puntos teológicos, que no comprenden muchos de los himnos que se cantan en la iglesia ni leen demasiadas biografías de misioneros y. . . que no están necesariamente de acuerdo con una política de derechas?

¡Ayayay!. . . ahora sí que he metido la pata. Hasta este momento ha estado usted dispuesto a aguantar, pero de aquí en adelante no lo tiene claro. Antes de que me clasifique, me emplume, y lo tire todo —el agua del baño y al bebé—, comprenda, por favor, que sólo estoy haciendo algunas preguntas: investigando; tratando honradamente de descubrir la respuesta a una simple cuestión: ¿Qué *es* la piedad?

Tiene usted que admitir que uno no puede confundirla con el aspecto de la persona (por difícil que nos resulte pasar por alto), el auto que conduce, o lo que posee. A pesar de cuánto nos cuesta estar libres de envidia y de pensamientos críticos, resulta imperativo que recordemos que "Jehová mira el corazón" (1 Samuel 16:7); por lo tanto una cosa podemos decir: la piedad *no* es algo superficial, sino profundo, del ámbito de las actitudes. . . una actitud hacia Dios mismo.

Cuanto más pienso sobre el asunto, tanto más me convenzo de que la persona piadosa es aquella que posee un corazón sensible para con Dios, que le toma en serio; y esto se manifiesta en algo muy obvio y peculiar: hambre y sed del Señor. Dicho con las palabras del salmista, aquel que es piadoso tiene un alma que "brama" por el Dios vivo:

> Como el ciervo brama por las corrientes de las aguas, así clama por ti, oh Dios, el alma mía.
> Mi alma tiene sed de Dios, del Dios vivo. (Salmo 42:1, 2a)

La persona que mantiene esta búsqueda puede ser joven o vieja, rica o pobre, de la ciudad o del campo, dirigente o seguidor, de cualquier raza, color, cultura o temperamento; activa o tranquila, casada o soltera. . . ninguna de estas cosas importa en realidad. Lo que *sí* importa, por el contrario, es el anhelo interno del individuo por conocer a Dios, escucharle, y andar humildemente con El. Como ya he mencionado, el piadoso toma en serio al Señor.

No me entienda mal: no estoy sugiriendo que toda la gente piadosa sea de talante grave; pero *sí* que posee una actitud de sumisión voluntaria a los deseos y caminos de Dios. Lo que él diga, vale; y por mucho que cueste llevarlo a cabo, es precisamente aquello que el piadoso desea hacer. Recuerde, el alma "brama" por Dios y "tiene sed" de él: se trata de una búsqueda auténtica y de un deleite en el Señor. Pensemos en afirmar nuestro conocimiento sobre la piedad —tal vez sea útil dar aquí un ejemplo negativo.

LOS ANTIGUOS HEBREOS: RELIGIOSOS PERO NO PIADOSOS

En estos últimos días he estado estudiando los trece primeros versículos de 1 Corintios 10, con objeto de tener una visión clara del tema de la piedad. Lo que me atrajo a esta porción de las Escrituras fue que gira en torno a un grupo de gente que tenía todas las razones posibles para ser piadosa, pero no lo era —eso me intriga—. ¿Por qué causa aquellos antiguos hebreos, liberados de forma sobrenatural de la esclavitud de los egipcios bajo el liderazgo de Moisés, no dieron ejemplo de la verdadera piedad?

Pablo está escribiendo estas palabras bajo la inspiración del Espíritu Santo, y sus pensamientos son una prolongación de los comentarios que hace al final del capítulo 9, donde expresa:

> ¿No sabéis que los que corren en el estadio, todos a la verdad corren, pero uno solo se lleva el premio? Corred de tal manera que lo obtengáis.
>
> Todo aquel que lucha, de todo se abstiene; ellos, a la verdad, para recibir una corona corruptible, pero nosotros, una incorruptible.
>
> Así que, yo de esta manera corro, no como a la ventura; de esta manera peleo, no como quien golpea el aire, sino que golpeo mi cuerpo, y lo pongo en servidumbre, no sea que habiendo sido heraldo para otros, yo mismo venga a ser eliminado (1 Corintios 9:24–27).

He aquí las palabras de un hombre piadoso. Pablo no consideraba su vida como un juego; de modo que se negaba a permitir que fuera el cuerpo quien le dictase sus objetivos. Golpeaba a éste "hasta llenarlo de cardenales" (traducción literal del último versículo) y decidía hacerlo su esclavo en vez de dejarse esclavizar por él. ¿Por qué? Vuelva a examinar lo que dice: No quería que su vida acabase en un fiasco. El apóstol tenía horror al pensamiento de verse descalificado; de ser un enérgico predicador de la justicia que a última hora se arrugara para convertirse en una débil víctima de sus propios instintos carnales. Yo saco la clara impresión de que Pablo temía a ese problema antiquísimo del no vivir lo que uno predica, de no tomar en serio a Dios.

¡Cuán fácilmente puede suceder esto en la presente generación de superficialidad! Nos es posible andar con gente religiosa, hacernos con el lenguaje pío, aprender las reglas del juego, y actuar impecablemente (en público, desde luego). Podemos incluso defender nuestro estilo de vida por medio de un sistema bastante pulido de acomodación teológica. Cuanto mejor hacemos esto último, tanto más fácil nos resulta convencernos a nosotros mismos de que llevamos la buena dirección —lo único que se necesita es torcer un poco las Escrituras, un sistema de excusas medianamente engrasado, y ¡allá vamos!—. Esto hace que empiecen a aparecer dos resultados: (1) todos nuestros deseos (por malos que sean) se cumplen; (2) el sentimiento de culpabilidad (sin importar lo justificado que pueda estar) desaparece de nosotros. Y si alguien intenta pedirnos cuentas, ¡tildémosle de legalista y sigamos con lo nuestro! También ayuda el hablar mucho de la gracia, del perdón, de la misericordia, y de esa vieja canción del "nadie es perfecto".

Pablo desechaba todo esto por completo; se negaba a dejarse absorber por tal sistema de excusas. El bramaba por Dios, y en lo profundo de su alma tenía sed de la verdad divina para poder vivirla. Ansiaba tomarse a Dios en serio.

De repente, un ejemplo clásico se apoderó del apóstol: los hebreos que partieron de Egipto en el Exodo. Parece como si pensase: "Si necesitáis la ilustración de una gente que lo tenía todo y aun así fracasó y se descalificó a sí misma, meditad en lo siguiente:

> Porque no quiero, hermanos, que ignoréis que nuestros padres todos estuvieron bajo la nube, y todos pasaron el mar; y todos en Moisés fueron bautizados en la nube y en el mar, y todos comieron el mismo alimento espiritual, y todos bebieron la misma bebida espiritual; porque bebían de la roca espiritual que los seguía, y la roca era Cristo (1 Corintios 10:1–4).

Si toma un lápiz y traza un círculo alrededor de la frecuente repetición de la palabra *todos*, empezará a comprender: ¡todos tenían todo!

- Guía sobrenatural: la nube de día y la columna de fuego de noche.

- Liberación sobrenatural: el escape del Mar Rojo.
- Liderazgo sobrenatural: Moisés, el hombre de Dios.
- Dieta sobrenatural: el maná del cielo y el agua de la roca.

¿Se hace una idea? Estaban rodeados de privilegios sin paralelo; los milagros eran cosas de todos los días; la presencia de Dios les acompañaba de continuo y su obrar resultaba evidente... ¡Hable usted de una sobreexposición! Se encontraban con el lenguaje piadoso por todas partes; como si día tras día y semana tras semana estuvieran en un retiro espiritual de alto nivel. Desde luego que los israelitas florecieron en tal invernadero... ¿verdad?

¡Nada de eso!

¿Qué pasa cuando se sobreexpone una película fotográfica? A veces se pierde por completo la imagen. ¿Y con un paño de secar los platos que nunca se seca, sino que permanece mojado en un montón? Se enmohece. ¿Y qué me dice de una vasija de barro que sólo está al sol, sin nada de lluvia, de brisa fresca, o de sombra? Se pone dura, y se hace fácilmente quebradiza.

Así sucedió con la mayor parte de aquella compañía del Exodo. ¿Exagero? No, lea los hechos por sí mismo: "Pero de los más de ellos no se agradó Dios; por lo cual quedaron postrados en el desierto" (1 Corintios 10:5).

La siniestra palabra "pero" lo dice todo: Lo tenían, pero... Fueron testigos de la abundante provisión de Dios en dosis diarias, pero... Con el paso del tiempo los milagros perdieron su significado, y su incesante lenguaje piadoso se les agrió en la boca, volviéndose oscuros con toda aquella sobreexposición.

UN ANALISIS DE LA CARNALIDAD

¿Qué sucedió exactamente? ¿Cómo pudo ocurrir aquello? ¿Por qué no florecieron en una burbuja de bendición tan maravillosa y protectora? Dicho en pocas palabras: no tomaron en serio a Dios. Para ellos lo divino se convirtió en ordinario, y el respeto por Jehová, que hacía que sus bocas se abrieran en admiración silenciosa, degeneró en un hastiado bostezo irreverente.

Pablo describe esta sórdida escena de desorden carnal para que todos la leamos con un suspiro:

> Mas estas cosas sucedieron como ejemplos para nosotros, para que no codiciemos cosas malas, como ellos codiciaron.

Ni seáis idólatras, como algunos de ellos, según está escrito: Se sentó el pueblo a comer y a beber, y se levantó a jugar.

Ni forniquemos, como algunos de ellos fornicaron, y cayeron en un día veintitrés mil.

Ni tentemos al Señor, como también algunos de ellos le tentaron, y perecieron por las serpientes.

Ni murmuréis, como algunos de ellos murmuraron, y perecieron por el destructor.

Y estas cosas les acontecieron como ejemplo, y están escritas para amonestarnos a nosotros, a quienes han alcanzado los fines de los siglos (1 Corintios 10:6–11).

Este sombrío relato se halla marcado por una advertencia en cada extremo: "Estas cosas sucedieron como ejemplos... están escritas para amonestarnos a nosotros..." Dios no se deleita sádicamente en registrar los fracasos sólo para que la gente del pasado se retuerza, sino que nos dice que son advertencias sin limitación de tiempo, avisos para que todos los escuchemos —como esas enormes fotografías de las atrocidades de la Segunda Guerra Mundial exhibidas fuera del campo de concentración de Dachau en la Alemania Occidental

- Ellos codiciaron cosas malas —¡No lo hagan!
- Fueron idólatras —¡Cuidado!
- Empezaron a practicar la inmoralidad —¡Alto!
- Se hicieron presuntuosos —¡Prohibido!
- Fueron escépticos y negativos —¡Guárdense de ello!

Por asombroso que esto pueda parecer, la gente que tenía más finalmente se apropió de menos; en el calor de las mejores bendiciones de Dios, se enfriaron, se volvieron tibios e indiferentes. No sucedió de repente, sino poco a poco: el agudo filo del entusiasmo se embotó, y como la concha del caracol, una actitud peligrosa llevó a otra, cada una más descarada que la anterior, hasta que el pueblo se levantó contra su Dios gruñendo y con los puños apretados.

¡Un momento! ¿De quiénes estamos hablando? ¿De una compañía de salvajes brutales e ignorantes que nunca habían conocido el nombre de Jehová? No, se trataba de aquellos que habían sido relevados del látigo del capataz de Egipto, liberados una vez por todas de la esclavitud, y con la promesa de una nueva tierra en la que habitar. Pero su sonrisa de deleite se convirtió en un gesto de desafío al permitir que una mentalidad de rutina sustituyera al vigoroso caminar de la fe. Ya no tomaban a Dios en serio.

APLICACION Y ADVERTENCIA

¿Ocurre esto todavía? Sí, se trata de un peligro siempre potencial en: una familia creyente donde con facilidad se toman como normales las conversaciones acerca de las cosas de Dios; una escuela o un seminario cristianos en los que el lenguaje piadoso puede convertirse en algo estéril y académico; una iglesia que se habitúa a la buena predicación. . . donde fácilmente se mima a los santos, en ocasiones estropeándolos; . . . es posible que ocurra incluso en una empresa misionera o una conferencia de pastores —si no permanecemos atentos al peligro de erosión, podemos caer en la rutina aburrida.

Por lo general, al escuchar tales advertencias de la Palabra de Dios, tenemos una de dos reacciones:

1. "¡Eso jamás me sucederá a mí!"

Si tal es su respuesta, escuche el versículo 12 de 1 Corintios 10: "Así que, el que piensa estar firme, mire que no caiga".

Pablo temía al antiquísimo problema de no vivir lo que uno predica; de no tomar en serio a Dios.

Nunca olvidaré cierta carta que recibí hace algún tiempo y que trataba de este mismo asunto; decía así:

Querido Pastor Swindoll:

Esta semana pasada he visto una trágica ilustración del precio que se paga por no tomar a Dios en serio. Sólo he cambiado aquí los nombres de las personas. . . Hace algunos años, tres chicas jóvenes de aspecto juvenil entraron a trabajar en donde yo tengo mi empleo. No tardaron en decir a todo el que quiso escuchar que eran cristianas; estaban dispuestas a trastornar el lugar para Cristo.

Pocos meses después, las tres decidieron "probar un poco" el mundo; y una de ellas está ahora criando un hijo sin haber contraído matrimonio. La segunda volvió al Señor, y más tarde se casó con un cristiano entusiasta antiguo adicto a la heroína. Estos tienen algunos problemas debidos a su vida pasada, pero parece que lograrán salir adelante.

Luego estaba Luisa, que había sido educada en un hogar religioso y moral de otra confesión, y que en sus años de adolescente se había rebelado, abandonando su fe, y convertido en un poco salvaje.

Cuando próxima a los veinte años de edad la chica confesó a Cristo, sus padres lo consideraron como parte de su rebelión, y fue fácil para ella caer de nuevo en la vieja vida. Después de un año aproximadamente sin tener comunión con otros cristianos, Luisa empezó a perseguir de manera activa a un hombre casado de la empresa, que debido a que no era feliz en su matrimonio, opuso poca resistencia.

Varios compañeros de trabajo —entre ellos por lo menos un cristiano— trataron de convencerla de su insensatez; pero Luisa estaba segura de no poder renunciar a él. Por fin el hombre dejó a su mujer y se fue a vivir con la chica.

Luisa fue disciplinada en el trabajo; a consecuencia de lo cual su amante intervino amenazando de muerte al encargado, y perdió el empleo (el correctivo no tenía nada que ver con la relación entre ellos).

Cuando al hombre le concedieron el divorcio, se casaron. Ella excusó las amenazas violentas que él hiciera al encargado como "meras palabras", y el hecho de que pegase a su anterior esposa como debido a la extremada provocación. Los dos hijos del marido fueron a vivir con ellos; el mayor contaba únicamente ocho años menos que Luisa, entonces de veintidós.

A los niños les faltaba educación y disciplina, y hacían preguntas difíciles acerca de la relación entre Luisa y su padre.

Al llegar a este punto, Luisa me confesó que sabía que había hecho mal, y que se había arrepentido; sin embargo, le sorprendió que las repercusiones de su pecado continuaran incluso después de su arrepentimiento. En pocos meses el matrimonio se había desintegrado, convirtiéndose en una lucha enconada, sin cuartel, en la que cada uno devolvía mal por mal.

Luisa pidió el divorcio, y volvió con su familia.

El martes pasado por la mañana, cuando regresaba a casa una vez terminado su turno de medianoche, le dijo a un compañero: "Ahora estoy bien; cuando me concedan el divorcio me casaré con ese otro tipo, que es realmente estupendo".

Eso sucedía ayer. Ayer Luisa se sentía feliz; pero hoy está muerta. . . muerta a tiros por su enajenado marido, que después volvió su revólver contra sí mismo.

Hoy lloran dos familias traspasadas de dolor. Hay dos niños sin padre. . . y todo por no haber tomado a Dios en serio.

Para Luisa, la paga del pecado ha sido literalmente la muerte —la muerte física.[2]

Sí, se lo advierto: *podría* sucederle a usted; ¡esté precavido! Dígale al Señor que le toma *en serio*; que desea la verdadera piedad.

2. "Me encuentro en el síndrome que ha descrito usted; y he ido demasiado lejos para recuperarme".

No os ha sobrevenido ninguna tentación que no sea humana; pero fiel es Dios, que no os dejará ser tentados más de lo que podéis resistir, sino que dará también juntamente con la tentación la salida, para que podáis soportar (1 Corintios 10:13).

No hay nada excesivamente difícil para el Señor; nadie es un caso desesperado. . . *nunca resulta demasiado tarde para empezar a hacer lo bueno.*

Tengo una serie de preguntas a las que me gustaría que me respondiese:

● ¿Ha comenzado usted a perder el deleite y la lozanía de su caminar con el Señor?

● ¿Está comenzando a ser dicho caminar rutinario y aburrido?

● ¿Puede usted mencionar uno o dos momentos decisivos a partir de los cuales las cosas empezaron a empeorar?

● ¿Se da cuenta del enorme peligro que corre su futuro si no cambian las cosas?

● ¿Está usted dispuesto a confesar la falta de vitalidad que hay en su vida espiritual?

● ¿Quiere hacerlo AHORA?

Le prometo que si reconoce estas cosas y se las confiesa al Señor su Dios, el poder que tuvo en otro tiempo volverá. Puede usted contar con ello; él le tomará en serio.

PREGUNTAS E IDEAS PARA DISCUSION QUE LE AYUDARAN A AFIRMARSE EN LA PIEDAD

● Defina la *piedad*. Explique utilizando sus propias palabras la diferencia que hay entre una religión externa y la actitud interior de espiritualidad.

● ¿Pueden las personas activas, ajetreadas, y que viven en una comunidad urbana mantener una auténtica piedad? Hable acerca de algunos de los peligros que existen y de la forma de contrarrestarlos.

● Volviendo a 1 Corintintios 10, trate de recordar algunas de las trampas en las que cayeron los antiguos hebreos. ¿Qué hace que nos abstengamos de censurarles?

● Comparta una o dos técnicas o costumbres que haya empezado a utilizar y que le estén ayudando a tomar a Dios más en serio. Mencione asimismo dos o tres cosas que hacen que la piedad le parezca algo muy lejano. Oren unos por otros.

● Durante esta semana aprenda de memoria 1 Corintios 10:12, 13. Repita dichos versículos varias veces al día, hasta que pueda hacerlo sin mirar a la Biblia. Compruebe si esto le ayuda durante las próximas semanas.

Capítulo 13

Afirmando su conocimiento sobre las actitudes

En cierta ocasión, el pintoresco Nicolás Paganini, aquel genial violinista con dotes de actor del siglo XIX, se encontraba ante un auditorio abarrotado interpretando una difícil pieza musical. Tenía a su alrededor a toda una orquesta, que le prestaba su magnífico apoyo. De repente, una de las cuerdas del violín de Paganini saltó y quedó colgando gloriosamente del instrumento. El sudor invadió la frente del músico, que frunció el entrecejo pero siguió tocando en una improvisación maravillosa.

Ante la sorpresa del director, a continuación estalló otra cuerda, y poco después una tercera. Ahora eran tres las cuerdas que colgaban fláccidamente del violín de Paganini mientras el magistral intérprete terminaba la difícil composición en la restante. El público se puso en pie de un brinco, y siguiendo la costumbre italiana llenó la sala de gritos de "¡Bravo, bravo...!". Cuando los aplausos fueron cesando, el violinista pidió a la gente que volviera a sentarse; y ésta, aunque sabía que no era posible esperar una repetición, se hundió de nuevo en sus asientos calladamente.

Entonces, Paganini levantó bien el violín para que todo el mundo lo viera e hizo un gesto con la cabeza al director indicándole que diera comienzo a la repetición. Luego, volviéndose de nuevo hacia la multitud, y con ojos risueños, sonrió y gritó: "¡Paganini...

y una cuerda!"; tras lo cual se colocó su Stradivarius de *una* sola cuerda bajo la barbilla y tocó la pieza final mientras el auditorio (y el director) sacudían la cabeza con silencioso asombro. "¡Paganini. . . y una cuerda!"; *y*, yo añadiría, una actitud de fortaleza.

El doctor Victor Frankl, aquel valiente e intrépido judío que fue hecho prisionero durante el Holocausto, soportó años de indignidad y humillación de parte de los nazis antes de ser finalmente liberado. Al comienzo de su penosa experiencia, fue llevado a una sala de justicia de la Gestapo. Sus apresadores le habían quitado casa y familia, su preciosa libertad, sus posesiones, e incluso su reloj y su anillo de boda. Le habían afeitado la cabeza y despojado de su ropa. Y allí estaba ahora, ante el alto mando alemán y bajo aquellas luces deslumbrantes, siendo interrogado y acusado falsamente. Se hallaba desamparado, era sólo un peón desvalido en las manos de hombres crueles, predispuestos en su contra, sádicos. . . No tenía nada. No, eso no era cierto; de repente Frankl comprendió que había una cosa que nadie le podría quitar jamás, sólo una. ¿Sabe usted lo que era?

Victor Frankl se dio cuenta de que todavía tenía la facultad de escoger su propia actitud. A pesar de lo que pudieran hacerle, de lo que le deparara el futuro, la elección de la actitud que adoptaría era suya: resentimiento o perdón; rendirse o continuar; odio o esperanza; determinación de aguantar o la parálisis de la autocompasión. . . Todo se reducía a "¡Frankl. . . y una cuerda!".[1]

Las palabras jamás pueden transmitir de un modo adecuado la importancia increíble que tiene nuestra actitud hacia la vida. Cuanto más vivo, tanto más me convenzo de que la vida es en un 10 por ciento lo que nos sucede, y en un 90 por ciento la manera en que nosotros respondemos a ello.

LAS ACTITUDES SON IMPORTANTISIMAS

Quizás esto le asombre, pero yo creo que la decisión más significativa que puedo tomar a diario es aquella relacionada con qué actitud elegir. La actitud que adopto es más importante que mi pasado, mi educación, mis fondos, mis éxitos o fracasos, mi fama o mi dolor, lo que otras personas piensan o dicen de mí, mis circunstancias o mi posición. La actitud es esa "cuerda" que me mantiene andando o incapacita mi avance; sólo ella alimenta mi fuego o asalta mi esperanza. Cuando mis actitudes son como es debido, no hay barrera demasiado alta, valle demasiado hondo, sueño demasiado elevado o desafío demasiado grande para mí.

Aun así, hemos de reconocer que dedicamos más tiempo a concentrarnos en las cuerdas que saltan, cuelgan y estallan —aquellas cosas que no podemos cambiar e irritarnos por su causa, que a la cuerda que queda: la elección de nuestra actitud. Deténgase y piense acerca de algunas de las cosas que absorben nuestra atención y energía, todas ellas ineludibles (y a veces desmoralizadoras):

- El tictac del reloj
- El tiempo atmosférico, la temperatura, ¡el viento!
- Las acciones y reacciones de la gente —*especialmente* las críticas
- Quién ganó o perdió el partido
- Los retrasos en los aeropuertos, las salas de espera, a causa del tráfico. . .
- Una radiografía que nos hicimos
- El precio de los comestibles, la gasolina, la ropa, los automóviles. . . ¡todos!
- Los enfados, los desengaños, y la cantidad de trabajo en nuestro lugar de empleo.

La energía que más se despilfarra en nuestro mundo de los años 80, tan preocupado por el tema ecológico, no es la eléctrica, ni el gas natural, ni ningún otro "producto", sino aquella que dedicamos a combatir lo inevitable. Y para empeorar aún más las cosas, los que sufrimos, nos amargamos, contraemos úlceras, y nos volvemos luchadores retorcidos, negativos y cicateros, somos *nosotros*. Algunos hasta mueren de eso.

> Las docenas de estudios completos realizados han establecido este hecho. Un estudio famoso, titulado "El Corazón Destrozado", investigó la tasa de mortalidad entre 4.500 viudos durante los seis meses posteriores a la muerte de sus esposas. Comparado con el de otros hombres de la misma edad, el índice de defunciones de dichos viudos era un 40 por ciento más alto.[3]

El comandante F.J. Harold Kushner, un oficial médico del Ejército de los E.U.A. que fue durante más de cinco años prisionero del Vietcong, menciona un ejemplo de muerte por fallo de las actitudes. Este relato trágico pero cierto forma parte de un fascinante artículo aparecido en la revista *New York*.

Entre los cautivos del campo de prisioneros de guerra donde estaba Kushner, había un joven vigoroso de la Infantería de Marina de veinticuatro años de edad, que ya había resistido dos años de vida en aquel lugar con una salud relativamente buena. Parte de la razón de ello era que el comandante del campamento había prometido soltarle si cooperaba. Ya que esto se había hecho antes con otros, el infante de Marina se convirtió en un prisionero de guerra modelo y líder del grupo de reforma del pensamiento. A medida que iba pasando el tiempo, se fue dando cuenta, sin embargo, de que le habían mentido. Cuando no cupo ya ninguna duda al respecto, el joven se convirtió en un autómata: se negaba a realizar cualquier tipo de trabajo, rechazaba todo ofrecimiento de alimento y ánimo, y permanecía simplemente acostado en su catre chupándose el pulgar. Pocas semanas después había muerto.[4]

La vida se hizo demasiado difícil de soportar para aquel *muchacho* en otro tiempo vigoroso, atrapado en la malvada garra de la esperanza perdida. Cuando aquella última cuerda saltó, no le quedó nada.

EL VALOR DE LAS ACTITUDES: HABLAN LAS ESCRITURAS

En la breve epístola de Pablo a los cristianos de Filipos, el apóstol no se anduvo con remilgos al hablar de las actitudes. Aunque los filipenses eran un rebaño bastante pacífico y feliz, tenían algunas escaramuzas personales que pudieran haberlos hecho descarrilar y perder su ímpetu. Sabiendo, pues, lo contraproducente que aquello sería, Pablo fue derecho al grano: sus actitudes.

Por tanto, si hay alguna consolación en Cristo, si algún consuelo de amor, si alguna comunión del Espíritu, si algún afecto entrañable, si alguna misericordia, completad mi gozo, sintiendo lo mismo, teniendo el mismo amor, unánimes, sintiendo una misma cosa (Filipenses 2:1, 2).

¿Qué significa esto? Volvamos atrás y echemos un vistazo. En la Persona de Cristo *hay* estímulo, amor, y mucha "comunión del Espíritu" para el disfrute del cristiano; así como afecto y misericordia. El cielo está lleno y rebosante de esas cosas aunque la tierra se halle bastante desprovista de ellas a veces; de modo que Pablo nos ruega que aprovechemos ese positivo y estimulante almacén. ¿Y cómo? Siendo unánimes. Nos está diciendo que tomemos control de nuestra propia mente —un mandamiento sin lugar a dudas—. Los cristianos que edifican, fortalecen, animan y ayudan (tanto a nosotros mismos como a los demás). "¡Háganlo!" —ordena el Señor.

La actitud de humildad desinteresada

En los versículos 3 y 4 de Filipenses 2 Pablo especifica:

> Nada hagáis por contienda o por vanagloria; antes bien con humildad, estimando cada uno a los demás como superiores a él mismo; no mirando cada uno por lo suyo propio, sino cada cual también por lo de los otros.

Se trata de una elección mental que hacemos de no concentrarnos en el yo, me, mi, mío; sino en la otra persona. Lo que la Escritura está estimulando aquí es una mentalidad de siervo. Yo he escrito un libro[5] entero acerca del tema, de modo que no entraré en detalles; sólo diré que pocas virtudes son más necesarias hoy en día que ésta. Si queremos afirmar nuestro conocimiento sobre las actitudes, una buena forma de comenzar es con la humildad —una humildad auténtica y bondadosa.

¿Cuál es nuestro ejemplo? Siga leyendo:

> Haya, pues, en vosotros este sentir que hubo también en Cristo Jesús, el cual, siendo en forma de Dios, no estimó el ser igual a Dios como cosa a que aferrarse, sino que se despojó a sí mismo, tomando forma de siervo, hecho semejante a los hombres; y estando en la condición de hombre, se humilló a sí mismo, haciéndose obediente hasta la muerte, y muerte de cruz (Filipenses 2:5–8).

Tal vez usted nunca se haya parado a pensar acerca de esto; pero entre bastidores había una actitud que fue la que hizo que el Salvador bajara a nosotros. Jesús escogió deliberadamente venir a habitar entre nosotros porque comprendía y valoraba nuestra necesidad; y atribuyó mayor importancia a ésta que a su propia comodidad o posición prestigiosa. El Señor, humildemente, puso a un lado la gloria del cielo y vino a morar entre nosotros; se negó a dejar que su posición nos mantuviera a una distancia prudencial.

La actitud positiva de ánimo

Escuche lo que dice otro versículo de este mismo capítulo: "Haced todo sin murmuraciones y contiendas" (Filipenses 2:14).

¡Ay! ¡Si alguna vez hubo una generación que necesitara este consejo, es la *nuestra*! Nos resulta prácticamente imposible terminar un día sin caer en la trampa de las "murmuraciones y contiendas". ¡Qué fácil es contraer el hábito de pensar negativamente! ¿Y por qué? Por tantas cosas como hay a nuestro alrededor que nos incitan a ser irritables. No nos engañemos: la vida *no* es un lecho de rosas.

En mi último cumpleaños, mi hermana Lucy me regaló un gran cartel en forma de rollo —ya que nuestro humor es bastante parecido, ella sabía que me divertiría lo que llevaba escrito—, y sugirió que lo fijara con tachuelas en la parte de atrás de la puerta del cuarto de baño, a fin de poderlo repasar con cierta regularidad. Se trata de una larga lista de determinadas "leyes" ineludibles de la vida que pueden hacernos "murmuradores y contenciosos" impacientes si lo permitimos. Dichas "leyes" se conocen vulgarmente como las "Leyes de Murphy". He aquí una muestra:

- Nada es tan fácil como parece; todo requiere más tiempo del que usted piensa; si algo puede salir mal, sucederá.
- Murphy era un optimista.
- El día exento de crisis supone una pérdida completa.
- La otra fila siempre se mueve más aprisa.
- La probabilidad de que la rebanada de pan con mermelada caiga boca abajo es tanto mayor cuanto más alto sea el precio de la alfombra.
- Dentro de cada problema grande, hay una serie de problemillas pugnando por salir.
- El 90 por ciento de las cosas es desperdicio.
- Nada de lo que dé contra el techo será distribuido equitativamente.
- Por larga o difícil que pueda ser su compra de un artículo, una vez que lo haya adquirido estará rebajado y más barato en algún otro sitio.
- Cualquier herramienta que se cae mientras uno está reparando un automóvil, rodará hasta ir a parar debajo del mismo centro del auto.
- Ningún mecánico habrá visto jamás un modelo como el nuestro.
- Le vendrá a la mente que ha olvidado sacar la basura cuando el camión de recogida se encuentre dos casas más allá.
- Los amigos van y vienen; pero los enemigos se acumulan.
- La luz que se ve al final del túnel es el faro delantero de un tren que se acerca.
- La belleza es meramente superficial, pero la fealdad llega

hasta los mismos huesos.[6]

Cada cosa de esta lista es un agresor de las actitudes. Y el hecho puro y simple consiste en que son tan ciertas que ni siquiera tenemos que imaginar la posibilidad de que ocurran; sencillamente *ocurren*. Y tengo la ligera sospecha que también sucedían en tiempos de Pablo; así que cuando él escribe acerca de las murmuraciones y contiendas no está saliendo de una torre de marfil. Para sobrevivir en un mundo saturado de las Leyes de Murphy se necesita una actitud positiva de ánimo.

La actitud de gozo genuino

El gozo es en realidad el tema subyacente de Filipenses —un gozo no voluble, y que no necesita muchas "cosas" para seguir sonriendo; un gozo profundo y firme. . . —, el aceite que reduce la fricción de la vida.

> Por lo demás, hermanos, gozaos en el Señor (Filipenses 3:1a).
>
> Así que, hermanos míos amados y deseados, gozo y corona mía, estad así firmes en el Señor, amados. . . Regocijaos en el Señor siempre. Otra vez digo: ¡Regocijaos!
>
> Vuestra gentileza sea conocida de todos los hombres. El Señor está cerca.
>
> Por nada estéis afanosos, sino sean conocidas vuestras peticiones delante de Dios en toda oración y ruego, con acción de gracias.
>
> Y la paz de Dios, que sobrepasa todo entendimiento, guardará vuestros corazones y vuestros pensamientos en Cristo Jesús (Filipenses 4:1, 4–7).

Aquí está otra vez *la mente*. Nuestra mente puede permanecer libre de ansiedad (de esas cuerdas que saltan) si descargamos en oración ante el Señor toda preocupación; y al deshacernos de las cosas que tiran de nosotros hacia abajo, dejamos sitio para que el gozo ocupe su lugar.

Piense en ello de esta manera: Hay ciertas circunstancias capaces de aplastarnos con facilidad, y que pueden surgir ya sea en el trabajo o en casa —incluso durante el fin de semana cuando estamos descansando—; se presentan inesperadamente. De inmediato nos enfrentamos a dos opciones: podemos entregarle a Dios nuestra circunstancia especial y pedirle que tome control de ella, o arremangarnos mentalmente y luchar contra dicha circunstancia. El gozo espera nuestra decisión. Si actuamos como sugiere Filipenses 4:6, 7, la paz reemplazará al pánico y el gozo entrará en acción —éste siempre está listo, pero no es agresivo.

ALTERNATIVAS AGRESIVAS Y PASIVAS

No nos engañemos: cuando escogemos deliberadamente no permanecer en una actitud positiva y negamos al gozo un lugar en nuestras vidas, tendemos por lo general a adoptar una de dos posturas —y a veces ambas—: la de echar la culpa a alguien o algo, o aquella de compadecernos a nosotros mismos.

El culpar a alguien o algo

La actitud agresiva reacciona a las circunstancias haciendo a alguien o algo responsable: a nosotros mismos, a otros, a Dios. . . y si no podemos encontrar ningún chivo expiatorio factible, culpamos a la "suerte". ¡Qué absoluto despilfarro! Al responsabilizarnos a nosotros mismos multiplicamos nuestro sentimiento de culpabilidad, nos clavamos al pasado (otro "colgante" que no podemos cambiar) y disminuimos aun más nuestra autoestima. Por otro lado, si escogemos culpar a Dios, desconectamos nuestra única fuente de poder; entonces la duda sustituye a la confianza y echamos raíces de amargura que pueden hacer de nosotros unos cínicos. En caso de que culpemos a otros, agrandamos la distancia que nos separa de ellos; nos enemistamos; emponzoñamos nuestra relación; nos contentamos con mucho menos de lo que Dios jamás quiso; y para colmo no encontramos alivio. El echar la culpa a alguien o algo. . .

nunca afirma, sino que ataca;
jamás restaura, antes hiere;
no resuelve las cosas, mas bien las complica;
nunca une, sino que separa;
jamás sonríe, antes bien frunce el ceño;
no perdona: rechaza;
no olvida, sino que recuerda;
nunca edifica, antes destruye.

Admitámoslo: hasta que no dejemos de culpar a alguien o algo por las circunstancias, no comenzaremos a gozar otra vez de salud y felicidad. Lo vi aún más claro al leer hace poco las siguientes palabras:

> Uno de los psicólogos más innovadores de esta mitad del siglo XX. . . dijo recientemente que sólo considera desesperados a una clase de pacientes: aquellos que culpan a otros de sus problemas. Si puede usted atribuirse la propiedad del lío en que está metido, dice, hay esperanza y ayuda a su alcance. Mientras eche la culpa a otros, seguirá siendo una víctima.[7]

El responsabilizar a alguien o algo de nuestros problemas nos perjudica a nosotros mismos más que al objeto de nuestro resentimiento.

Compadecerse de sí mismo

La actitud pasiva reacciona a las circunstancias del modo contrario: sintiendo lástima hacia uno mismo. Yo considero ésta tan perjudicial como el echar la culpa a alguien o algo, y algunas veces más. De echo estoy dispuesto a creer que la autocompasión es el "Enemigo Privado No. 1". Nos parece que las cosas se vuelven contra nosotros, haciéndonos recipientes de un tratamiento injusto —como las víctimas inocentes de un accidente nuclear—. Ni lo esperamos, ni lo merecemos; y para mayor desgracia, eso nos sucede en el peor de los momentos. Nos sentimos demasiado heridos para culparnos a nosotros mismos; y tenemos la tendencia natural a acurrucarnos en posición fetal y a cantar esa tonta canción infantil que dice:

> Nadie me quiere; todo el mundo me odia.
> Me parece que voy a comerme algunos gusanos.

Esto no ayuda a nadie; pero ¿qué más puede uno hacer cuando las cosas van mal? Perdóneme si le parece demasiado simplista; no obstante, lo único que vale la pena hacer es aquello que intentamos lo último: entregárselo a nuestro Dios, al Especialista a quien no se le ha confiado todavía ninguna imposibilidad de la que no pudiera hacerse cargo. ¡Agarre ese problema por el cuello y láncelo en dirección al cielo!

En el Nuevo Testamento hay una historia muy conocida que siempre me hace sonreír: Pablo y Silas —su compañero de viaje— habían sido azotados y echados en una mazmorra. ¡*Qué* injusto! Pero los malos tratos no les robaron el gozo ni disminuyeron su confianza en Dios; aunque su situación no podía ser más sombría: iban a quedarse allí.

> Pero a medianoche, orando Pablo y Silas, cantaban himnos a Dios; y los presos los oían (Hechos 16:25).

¡Puedo imaginármelo! Por lo general, de una inhóspita cárcel no suele salir el sonido de la oración confiada y los cánticos alegres; pero Pablo y Silas habían determinado no dejarse paralizar por compadecerse de sí mismos. Y al orar y cantar, sucedió lo increíble.

> Entonces sobrevino de repente un gran terremoto, de tal manera que los cimientos de la cárcel se sacudían; y al instante se abrieron todas las puertas, y las cadenas de todos se soltaron.
>
> Despertando el carcelero, y viendo abiertas las puertas de la cárcel, sacó la espada y se iba a matar, pensando que los presos habían huido.
>
> Mas Pablo clamó a gran voz, diciendo: No te hagas ningún mal, pues todos estamos aquí (Hechos 16:26–28).

Confiado y tranquilo, Pablo dirigió palabras de aliento al carcelero; e incluso le prometió que no habría intento de fuga. Si se toma usted el tiempo necesario para leer todo el relato (Hechos 16:29–40), descubrirá de qué modo tan maravilloso Dios usó la actitud de los discípulos para cambiar la fisonomía completa de la situación. ¡Me encantan estas historias! Estas se yerguen como recordatorios monumentales de que la elección correcta de nuestra actitud puede transformar literalmente las circunstancias, sin importar cuán negras y desesperadas parezcan. Y lo mejor de todo: ¡las actitudes correctas se contagian!

No hace mucho estaba en Chicago compartiendo algunos de estos pensamientos en un gran encuentro. Era la Semana de los Fundadores del Instituto Bíblico Moody —el período anual de celebración en el que cristianos de todas partes de los Estados Unidos van a la escuela para recibir enseñanza de la Palabra, cantar y relacionarse unos con otros. Después de una de mis charlas, cierta mujer que jamás llegué a conocer me escribió esta carta:

Querido Pastor Swindoll:

> Quiero que sepa que he estado aquí durante toda la semana y he disfrutado de cada una de sus charlas. Sé que éstas me ayudarán en los años que me quedan de vida... Me encanta su sentido del humor. El humor me ha sido de mucha ayuda en mi vida espiritual. ¡Cómo podría haber criado a doce hijos desde los 32 años de edad sin tener sentido del humor! Me casé cuando

tenía 31. No me preocupaba el matrimonio, sino que simplemente dejaba mi futuro en las manos de Dios; pero todas las
noches, al acostarme, colgaba un par de pantalones de hombre
en la cama, y luego me arrodillaba y oraba:

Padre celestial, oye mi oración
Y contéstala si puedes.
He colgado aquí un par de pantalones,
¡Por favor, llénalos con un hombre!

Me reí de lo lindo. De hecho, pensé que era una ilustración
tan clásica de la actitud que debemos tener hacia la vida, que se
la leí a mi congregación de Fullerton al volver a California. Aquel
día, en la iglesia, se encontraba la mitad de una de nuestras familias: la madre y una hija enferma se habían quedado en casa,
pero el padre y un hijo mayor, de veintitantos años de edad, estaban presentes y me oyeron leer la carta. Un par de semanas
después, la mujer (que no sabía nada de dicha carta) me escribió
una nota breve y al grano. Le preocupaba su hijo, que, según decía,
durante la última semana poco más o menos había estado durmiendo con una falda colgada al pie de su cama. Aquella madre
quería saber si tal vez yo conocía la razón, o si era algo por lo que
debía preocuparse.

ALIMENTANDO LA ACTITUD CORRECTA

Ya que la elección de nuestra actitud es tan importante, necesitamos alimentar nuestra mente con el combustible apropiado.
Filipenses 4:8 nos da un buen consejo de por dónde comenzar:

Por lo demás, hermanos, todo lo que es verdadero, todo lo
honesto, todo lo justo, todo lo puro, todo lo amable, todo lo que
es de buen nombre; si hay virtud alguna, si algo digno de alabanza, en esto pensad.

Verdaderamente un buen consejo: "En esto pensad." Concen-
tre su atención en estos seis aspectos específicos de la vida: no en
sueños fantásticos e improbables, sino en lo *verdadero*, real, vá-
lido; no en cosas baratas, ligeras y superficiales, antes en aquello
que es *honesto* —es decir: digno de respeto—; no en lo malo, injusto, crítico o negativo, sino en lo *justo*; no en cosas carnales,
indecentes y obscenas, sino en lo *puro* y sano; no en lo que incita
a la discusión y la defensa a otras personas, sino todo lo contrario
en aquello que es *amable*, agradable, atractivo y simpático; y, por

último, no en cosas tales como la calumnia, el chismorreo y los desaires, sino en lo que *es de buen nombre*, edificante, y que hace que la gracia fluya.

¿Practica usted tales cosas? ¿Es este el alimento que sirve a su mente? Hemos vuelto al principio, ¿verdad que sí? A usted le toca elegir. Las otras deprimentes cuerdas de su instrumento pueden saltar y colgar fláccidamente, y no estar ya disponibles o ser útiles, pero nadie puede *hacerle* a usted de una cierta manera —eso depende estrictamente de usted.

¿Puedo tomarme la libertad de decir algo muy directo? Algunos de ustedes, de los que leen este libro, están creando problemas tremendos a causa de su actitud. Son personas capaces, inteligentes, bien preparadas, y quizás respetados por su competencia; pero la actitud que adoptan está afectando negativamente a aquellos que les rodean: que viven con ustedes, trabajan a su lado y con quienes tienen contacto en la vida. Para algunos su hogar es un campo de batalla: una mezcla de negativismo, sarcasmo, presiones, comentarios mordaces y censura. Otros por su parte, han permitido que la lástima hacia sí mismos se instale bajo su tejado y rendido locamente un territorio mental antes saludable y feliz. Ahora se ríe usted menos y se queja más; tiene que reconocer que "la cuerda" en que puede tocar —si decide hacerlo— está desafinada.

Déjeme instarle como amigo a que se ocupe hoy mismo de su mente y sus emociones. Permita, para variar, que su pensamiento se regale con comida nutritiva. ¡Niéguese a refunfuñar y criticar! Rechaze aquellas ideas ajenas que hacen de usted una persona mezquina y amargada. ¡Toque de nuevo esa única cuerda! ¡Déjela producir la melodía dulce y alegre que tan desesperadamente necesita este viejo mundo. Sí, *si quiere puede* hacerlo.

La última noche de la convención de 1981 patrocinada por la Asociación de Libreros Cristianos, en el banquete de despedida, mi mente zumbaba tratando de ordenar mis pensamientos para el discurso. Me sentía un poco nervioso, y tenía una actitud entre la censura ("¿Cómo se te ocurrió aceptar, Swindoll?") y la lástima hacia mí mismo ("¡Tonto! ¡Sentados entre esos millares de ahí hay una docena o más que podrían hacerlo mucho mejor que tú!"), cuando el foco se retiró de la mesa principal hacia un lado para iluminar a una mujer joven sentada en su silla de ruedas. Aquella noche ella iba a interpretar una canción.

Me sentí en gran manera estimulado al verla, y mi espíritu se fortaleció mientras recordaba la peregrinación de Joni Eareckson desde 1967: fractura de cuello, pérdida de sensibilidad de hombros para abajo, numerosas operaciones, fin de un romance, sus sueños destrozados, comprender que no volvería a nadar, montar a caballo, patinar, correr, bailar, ni siquiera a dar un paseo caminando al caer la tarde. Todas aquellas cosas colgaban ahora de su vida; sin embargo, sentada ante nosotros teníamos a una mujer radiante, singular, extraordinaria, que había decidido no rendirse.

Nunca olvidaré su canción; que tranquilizó mis nervios y puso las cosas en su debida perspectiva. Decía así:

> Si la paz como un río me acompaña, o
> Si cual olas del mar vienen las penas,
> Sea cual sea mi suerte, me has enseñado a decir:
> "Mi alma está en paz, Mi alma está en paz".

> Aunque Satán me abofetee, y vengan pruebas
> Que esta seguridad bendita me domine:
> Cristo ha mirado mi impotente estado,
> Y derramado su propia sangre por mí.[8]

¿Sabe usted de lo que fuimos testigos todos nosotros aquella noche? De más que de una melodía o de una letra solemne y gloriosa... de mucho, mucho más. En un sentido muy real contemplamos el incomparable valor de una actitud en la vida de alguien que no tenía literalmente ninguna otra cosa a la que aferrarse: "Joni Eareckson... y una cuerda".

PREGUNTAS E IDEAS PARA DISCUSION QUE LE AYUDARAN A AFIRMARSE EN LAS ACTITUDES

● Comencemos describiendo o definiendo lo que es una *actitud*. ¿En qué se diferencia de otras cosas tales como la conducta y la competencia? Ya que *es* diferente de ambas, ¿afecta la actitud de un individuo a una u otra? Explique su contestación.

● En la Biblia descubrimos que Dios dice muchas cosas acerca de nuestras actitudes. ¿Puede usted recordar uno o dos pasajes en particular que hayan cobrado un nuevo significado para usted como resultado de este capítulo? Trate de ser específico al explicar la importancia práctica de esas citas bíblicas.

● Ya que Filipenses 4:8 era un clímax escritural en este capítulo, concentremos nuestra atención en los seis aspectos de las que el versículo dice "en esto pensad", y meditemos en ellas una a una. Haga un alto, piense, reflexione, y luego hable de cómo encaja cada una en cierta categoría de su vida que ha comenzado a preocuparle o tal vez a desafiarle.

● Hablemos ahora de algunos de los aspectos más oscuros de nuestras actitudes. Corra el riesgo de ser tremendamente sincero y ábrase y admita su campo de batalla interior. ¿En qué aspectos tiene usted mayores luchas? ¿Es, por ejemplo, más veces negativo que positivo? ¿O tiene un carácter terco y cerrado en vez de ser abierto y dispuesto a escuchar? ¿Cuál es su actitud hacia la gente *muy* distinta a usted? ¿Tiene prejuicios? Repase Santiago 2:1–4.

● Compare algunos versículos del libro de Proverbios, como Proverbios 4:20–23; 12:25; 15:13, 15, 30. Luego escoja uno de ellos y aclare cómo se aplica a su propia vida.

● Al presente, oremos. Para variar no lo haga por sí mismo, sino por la persona que está sentada a su izquierda. Mencione el nombre de dicha persona ante el Señor y pídale una o dos cosas concretas para ella. Déle gracias por los cambios que El va realizar en las actitudes de usted y de otros; y cuando dichos cambios sucedan en su vida esta semana, fíjese en ellos y alabe a Dios en su corazón.

Capítulo 14

Afirmando su conocimiento sobre el evangelismo

"La cosecha evangelística es siempre urgente, y el destino de hombres y naciones se decide sin cesar. Cada generación resulta estratégica. Nosotros no somos responsables de la generación pasada, ni podemos asumir la plena responsabilidad por la siguiente; pero tenemos la nuestra. Dios nos pedirá cuentas de lo bien que hayamos cumplido con nuestros deberes hacia esta generación y aprovechando las oportunidades que teníamos."[1]

Esas palabras son de Billy Graham, alguien que conoce bien el tema. Graham ha hablado en público de Cristo a más gente que ninguna otra persona de nuestra generación. Sus campañas evangelísticas han afectado a más ciudades del mundo, e invadido más hogares (gracias a la televisión) que ninguna otra empresa evangelística de la historia. No podemos pensar en el nombre de *Billy Graham* sin asociarlo con la palabra *evangelismo*. El tiene buen control sobre el asunto, pero ¿y nosotros?

Probablemente no.

La mayoría queremos; nos *gustaría* que así fuera. Somos ciertamente conscientes de la necesidad, y —la verdad sea dicha— algunos incluso hemos hecho cursillos para aprender a dar testimonio de una manera más eficaz; pero aún vacilamos: la manera que llevamos a cabo el evangelismo es débil, embarazosamente débil.

Un compañero de ministerio fue lo bastante honrado para admitir este hecho en cierto artículo que escribió para una revista cristiana; y ya que dicho artículo ilustra tan bien el problema con el cual todos nosotros luchamos, quiero compartirlo con usted.

El pastor, vestido con un cómodo par de pantalones vaqueros usados, subió a bordo de un avión para volver a casa. Una vez dentro ocupó el último asiento libre que quedaba al lado de un hombre de negocios bien vestido, que llevaba doblado bajo el brazo el diario financiero *Wall Street Journal*. El ministro, un poco violento a causa de su atuendo informal, decidió mirar derecho hacia adelante y, desde luego, permanecer al márgen de toda conversación profunda. Pero su plan no dio resultado, ya que el otro le saludó y, para ser cortés, él se interesó por su trabajo. Esto fue lo que sucedió a continuación:

—Mi trabajo tiene que ver con los salones de belleza —dijo el hombre con evidente orgullo—. Nosotros podemos cambiar el concepto de sí misma de una mujer transformando su cuerpo. Se trata de algo muy profundo y eficaz.

—Parece usted de mi edad —expresé yo—, ¿lleva mucho tiempo en eso?

—Acabo de graduarme de la Escuela de Administración Financiera de la Universidad de Michigan; y me han confiado ya tanta responsabilidad que me siento muy honrado. De hecho espero que con el tiempo dirigiré la operación en la zona oeste del país.

—Así que pertenece usted a una organización de ámbito nacional... —inquirí, empezando a sentirme impresionado a pesar de mí mismo.

—Oh sí, somos la compañía de este tipo que más rápidamente está creciendo de los Estados Unidos. Es fantástico formar parte de una organización así, ¿no cree?

Yo asentí mostrando mi aprobación, y luego pensé: "Qué impresionante, se siente orgulloso de su trabajo y de sus logros... ¿Por qué no sucederá lo mismo con los cristianos? ¿Cuál es la causa de que con tanta frecuencia estemos llenos de excusas en cuanto a nuestra fe y nuestra iglesia?"

Entonces él, mirando con desdén a mi indumentaria, formuló la inevitable pregunta:

—¿Y usted qué hace?

—Es curioso que tengamos intereses parecidos en los negocios —contesté—: usted se dedica a cambiar los cuerpos, y yo las personalidades. Nosotros aplicamos "principios teocráticos básicos para realizar una modificación de la personalidad innata".

Estaba impresionado, pero yo sabía que jamás lo admitiría (el orgullo es muy poderoso).

—Sí —respondió vacilantemente—, he oído hablar de eso; pero ¿tienen ustedes una oficina aquí en la ciudad?

—Ah, tenemos muchas; contamos con sucursales por todo el estado. De hecho somos una empresa nacional, y tenemos por lo menos una sección en cada estado de la unión, incluyendo Alaska y Hawaii.

El hombre estaba perplejo, y rebuscaba en su mente tratando de identificar esa enorme compañía acerca de la cual *debía* haber oído hablar o leído, tal vez en su *Wall Street Journal.*

—En realidad —continué—, nos hemos hecho internacionales, y la Dirección tiene un plan para poner por lo menos una oficina en cada país del mundo hacia finales de este período de negocios.

Hice una pausa.

—¿Tienen eso en su empresa? —dije luego.

—Bueno. . . no, todavía no —contestó—. Pero ha mencionado usted a la dirección. ¿Cómo hacen que funcione el negocio?

—Es una empresa familiar. . . hay un Padre y un Hijo; y ellos dirigen todo.

—¿Debe necesitarse mucho capital? —preguntó con escepticismo.

—¿Quiere usted decir dinero? —proferí— Sí, supongo que sí. Nadie sabe cuánto; pero eso no nos preocupa, ya que nunca hay escasez. El Jefe siempre parece tener suficiente; se trata de un individuo muy creativo, y el dinero, pues. . . jamás falta. De hecho, los de la Organización tenemos un dicho, y es que nuestro Jefe posee "millares de animales en los collados".

—¿También tiene ranchos? —preguntó mi amigo muy atento.

—No, se trata sólo de un dicho para indicar lo rico que es.

Mi amigo se reclinó en su asiento meditando sobre nuestra conversación.

—¿Y qué hay de usted? —inquirió.

—¿De los empleados? Son algo fuera de serie —dije—: poseen un "Espíritu" que impregna toda la Organización. La cosa funciona de la siguiente manera: el Padre y el Hijo se aman tanto que amor fluye a través de la compañía entera y hace que todos nosotros nos amemos también. Ya sé que esto parece pasado de moda en un mundo como el nuestro, pero conozco a personas en la organización que estarían dispuestas a morir por mí. ¿Pasa eso en su empresa?

Ahora estaba casi gritando, y la gente empezaba a moverse perceptiblemente en sus asientos.

—Todavía no —dijo, y cambió rápidamente de estrategia—. ¿Pero tienen ventajas los empleados?

—Sí —contesté con una chispa en los ojos—, muy considerables. Estamos cubiertos en todo lo básico: contamos con un seguro de vida completo, seguro contra el fuego... Puede que usted no lo crea, pero es cierto: poseo valores en una mansión que se está construyendo en este momento para cuando me jubile. ¿Tienen ustedes eso en su compañía?

—Aún no —respondió pensativamente. Estaba empezando a comprender. Y luego continuó— ¿Sabe usted? Lo único que me inquieta acerca de todo lo que me está diciendo es por qué si su empresa es todo eso no he oído hablar de ella hasta ahora; porque yo leo los periódicos... —Buena pregunta —expresé—; después de todo contamos con una tradición de veinte siglos.

—¡Oiga, espere un momento! ¿No se referirá a...?

—Eso es —le interrumpí—; le estoy hablando de la iglesia.

—Me lo imaginaba. Soy judío.

—¿Quiere firmar el contrato?[2]

A todos nos ha pasado, ¿no es así? Sin embargo la mayoría de nosotros no somos tan imaginativos como ese pastor, y simplemente decimos unas pocas palabras de cualquier manera y esperamos que la persona cambie pronto de tema —nos sentimos violentos.

CUATRO IMPEDIMENTOS PARA EL EVANGELISMO

Cuando uno analiza nuestra falta de éxito y de pericia en el evangelismo, todo se reduce a cuatro razones fundamentales:

1. *Ignorancia*

No sabemos cómo hacerlo; no tenemos ningún método o "técnica" probada que nos permita sentirnos a gusto hablando con otros acerca de Cristo. No nos gusta los enfoques "prefabricados" de manera que terminamos no teniendo ningún enfoque en absoluto.

2. *Miedo*

A la mayoría de nosotros sencillamente nos asusta. Tenemos miedo de que la persona haga alguna pregunta a la cual no podamos contestar; o de que se enfade y se meta con nosotros.

3. *Indiferencia*

Por difícil que resulte admitirlo, a muchos cristianos no les importa el asunto. Pensamos: "Si eso es lo que la persona quiere creer, está bien; cada uno con lo suyo".

4. *Mala experiencia*

Cada día me encuentro con más creyentes que en sus tiempos de inconversos tomaron aversión al cristianismo debido a que algún fanático con mirada de loco los importunó e hizo que se sintieran violentos tratando de sacar de ellos una decisión. ¿Cuál fue el resultado? Que ahora son reacios a decir *nada*.

UN PRINCIPIO FUNDAMENTAL QUE RECORDAR

A ser posible, dejemos todas esas excusas de lado y comencemos a partir de cero. O más bien: empecemos desde *debajo* de cero. Hay un principio que me ha ayudado más que ningún otro; el que siempre me rescata de errores tontos, y cuando me olvido de emplear sufro las consecuencias. Es el siguiente:

PONGASE EN EL LUGAR DE LA OTRA PERSONA

Si puede usted tener en cuenta que su interlocutor no parte de donde nosotros, ni comprende a dónde vamos, esto le será de gran ayuda. Con bastante frecuencia nos encontramos con gente que tiene un sistema de valores o procede de un trasfondo cultural totalmente distinto del nuestro; lo cual complica la cosa de una manera incalculable. Jim Petersen, miembro del equipo de Los Navegantes en Brasil, cuenta acerca de su testimonio a un químico industrial culto llamado Osvaldo. Jim había estado estudiando la Biblia con el hermano de éste, y el hombre sentía curiosidad por saber cuál era la razón de que su hermano se interesase tanto. Petersen trató de contestar a las preguntas del químico explicándole el evangelio.

Tomé en mis manos un trozo de tiza y una Biblia, y utilizando el suelo de madera como encerado, pasé las dos horas siguientes con uno de mis diagramas predilectos que utilizo a menudo para explicar el mensaje. Me sentía bastante satisfecho de mi actuación, y cuando terminé, me eché hacia atrás para observar cómo reaccionaba Osvaldo, seguro de que se encontraría al borde del arrepentimiento.

Pero, en vez de ello, Osvaldo se quedó mirando con asombro a mi ilustración, y luego a mí. Estaba perplejo: —¿Quiere decir que esta es la razón por la que ha venido usted hasta Brasil; para contarle eso a la gente? —expresó.

A Osvaldo, lo que yo acababa de decir le parecía insignificante e improcedente. En aquel momento reconocí que me enfrentaba a un problema de comunicación del que nunca antes había estado consciente.[3]

Jim tuvo la sabiduría de no discutir o presionar, y fue lo bastante honrado para reconocer que el hombre no buscaba la controversia; simplemente partía de otro marco de referencia. Los que cultivan el arte del evangelismo intentan por todos los medios de identificarse con la otra persona; y lo hacen pensando cosas tales como:

"Por favor, piense en lo que estoy diciendo. No espere simplemente que yo escuche; hágalo usted también".

"Si quiere que le oiga, rásqueme donde me pica".

"Hable de igual a igual, no con aires de superioridad".

"Diga algo que tenga sentido, y no sólo acertijos o palabras religiosas en clave, ¿vale?".

SEIS NORMAS DIGNAS DE RECORDAR

Todo esto nos conduce a un relato del Nuevo Testamento en el que un hombre dio testimonio a otro con notable éxito —ya que lo hizo con sabiduría y pericia—. No deja de maravillarme la forma tan hermosa en que Dios le utilizó para comunicarse con alguien (un completo extraño) de otra cultura y guiar amablemente al individuo a la fe en Jesucristo.

Dicho relato se halla en Hechos capítulo 8: una historia que comienza en medio de un emocionante avivamiento muy parecido a los que barren las ciudades cuando se celebra en ellas una campaña de Billy Graham. Aquí, el territorio por el que se extienden los fuegos de avivamiento es Samaria:

Y ellos, habiendo testificado y hablado la palabra de Dios, se volvieron a Jerusalén, y en muchas poblaciones de los samaritanos anunciaron el evangelio (Hechos 8:25).

Había un entusiasmo renovado: aquellos valientes cristianos iban proclamando a Cristo de pueblo en pueblo, y el Espíritu de Dios obraba. El ambiente estaba cargado de electricidad. Si ha tomado alguna vez parte en una situación como ésa, no necesita más explicación; y si no ha sido así, no puede imaginarse la emoción que reina: un entusiasmo contagioso y sincero que enciende las almas de hombres y mujeres con tal fuego espiritual que casi resulta alarmante.

Pero de repente, Dios interviene y hace algo extraño: sin previo aviso —como llovido del cielo—, Dios envía a un ángel y cambia la dirección de un hombre llamado Felipe:

Un angel del Señor habló a Felipe, diciendo: Levántate y
ve hacia el sur, por el camino que desciende de Jerusalén a Gaza,
el cual es desierto.

Entonces él se levantó y fue (Hechos 8:26, 27a).

Yo quisiera que recordáramos algunas normas relacionadas
con el evangelismo personal; cada una de ellas nos ayudará a
saltar los obstáculos y a adquirir pericia para compartir nuestra
fe. La primera se encuentra aquí, al comienzo de este relato.

Sensibilidad

Qué fácil hubiera sido para Felipe estar tan absorto en la
excitación y embriaguez de aquel avivamiento samaritano
—donde claramente Dios estaba obrando— que no tuviese sensibilidad para recibir una nueva dirección. Pero ¡no fue así con ese
hombre! Felipe estaba alerta y dispuesto. Cada día marcaba un
nuevo comienzo para él —había caminado con Dios el tiempo suficiente como para saber que el Señor tiene derecho a cambiar
nuestra trayectoria; *¡y que a menudo lo hace!*

Dios guió a Felipe lejos de Samaria, a un camino desierto, sin
declararle sus razones ni revelarle su plan final; pero Felipe era
tan sensible a la dirección divina que no tuvo ninguna lucha al
respecto. Las personas que saben compartir fácilmente su fe poseen esta sensibilidad a Dios.

Disponibilidad

Y a la sensibilidad acompaña la disponibilidad: de nada vale
tener un espíritu sensible si no estamos disponibles y dispuestos
a ir —adonde sea—. Eche un vistazo al siguiente episodio de la
vida de Felipe:

. . . Y sucedió que un etíope, eunuco, funcionario de Candace reina de los etíopes, el cual estaba sobre todos sus tesoros,
y había venido a Jerusalén para adorar, volvía sentado en su
carro, y leyendo al profeta Isaías.

Y el Espíritu dijo a Felipe: Acércate y júntate a ese carro
(Hechos 8:27b-29).

Al igual que nuestro amigo pastor en el avión, Felipe se encontró con una oportunidad especial. ¿Quién pasaba en carro por
aquel camino desierto? Un líder político del Tercer Mundo: ¡nada
menos que el ministro de Hacienda de la dinastía Candace! Y ¿de

dónde venía? ¡De la iglesia! Pero el funcionario etíope no había conocido al Señor; simplemente se le había despertado la curiosidad. Pero ahí tenemos a ese hombre, en medio del desierto, leyendo las Escrituras en su carro. ¡No me diga que Dios no puede hacerlo! Y por si fuera poco, el hombre está leyendo Isaías 53 —el semillero del evangelio en el Antiguo Testamento—. Entonces, Dios dice a su siervo Felipe: "¡Muevete! ¡Alcanza a ese carro!"

Las personas disponibles experimentan momentos excitantes como este. Resulta emocionante participar de ese irresistible ímpetu, verse arrebatado por la corriente de la obra del Espíritu. La obediencia de Felipe es ahora recompensada —su corazón debió empezar a latir más aprisa.

Iniciativa

Considere el siguiente paso que dio Felipe:

> Acudiendo Felipe, le oyó que leía al profeta Isaías, y dijo: Pero ¿entiendes lo que lees? (Hechos 8:30).

Fue él quien tomó la iniciativa; sin embargo no hay indicio de ofensa ni de humillación en su manera de dirigirse al otro. Simplemente, le dice: "Pero ¿entiendes lo que lees?" Felipe estaba sinceramente interesado en saber si el desconocido del carro comprendía aquellas palabras.

¡Cuán importante es la iniciativa! Representa la primera tabla en el proceso de tender un puente. Pero al igual que la piedra angular, ha de colocarse con mucho cuidado; y la utilización de preguntas supone una manera excelente de aproximación. He aquí unas cuantas que he usado con bastante éxito:

> "Permítame: últimamente he estado leyendo mucho acerca de nuestro mundo; ¿sabe usted por casualidad lo que va mal?"

> "Tengo interés en la vida de grandes hombres y mujeres, ¿quién ha sido según usted la persona más admirable que haya vivido sobre la tierra?"

> "¿Qué piensa usted de nuestro presidente? ¿Cree que teniendo por pastor a ese ex jugador de fútbol en California puede ser realmente cristiano?"

> "¿Qué es lo que le mantiene sereno con todos estos terremotos y demás calamidades que suceden tan de improviso? ¿Ora usted por casualidad?"

La escritora Ann Kiemel suele preguntar: "¿Puedo cantar para usted?" ¡Ese sí que es un modo original de empezar! El fallecido Paul Little, por su parte, era un maestro en lo referente a tomar la iniciativa, y da algunas sugerencias que yo he encontrado útiles:

> Incluso después de una vaga referencia a la "religión" conversando con otros, muchos cristianos han utilizado esta práctica serie de preguntas para sacar a luz un interés espiritual latente: En primer lugar: "A propósito, ¿está usted interesado en las cosas espirituales?" Muchos contestan: "Sí"; pero incluso si alguien dice "No", podemos hacer una segunda pregunta: "¿Qué cree usted que es un cristiano verdadero?" A todas las personas les agrada que quieran escuchar su opinión. Además, a partir de su respuesta obtendremos una comprensión más precisa y directa —aunque tal vez chocante— de su manera de pensar como inconverso; y por haberle escuchado, él o ella estará mucho más dispuesto (a) a oírnos a nosotros. Las contestaciones a esta pregunta giran normalmente en torno a alguna acción exterior: ir a la iglesia, leer la Biblia, orar, dar el diezmo, bautizarse... Después de una respuesta así, nosotros podemos convenir en que un cristiano verdadero *hace* por lo general tales cosas, pero señalando entonces que uno no *es* cristiano por eso: el cristiano verdadero es aquel que tiene una relación personal con Jesucristo como Persona viva... También podemos echar el cebo de una manera sucinta si estamos preparados para contestar a algunas preguntas que se nos hacen con frecuencia. A menudo, cuando ya es demasiado tarde, reconocemos que hemos tenido una maravillosa oportunidad para hablar y que la hemos desperdiciado porque no sabíamos qué decir en ese momento. Algunas veces se nos preguntan cosas como: "¿Por qué es usted tan feliz?" "¿Qué es lo que le hace palpitar de ese modo?" "Da la impresión de tener una motivación distinta; no es como yo o como la mayoría de las personas. ¿Por qué?" "¿Cuál es la razón de que parezca contar con propósito en la vida?" Aquí, nuevamente, podemos decir: "Cierta experiencia que tuve cambió mi perspectiva del mundo"; y cuando se nos demande, podemos compartir con ellos esa experiencia de Cristo.[4]

Sobre todo, tómeselo con calma; actúe con precaución. Es como el pescar: la paciencia, la inteligencia y la habilidad no son cosas opcionales aquí, sino *imprescindibles*. Nadie atrapó jamás peces golpeando el agua con un remo o haciendo las cosas apresuradamente. El tomar la iniciativa exige que obremos con mucha sabiduría; lo cual nos lleva a la norma siguiente.

Tacto

Hay una observación muy obvia referente al método empleado por Felipe que me parece sumamente atractiva: se trataba de alguien que no ofendía a nadie. Es importante que los cristianos recuerden que la afrenta debe ser la *cruz*, y *no el que testifica*. Al participar en una discusión con el funcionario etíope, Felipe actuó con tacto:

> Acudiendo Felipe, le oyó que leía al profeta Isaías, y dijo: Pero ¿entiendes lo que lees?
>
> El dijo: ¿Y cómo podré, si alguno no me enseñare? Y rogó a Felipe que subiese y se sentara con él.
>
> El pasaje de la Escritura que leía era este:
>
> Como oveja a la muerte fue llevado;
> Y como cordero mudo delante del que lo trasquila,
> Así no abrió su boca.
> En su humillación no se le hizo justicia;
> Mas su generación, ¿quién la contará?
> Porque fue quitada de la tierra su vida.
>
> Respondiendo el eunuco, dijo a Felipe: Te ruego que me digas: ¿de quién dice el profeta esto; de sí mismo, o de algún otro? (Hechos 8:30–34).

Felipe escuchó sin responder mientras el hombre confesaba su ignorancia, y esperó cortésmente a que se le extendiera una invitación para subir al carro. Después empezó desde donde se encontraba el hombre, en lugar de abrir una lata de conservas y sacar un sermón. En ningún momento humilló Felipe al eunuco, le habló con aire de superioridad, o intentó impresionarle; más bien le dio la oportunidad de meditar sobre el asunto sin sentirse ignorante.

En su excelente libro sobre evangelismo titulado *Out of the Salt Shaker and Into the World* (Del salero al mundo), Rebecca Pippert menciona la necesidad que hay de este enfoque:

> . . . Recuerdo a cierto estudiante escéptico que me dijo:
> —Jamás podría ser cristiano; mi interés por la erudición hace imposible que lo considere siquiera: es algo irracional, y la evidencia que lo apoya totalmente insuficiente.
>
> —Me agrada mucho que te importe tanto la verdad —contesté—, y que quieras realmente pruebas para apoyar tus creencias. No obstante, dices que la evidencia a favor del cristianismo es terriblemente insuficiente. ¿Qué conclusión sacaste después de investigar meticulosamente los documentos bíblicos primitivos?
>
> —Ah, ya, ¿quiere usted decir la Biblia?
>
> —Claro —expresé—: los relatos del Nuevo Testamento acerca de Jesús, por ejemplo. ¿En qué te parecieron deficientes?

—Bueno. . . mire —me respondió—, recuerdo que mi madre me leía esas historias cuando yo tenía diez años de edad.

—Ajá; pero ¿qué conclusión sacaste? —insistí.

Como consecuencia de aquello descubrí que jamás había estudiado las Escrituras de un modo crítico siendo adulto. Y así sucede con demasiada frecuencia; pero nosotros podemos despertar la curiosidad de otros para que investiguen las afirmaciones del evangelio ayudándoles a ver que la información y comprensión que tienen del cristianismo es deficiente.

Otra persona, bastante hostil a lo que ella percibía como cristianismo, me dijo furiosa: —No puedo soportar a esos hipócritas que van a la iglesia todos los domingos; me dan asco.

—Sí —le respondí—, es asombroso lo lejos que se encuentran del verdadero cristianismo. Cuando uno piensa en la diferencia tan grande que hay entre lo auténtico y lo que ellos hacen, se da cuenta de que son dos mundos distintos. Desde que descubrí lo que era en realidad el cristianismo, esto me hizo sentirme aún más intrigado.

—¿Qué quiere usted decir con "lo auténtico" —preguntó entonces; y durante una hora estuvimos hablando de la fe, ya que su hostilidad se había transformado en curiosidad.[5]

En vez de discutir, trate de encontrar una forma de estar de acuerdo; y más que atacar demuestre un interés auténtico. Sostenga la dignidad del individuo —quizás la persona no sea cristiana; pero esa no es razón para pensar que no merece nuestro respeto—; y cuando se le formulen las preguntas —al igual que preguntó el etíope en el versículo 34— ofrezca amablemente respuesta a las mismas.

Aquel hombre era gentil; no tenía ni idea de acerca de quién estaba hablando el profeta judío Isaías. Pero Felipe permaneció en calma y usó de mucho tacto. No obstante, cuando llegó el momento, fue derecho al grano.

Precisión

Contestando a la pregunta del hombre, Felipe habló con precisión y claridad acerca de Jesús el Mesías:

> Respondiendo el eunuco, dijo a Felipe: Te ruego que me digas: ¿de quién dice el profeta esto; de sí mismo o de algún otro?
>
> Entonces Felipe, abriendo su boca, y comenzando desde esta escritura, le anunció el evangelio de Jesús (Hechos 8:34, 35).

Felipe empezó en la casilla número uno —nada de galimatías,

de jerga, de lenguaje engañoso, de pavorosos cuadros de pirámides con bestias de múltiples cabezas o de amenazas ultraagresivas de "cree ahora o irás al infierno". Simplemente *Jesús* —su persona y su obra; su amor a los pecadores; su vida perfecta y muerte sacrificial; su resurrección; su ofrecimiento de perdón, seguridad, propósito y esperanza—; "le anunció el evangelio de Jesús".

Cuando testifique, manténgase centrado en el tema de Cristo; no en la iglesia, las denominaciones, la religión, las diferencias teológicas o las cuestiones doctrinales. Hable de Jesús, del Salvador, en forma precisa. No se deje arrastrar por otros temas. Los temas periféricos son a menudo terriblemente tentadores; pero ¡conténganse! Si se aplica dominio propio, la otra persona comprenderá que el evangelio gira únicamente en torno a Cristo, y sólo a él. ¿Ve usted lo que sucedió con el eunuco?

> Felipe dijo: Si crees de todo corazón, bien puedes. Y respondiendo, dijo: Creo que Jesucristo es el Hijo de Dios.
>
> Y mandó parar el carro; y descendieron ambos al agua, Felipe y el eunuco, y le bautizó.
>
> Cuando subieron del agua, el Espíritu del Señor arrebató a Felipe; y el eunuco no le vio más; y siguió gozoso su camino (Hechos 8:37–39).

Firmeza

Aquel caballero africano sugirió que se le bautizará; pero Felipe, sabiamente, dio prioridad a lo primero, y con un discernimiento resuelto le explicó que la fe en Jesús *precede* al bautismo. ¡Aquello fue suficiente! El hombre creyó, y *luego* fue bautizado. Nada de complicaciones: *primero* hubo una aceptación del mensaje, y *a continuación* vino el reconocimiento público de su fe sometiéndose al bautismo.

RESUMEN Y CONCLUSION

¿Desea usted de veras afirmarse en el evangelismo? ¿Está sinceramente interesado en compartir su fe con esta generación de gente perdida y desorientada? Comience a cultivar las seis normas mencionadas:

- *Sensibilidad* Escuche atentamente. Esté preparado para seguir la dirección de Dios.
- *Disponibilidad* Permanezca flexible. Si el Señor le está

guiando a trasladarse aquí o allá, vaya.
- *Iniciativa* Utilice una forma de acercamiento apropiada para romper el hielo.
- *Tacto* Hable amablemente, con interés y cortesía, con consideración y con un deseo de sostener la dignidad del otro.
- *Precisión* Recuerde que el tema es Cristo; céntrese en dicho tema.
- *Firmeza* Cuando sea evidente que el Espíritu de Dios está obrando, hable de recibir a Cristo; dejando claro que Jesús se halla dispuesto a recibir a cualquiera que vaya a él por fe.

Comencé este capítulo con una declaración que hizo cierta vez el evangelista Billy Graham, y para subrayar la cuestión concluyo con la misma:

> La cosecha evangelística es siempre urgente, y el destino de hombres y naciones se decide sin cesar. Cada generación resulta estratégica. Nosotros no somos responsables de la generación pasada, ni podemos asumir la plena responsabilidad por la siguiente; pero tenemos la nuestra. Dios nos pedirá cuentas de lo bien que hayamos cumplido con nuestros deberes hacia esta generación y aprovechando las oportunidades que teníamos.[6]

Puesto que la cosecha actual es urgente, y se nos hace responsables de dar a conocer a Cristo a nuestra generación, no permitamos que esta sociedad cómoda e indiferente debilite nuestro entusiasmo o reduzca nuestro celo.

Afirmémonos en el evangelismo.

PREGUNTAS E IDEAS PARA DISCUSION QUE LE AYUDARAN A AFIRMARSE EN EL EVANGELISMO

- ¿En qué piensa usted cuando se menciona el *evangelismo*? Cuente cómo oyó hablar acerca de Cristo —la primera vez que recuerda que se le presentara el evangelio—. ¿Qué método utilizaron para ello? ¿Creó en usted interés, o sintió rechazo a causa del mismo? ¿Por qué? ¿Qué es lo que más destaca en su mente al recordar a la persona que le dio testimonio?
- En este capítulo hemos examinado bastante cuidadosamente una porción de Hechos 8. Vuelva a esos versículos (26–40) y trate de recordar algunas de las normas. Lo ideal es que todas

las personas de su grupo pueden reconstruir esas seis normas por orden.

● Escoja una de las normas de la lista y discútalas con su grupo. ¿Por qué es tan significativo que haya elegido precisamente ésa entre todas las otras?

● Si tienen ustedes un ejemplar de la paráfrasis *La Biblia al Día*, úsenla para variar: leyendo uno el texto de Felipe y otro el del funcionario etíope. Durante este episodio de escenificación, imagínese a sí mismo en el lugar de esa persona; y después, comenten qué fue —humanamente hablando— lo que mantuvo interesado al mandatario.

● Discutan ahora formas de abrir la puerta a una experiencia de testimonio que valga la pena. Exprese (y anote) algunos de los auxilios verbales que pueden ayudarle a conseguir que se le escuche.

● Complete el cuadro siguiente:

Cosas contra las que estar prevenido porque producen aversión	Cosas que recordar (Maneras de aproximación positivas)

● He aquí un proyecto para cada uno de ustedes: *Ore* durante la próxima semana pidiendo ser sensible por lo menos a una oportunidad de testificar. *Piense* con antelación lo que desea comunicar; y cuando llegue la ocasión, *hable* amablemente y con cuidado. Por último, esté preparado para *preguntar* a la persona si desea recibir el don de la vida eterna. Informe al grupo y hable acerca de su encuentro.

Capítulo 15

Afirmando su conocimiento sobre la autoridad

¡Cuestione la autoridad! Estas palabras no constituyen meramente un adhesivo que se ve en los parachoques de las furgonetas de la parte sur de California, sino que están llegando a ser, a pasos agigantados, el lema no escrito de los años 80. Enfrentemos el hecho: esta generación no es tierna, sino dura.

En el hogar ya no se respeta la voz de los padres;

La vista del policía haciendo guardia en la esquina ha dejado de constituir un modelo de valentía y control;

No se temen ni se obedecen las advertencias del profesor en el aula;

La reprimenda del jefe no es ya suficiente para producir un cambio;

No se trata a las personas mayores con dignidad y honra;

El marido no es ya considerado "cabeza de la familia" (¡Señor, ayúdale si llega a *pensar* tal cosa!)

EL PROBLEMA ES EVIDENTE

Ni siquiera el Presidente de la nación tiene ya la influencia que poseía antes. La nuestra es una sociedad respondona, peleona, vengativa, y lista para resistir —y llevar a juicio— a la menor provocación. En vez del obediente miliciano de la Guerra de la

Independencia que representa la imagen de los Estados Unidos, serviría mejor para describir los tiempos actuales en América una estatua con el labio superior fruncido, la boca abierta gritando obscenidades, y ambos puños levantados. Nuestro "estilo" es ahora el del desafío, la violencia, y el desquite. ¿Quiere creer que se ha formado incluso un Movimiento de los Derechos del Niño? Esta organización ha declarado sus objetivos en un "Proyecto de Ley de los Derechos del Niño"[1], que no sólo debilita la autoridad de los padres, sino que la *destruye por completo*. Como era de esperar, este proyecto de ley transfiere el control final de los hijos, del hogar, a los tribunales; convirtiendo al juez en la autoridad (¡qué broma!) en lugar del padre o de la madre.

El doctor James Dobson, amigo personal mío y hombre al que respeto por su entrega inflexible al matrimonio y la familia, trata todo este asunto de una manera bastante enérgica en uno de sus libros, citando luego el siguiente caso:

> El mismo mes pasado, recibí una carta de cierto abogado que buscaba mi ayuda para defender a un padre que se veía amenazado con la pérdida de su hija. Los detalles son difíciles de creer. Parece ser que el Departamento de Servicio Social de su comunidad está tratando de quitar de su familia a una niña de seis años de edad porque su padre no le permite ir al cine, escuchar música "rock" o ver ciertos programas de televisión. La niña está bien adaptada emocionalmente y es popular entre sus amigas del colegio. Su profesora dice que se encuentra entre los cinco mejores estudiantes de la clase. Sin embargo, se está pidiendo a los tribunales que la saquen de bajo la autoridad de sus padres a causa del intolerable "abuso" que padece en casa.[2]

En nuestra iglesia de Fullerton tenemos gran número de educadores. Uno de ellos es un caballero que enseña matemáticas de Bachillerato en una escuela pública de Los Angeles. Este hombre podría mantenernos ocupados durante tres horas o más contando historia tras historia relacionada con el problema de la disciplina en el aula. En cierta ocasión me dijo que en realidad dedica aproximadamente diez minutos de cada clase a enseñar matemáticas, y cuarenta a tratar con la rebeldía y otros asuntos referentes a la disciplina.

También cierta profesora de cincuenta y tantos años de edad, me informó en una cena que daba la iglesia, que pensaba retirarse de la enseñanza. Conociendo el amor que tenía a su profesión, le pregunté cómo era que optaba por una jubilación anticipada. Esta fue su contestación: "¡No puedo soportar el abuso otro año más! Antes éramos los profesores quienes teníamos la autoridad y, cuando ésta se veía desafiada, el respaldo del director. Pero ya no es así. (Y añadió casi con un suspiro.) Ahora los profesores tienen miedo de los directores, los directores de los superintendentes, los superintendentes de las juntas de educación, las juntas de educación de los padres, y los padres de los hijos... ¡pero a estos últimos no les asusta nadie!"

Le ahorraré los detalles sórdidos; pero debería mencionar todo ese creciente problema del crimen —otra evidencia de una sociedad en rebeldía—: La revista *Newsweek* dedicó en cierta ocasión un ejemplar al tema, titulándolo "La plaga del crimen violento"[3]. Yo creía que estaba listo para enfrentarme a los hechos; pero no lo estaba. Y a todo eso añádale los apaleamientos de esposas e hijos, las manifestaciones callejeras, el sempiterno azote del vandalismo, las disputas entre patrones y empleados, los interminables pleitos de proporciones sin precedentes, los disturbios en las cárceles, los raptos políticos para obtener rescate, las luchas religiosas internas, y el abuso de muchos que imponen su autoridad sin sabiduría o compasión... y obtendrá como resultado la locura.

Me doy plena cuenta de que a veces es necesario resistir. Los Estados Unidos no serían una nación libre si no hubieran luchado por su libertad. Además, si permitimos que se nos pisotee, se nos robe, o se aprovechen de nosotros de algún otro modo, el criminal dominará sobre el justo. *Hay* ocasiones en las cuales debe oponerse resistencia, y tener la firme determinación de defender los derechos de uno. Pero no es este el tema que me ocupa en el presente capítulo. Mi preocupación tiene por objeto la evidente falta del respeto a una autoridad necesaria y justa —la falta de sumisión a aquellos bajo quienes *deberíamos* estar; que ganan y merecen nuestra cooperación—. En vez de ello, existe una creciente independencia, un terco desafío a *toda* autoridad que intente juzgar, corregir, e incluso advertir. Nadie puede negar que esta rebeldía egocéntrica va en aumento. Mi deseo es que veamos la diferencia, y respondamos como se debe a la autoridad dada por Dios con una actitud de verdadera humildad: la mentalidad mencionada en el Nuevo Testamento y tan maravillosamente ejemplificada por Jesucristo.

"Humillaos delante del Señor, y él os exaltará" (Santiago 4:10).

"Criados, estad sujetos con todo respeto a vuestros amos; no solamente a los buenos y afables, sino también a los difíciles de soportar.

Porque esto merece aprobación, si alguno a causa de la conciencia delante de Dios, sufre molestias padeciendo injustamente.

Pues ¿qué gloria es, si pecando sois abofeteados, y lo soportáis? Mas si haciendo lo bueno sufrís, y lo soportáis, esto ciertamente es aprobado delante de Dios.

Pues para esto fuisteis llamados; porque también Cristo padeció por nosotros, dejándonos ejemplo, para que sigáis sus pisadas; el cual no hizo pecado, ni se halló engaño en su boca; quien cuando le maldecían, no respondía con maldición; cuando padecía, no amenazaba, sino encomendaba la causa al que juzga justamente; quien llevó él mismo nuestros pecados en su cuerpo sobre el madero, para que nosotros, estando muertos a los pecados, vivamos a la justicia; y por cuya herida fuisteis sanados (1 Pedro 2:18–24).

Igualmente, jóvenes, estad sujetos a los ancianos; y todos, sumisos unos a otros, revestíos de humildad; porque: Dios resiste a los soberbios, Y da gracia a los humildes.

Humillaos, pues, bajo la poderosa mano de Dios, para que él os exalte cuando fuere tiempo; echando toda vuestra ansiedad sobre él, porque él tiene cuidado de vosotros (1 Pedro 5:5–7).

¡Qué fácil resulta desechar ese consejo en una era de violencia que tiene la rebeldía como forma de vida y la resistencia por una virtud! A fin de afirmar nuestro conocimiento sobre la autoridad, tal vez sea útil sacar a la luz el lado oscuro y terrible de la rebelión, al que jamás se da demasiada publicidad.

EL REY SAUL: LA REBELDIA PERSONIFICADA

En el Antiguo Testamento vemos a un hombre que tuvo una oportunidad especial de guiar al pueblo hebreo a la victoria. Se trataba de alguien alto, fuerte y competente. Contaba con el encanto del personaje político popular y el voto de la nación. Saúl tenía todo lo necesario para ser el rey, pero también un problema de envergadura: él mismo. Era capaz de gobernar al pueblo; pero no su propia persona. En lo profundo de su alma había un caldero carnal hirviendo a fuego lento que arrojaba orgullo, egoísmo, celos; y una obstinada rebeldía.

Esto nunca resulta más obvio que en 1 de Samuel 15: el capítulo que narra el punto decisivo de su reinado, y que comienza con cierta conversación que tuviera con Saúl el profeta Samuel.

> Después Samuel dijo a Saúl: Jehová me envió a que te ungiese por rey sobre su pueblo Israel; ahora, pues, está atento a las palabras de Jehová.
>
> Así ha dicho Jehová de los ejércitos: Yo castigaré lo que hizo Amalec a Israel al oponérsele en el camino cuando subía de Egipto.
>
> Vé, pues, y hiere a Amalec, y destruye todo lo que tiene, y no te apiades de él; mata a hombres, mujeres, niños, y aun los de pecho, vacas, ovejas, camellos y asnos (1 Samuel 15:1–3).

La orden no era ni complicada ni vaga. Dios había hablado por medio de Samuel, y se requería tan sólo una respuesta: la *obediencia*. Saúl debía ir a la batalla, atacar a los amalecitas, y aniquilar completamente al enemigo, incluyendo a todos los seres vivos que habían en su campamento. Leyendo 1 Samuel 15:7, uno pensaría que eso fue lo que ocurrió

> Y Saúl derrotó a los amalecitas desde Havila hasta llegar a Shur, que está al oriente de Egipto.

Pero no, siga leyendo:

> Y tomó vivo a Agag rey de Amalec, pero a todo el pueblo mató a filo de espada.
>
> Y Saúl y el pueblo perdonaron a Agag, y a lo mejor de las ovejas y del ganado mayor, de los animales engordados, de los carneros y de todo lo bueno, y no lo quisieron destruir; mas todo lo que era vil y despreciable destruyeron (1 Samuel 15:8, 9).

En este relato bíblico veo cuatro características de la rebelión, la primera de las cuales emerge de los versículos que acabamos de leer.

Desafiar a la autoridad para llevar a cabo el deseo de uno mismo

En este caso, la autoridad era el Dios omnipotente, que había dicho: "Destruye todo". Saúl no entendió mal; sino que desobedeció adrede. No estaba confundido; antes bien era insubordinado. No quería cumplir aquellas órdenes porque tenía sus propios deseos; así que ideó un plan alternativo.

Hace poco mi esposa y yo tuvimos el gusto de compartir una velada con el ex astronauta Charles M. Duke, un general. Todos los presentes en la habitación escuchamos sentados y con embeleso su relato de la misión del *Apolo 16* a la luna, incluyendo algunos chismecitos sin importancia acerca de la conducción de "Rover", el vehículo lunar, y el caminar real sobre la superficie del planeta. Teníamos montones de preguntas, a las cuales el general Duke fue contestando paciente y cuidadosamente una por una.

Yo le pregunté: —Y una vez allí, ¿tenían ustedes libertad para tomar sus propias decisiones y llevar a cabo algunos de sus propios experimentos. . . ya me entiende, algo así como "hagan lo que les parezca" o "quédense un poquito más si lo desean"? El me sonrió, y dijo: —Pues claro, Chuck, ¡si es que no queríamos volver a la tierra!

Entonces describió el intrincado plan, las instrucciones tan exactas y precisas que tenían, la disciplina esencial, la obediencia instantánea que se necesitaba en cada segundo. A propósito, dijo que alunizaron un poco "pesadamente". Se estaba refiriendo a su suministro de combustible; les quedaba mucho. ¿Adivina cuánto? Para *un minuto*. Se posaron en la luna con combustible para sesenta segundos más. ¡Habla usted de exactitud¡ Tengo la clara impresión de que un espíritu rebelde no cabría dentro de un traje espacial. Aquellos que representan a los Estados Unidos en el programa de la NASA han de sentir un respeto incondicional por la autoridad.

Eso era lo que le faltaba al rey Saúl. Saúl conocía el plan —había sido informado por Samuel—; pero escogió desafiar a la autoridad y poner en práctica la opción B, es decir: su propio deseo. Siga leyendo:

> Y vino palabra de Jehová a Samuel, diciendo: Me pesa haber puesto por rey a Saúl, porque se ha vuelto de en pos de mí, y no ha cumplido mis palabras. Y se apesadumbró Samuel, y clamó a Jehová toda aquella noche.
>
> Madrugó luego Samuel para ir a encontrar a Saúl por la mañana; y fue dado aviso a Samuel, diciendo: Saúl ha venido a Carmel, y he aquí se levantó un monumento, y dio la vuelta, y pasó adelante y descendió a Gilgal.
>
> Vino, pues, Samuel a Saúl, y Saúl le dijo: Bendito seas tú de Jehová; yo he cumplido la palabra de Jehová (1 Samuel 15:10–13).

Dios vio lo que había sucedido; y también supo por qué. Lo mismo pasó con Samuel; pero. . . ¿y Saúl? Este último era tan obcecado, tan hábil dándose excusas, tan veloz para adaptar las reglas a su propio plan, que ni siquiera se sintió culpable, y recibió a Samuel con los brazos abiertos y una gran sonrisa.

Esto nos trae a la siguiente característica de un espíritu rebelde.

Las excusas y el encubrimiento de las acciones pecaminosas

Los que resisten a la autoridad llegan a ser maestros en ello, y adquieren una asombrosa indiferencia frente a la verdad. También redefinen el concepto de pecado. Y estas personas, a menudo cristianos, están tan convencidas de que tienen razón, que reciben una sacudida al descubrir lo contrario. Hace algún tiempo me topé en mi lectura con una declaración interesante: "Con frecuencia, las excusas son mentiras envueltas en la piel de la razón".

Para destacar el contraste, compare la afirmación de Dios en 1 Samuel 15:11, con el comentario de Saúl en el versículo 13 del mismo capítulo:

Dios	*Saúl*
"Se ha vuelto en pos de mí, y no ha cumplido mis palabras".	"Yo he cumplido la palabra de Jehová".

La gente que perfecciona esta resistencia a la autoridad (especialmente a la de Dios) no agotarán las ideas ni las formas de excusar el mal. Buscarán razones —¡a veces en los libros!— que den a lo malo el aspecto del bien. Estarán listos para demostrar que sus acciones tienen más sentido. Incluso explicarán cómo son mejor para su salud, su bienestar, o sus planes futuros. ¡Y no tendrán sentimiento de culpa que valga!

Los escucho por docenas cada año. Ya sea para liberarse del matrimonio, para cambiar de trabajo, para trasladarse a otra área geográfica, o para volver a una amistad malsana. . . el darse excusas es algo que funciona.

Saúl utilizó este método; pero no logró engañar a Samuel ni por un momento. Con absoluta integridad, el profeta vio a través de todo aquel lío, e hizo una pregunta básica y efectiva: "¿Pues qué balido de ovejas y bramido de vacas es este que yo oigo con mis oídos?" (1 Samuel 15:14).

¡No hay nada peor que verse delatado por unos hechos indiscutibles! Samuel quería saber cómo podía oírse el sonido de la vida, si Saúl había verdaderamente silenciado toda vida. El rey parecía un gato atrapado con el hocico lleno de plumas de canario. Lo admitiese o no, era culpable. Había desatendido deliberadamente el mandato de Dios; y esto revela una tercera característica que se da en las personas en estado de rebeldía.

Actitud defensiva cuando se las enfrenta a la verdad

Después de escuchar la pregunta de Samuel, el rey reaccionó de manera defensiva. No hubo vulnerabilidad, arrepentimiento, admisión de pecado, o disposición humilde a confesar y apartarse del mal por su parte; sino que orgulloso, terco, y quizás un poco avergonzado, dijo:

> De Amalec los han traído; porque el pueblo perdonó lo mejor de las ovejas y de las vacas, para sacrificarlas a Jehová tu Dios, pero lo demás lo destruimos" (1 Samuel 15:15).

Saúl está buscando afanosamente respuestas; y arrinconado, dirige de inmediato la vista hacia los que tiene más cerca: "Fueron ellos. . . ¡toda esta gente!" Luego, para suavizar el golpe, expresa: "Sólo perdonamos a unos pocos con objeto de sacrificarlos a Jehová". Ahora está *realmente* buscando excusas. Sin importarle lo obvio de su desobediencia, Saúl no cede. . . El invierno pasado tuve que hacer una escala de dos horas y media en el aeropuerto de Denver que resultó ser una experiencia imposible de olvidar. Envejecí diez años; y no fue a causa del retraso —aunque por lo general aborrezco esperar—, ni de la incompetencia del personal de la compañía aérea —que estuvo magnífico—, sino simplemente de una niñita en edad preescolar que tenía que esperar también con su madre. Pero aquella pequeña no era la niña común y corriente, sino una chiquilla incontrolable. ¿Y su madre? Como bien supone, se trataba de la típica mujer abstraída e impasible que negocia, amenaza, cede, se retuerce las manos, mira hacia otra parte, suspira. . . *todo menos disciplinar* a su monstruo, ejem, a su *hija*.

Aquella niña hizo de todo: volcar ceniceros (yo conté cuatro); trepar a todos los asientos —ya estuvieran ocupados o no— por lo menos dos veces; pedir a gritos algo de beber o comer, hasta conseguir por fin ambas cosas en varias ocasiones; arrancar los periódicos de las manos de los hombres mientras estaban leyendo;. . . y finalmente algo imperdonable: *me pisoteó los zapatos.*

Ahora bien, querida y buena gente, yo no tengo muchas cosas intocables. Después de haber criado cuatro hijos bulliciosos, pasado veinte años en el servicio público, y llevar casado casi veintisiete, no me queda mucho que pueda llamar estrictamente mío; pero mis zapatos han resistido la prueba del tiempo. Les saco brillo con mucho cuidado (no me pregunte por qué, simplemente acéptelo), los coloco cada noche en sus hormas, los protejo en el armario cuando estoy en casa, y los cubro con calcetines al meterlos en el equipaje para viajar. Como pueden confirmar mi mujer y cada uno de mis hijos, cuando llevo puestos los zapatos el único que los pisa soy yo; si alguien más lo hace tengo una reacción inmediata. Y esa reacción no es precisamente orar por ellos; o sonreír y expresar: "Oh, no importa"; ni tampoco limpiarme con la otra pierna y pensar: "Ya lo retocaré luego". No, mi reacción consiste en dejar K.O. al que lo hace —sólo estoy siendo honrado.

Bien, como puede ver tenía un ligero problema en el aeropuerto de Denver: la que había entrado en el lugar santísimo era simplemente una niñita. ¡Dudo bastante que volviera a hacerlo! Me alegro de poder decir que se restableció por completo (bromeo). Naturalmente no le puse la mano encima —¡ni el pie!—; sino que con un dominio increíble y poco frecuente me mordí la lengua y traté de quitarme de su camino. Por último, cuando ninguno de los que allí estábamos pudimos soportarlo más, aquella madre recibió un consejo enérgico y categórico. ¿Y sabe una cosa? La mujer se ofendió. ¡Madre mía, quién podía siquiera atreverse a *pensar* que su hija estaba desmandada! Al confrontarla con la verdad se puso a la defensiva. A pesar de hallarse rodeada de arena y ceniza procedente de los ceniceros volcados, de basura sacada de varias papeleras, de hombres y mujeres de negocios exasperados, y de un pastor furioso con los zapatos limpiados de mala manera, aquella madre no podía comprender nuestra rudeza cuando uno de nosotros (¡uno!) expresó por último en tono firme: "¡Controle a su hija!"... Samuel ya había oído bastante; y con rostro serio y ojos penetrantes, el exasperado profeta alzó su mano y dijo: "¡Calla!"

> ... Déjame declarte lo que Jehová me ha dicho esta noche.
> Y él le respondió: Dí.
> Y dijo Samuel: Aunque eras pequeño en tus propios ojos, ¿no has sido hecho jefe de las tribus de Israel, y Jehová te ha

ungido por rey sobre Israel?

Y Jehová te envió en misión y dijo: Ve, destruye a los pecadores de Amalec, y hazles guerra hasta que los acabes.

¿Por qué, pues, no has oído la voz de Jehová, sino que vuelto al botín has hecho lo malo ante los ojos de Jehová?

Y Saúl respondió a Samuel: Antes bien he obedecido la voz de Jehová, y fui a la misión que Jehová me envió, y he traído a Agag rey de Amalec, y he destruido a los amalecitas.

Mas el pueblo tomó del botín ovejas y vacas, las primicias del anatema, para ofrecer sacrificios a Jehová tu Dios en Gilgal (1 Samuel 15:16b-21).

Saúl siguió tercamente en sus trece, negándose a ceder e ilustrando la cuarta característica de un corazón rebelde.

Resistencia a aceptar la responsabilidad de una mala acción

Todavía intentando cargar a otro con la culpa, y poco dispuesto a confesar la maldad de sus acciones, Saúl esquiva de nuevo las palabras de Samuel: *se niega* a ver el error de su conducta y sigue hablando de ofrecer sacrificios y usar los animales que han guardado con vida para propósitos santos. Mezcla un poco de religión con el asunto para convencer al profeta de que una ofrenda encendida y un altar todo lo remediarán.

¿Le resulta familiar?

● "He orado al respecto y creo que Dios me ha guiado a hacerlo" (excusas ultrapiadosas).

● "Estoy perdonado. La gracia ha cubierto todo, y el Señor me usará en mayor medida. El entiende. . ." (teología acomodaticia).

● "Aunque puede que haya alterado su plan, al final estará contento" (el fin justifica los medios).

● "Nadie es perfecto" (generalización universal).

● "Dios quiere que esté contento" (excusa para disminuir el sentimiento de culpa).

Examinemos detenidamente lo que dijo Dios a través de Samuel; léalo como si el profeta se estuviera dirigiendo a nosotros:

Y Samuel dijo: ¿Se complace Jehová tanto en los holocaustos y víctimas, como en que se obedezca a las palabras de Jehová? Ciertamente el obedecer es mejor que los sacrificios, y el prestar atención que la grosura de los carneros.

Porque como pecado de adivinación es la rebelión, y como ídolos e idolatría la obstinación. Por cuanto tú desechaste la palabra de Jehová, él también te ha desechado para que no seas rey (1 Samuel 15:22, 23).

Esta es una de las advertencias más enérgicas de las Escrituras que nos despoja de todas nuestras excusas e intentos de rebajar el nivel del Señor, y vuelve a traernos a la única cosa que le agrada y le glorifica a él (¡ya sea que nos satisfaga a nosotros o no!): la *obediencia*.

Tómese el tiempo de leer de nuevo ese último versículo. En él, Dios expresa que la rebelión no es una ligera fechoría —algo por lo que no debamos preocuparnos—, sino que lo equipara al participar en prácticas demoníacas. ¿Y qué me dice de la insubordinación? ¿Se trata simplemente de una pequeña dificultad a la que todos nosotros hemos de acostumbrarnos? ¡En modo alguno! Es "como ídolos e idolatría". ¡Algo fuerte de veras! "Porque como pecado de adivinación es la rebelión, y como ídolos e idolatría la obstinación" (1 Samuel 15:23).

Finalmente, aturdido, Saúl se somete, y expresa: "Yo he pecado" (1 Samuel 15:24).

USTED Y YO: UNA APLICACION PERSONAL

En un mundo decidido a salirse con la suya, resulta terriblemente difícil cultivar una actitud correcta hacia la autoridad. Esa mentalidad expresada en el lema al que nos hemos referido al principio del capítulo, está tan entretejida en el paño de nuestra sociedad, que parece imposible contrarrestarla. Para ser realistas, casi, el único lugar en que podemos enfrentarnos a ella es en nuestros hogares. ¿Lo está haciendo usted? Sea sincero: ¿mantiene usted las riendas dentro de las cuatro paredes de su casa? Tal vez estas tres advertencias le animen a aplicarse a ello. . . o a empezar desde hoy:

1. *Niñez*. El carácter rebelde se engendra en los hogares en que los padres renuncian al control.

2. *Adolescencia*. El espíritu rebelde se cultiva entre compañeros que resisten al control; y si no se refrena allí, culmina en. . .

3. *La edad adulta*. La vida rebelde debe ser aplastada por Dios cuando El recupera el control.

Y acéptelo de alguien que experimentó esto, y que trata con ello semana tras semana; nada es más doloroso de aguantar. Algunos descubren la necesidad de un espíritu sumiso cuando se hallan entre rejas; otros, después de un divorcio; otros aún, por medio de una enfermedad incapacitadora o de un horrible accidente automovilístico, o tal vez de una serie de golpes en la vida que les llevan a ponerse de rodillas y a aprender a caminar humildemente con su Dios.

Cuando Caín frunció los labios y se puso en actitud desafiante ante su Hacedor, recibió una seria advertencia que ha sido conservada en las Escrituras para que todos la leamos y prestemos atención a ella:

> Si no hicieres bien, el pecado está a la puerta; con todo esto,
> a ti será su deseo, y tú te enseñorearás de él (Génesis 4:7b).

Nada ha cambiado desde entonces: la señal de Caín se halla marcada a fuego sobre esta generación. Ese resistir a la autoridad todavía se agazapa ante la puerta como un animal salvaje, dispuesto a saltar y caer sobre su presa —ya sea ésta un padre, un policía, un profesor, un patrón, un ministro de culto, o el Presidente. . . qué más da—. Algunos nunca aprenden a "enseñorearse de él", y por lo tanto pasan la vida "bajo la vara punzante de Dios" —como solían decir los antiguos puritanos—. A aquellos que cuestionan la autoridad les espera un futuro difícil.

¿Pertenece usted a esta categoría, amigo mío? ¿Tiene mal asida la autoridad? ¿Cree que puede seguir resistiendo a los intentos que Dios hace por humillarle? Muchos años atrás oí una afirmación que proporciona un final adecuado para este capítulo; si es pertinente en su caso, deje que el mensaje le penetre bien:

> Cuando Dios quiere realizar una tarea imposible,
> Toma a una persona imposible y la aplasta.

Con una palabra termino:
Rendición.

PREGUNTAS E IDEAS PARA DISCUSION QUE LE AYUDARAN A AFIRMARSE SOBRE LA AUTORIDAD

● Según uno de los versículos que hemos considerado hacia el final de este capítulo, la rebelión es "como pecado de adivinación" (1 Samuel 15:23). ¿Qué le dice eso a usted? ¿Qué significa? Discuta cuáles son las implicaciones de comparar la rebelión con tan horrible pecado. ¿Por qué piensa usted que Dios toma una postura tan firme contra ella?

● Ningún pecado que tenga la magnitud de la rebelión sucede "por casualidad"; ni tampoco de la noche a la mañana. ¿Qué es lo que lo provoca? ¿Hay indicios aquí de que se esté gestando antes de salir efectivamente a la superficie?

● Resulta evidente que el nuestro es un mundo rebelde. Hable acerca de ello; intente ser específico al meditar sobre las razones de esta rebeldía. ¿Puede usted mencionar algunos ejemplos de acontecimientos recientes los cuales ilustran la rebelión de la gente? ¿Quiere algunas pistas? ¿Qué me dice de la familia moderna, de los colegios, los disturbios ciudadanos, el Irán o el aumento del crimen?

● Utilizando como guía Romanos 1:28–32, hable acerca de la relación directa que existe entre el no "tener en cuenta a Dios" y la escena siguiente. Luego, en el versículo 32, se menciona a aquellos que "se complacen con los que las practican [estas obras rebeldes]". ¿Acaso podemos ser "rebeldes pasivos"?

● Discutan la diferencia entre un honrado (e incluso humilde) desacuerdo y la rebelión abierta. ¿No puede haber una resistencia auténtica y necesaria sin que estén presentes la obstinación y la rebelión pecaminosas? Como caso escritural pertinente lea Hechos 5:40–42; y compárelo con Génesis 4:6, 7.

● Muy bien: ¿cómo podemos resistir o disentir sin *rebelarnos* en el sentido peyorativo de la palabra? Piense en algunos ejemplos y describa las respuestas tanto buenas como malas. ¿No le viene a la mente ningún versículo?

● Por último, pase un rato en oración; pero antes de hacerlo admita honradamente un aspecto de su propia vida en la cual lucha contra la rebeldía. ¿Tal vez con su superior en el trabajo? ¿Su cónyuge o sus padres en casa? ¿El policía del auto patrulla? ¿Alguna "figura de autoridad" que supone para usted una fuente de irritación? Oren los unos por los otros, pidiendo cada cual al Señor que ayude a su amigo con ese problema.

Capítulo 16

Afirmando su conocimiento sobre la familia

En 1975, Edith Schaeffer, la esposa del doctor Francis Schaeffer, hizo una pregunta que merece ser contestada cada año, y que más tarde habría de convertirse en el título de su libro *What Is a Family? (¿Qué es una familia?)*. Buena pregunta. Cada doce o quince meses todos deberíamos analizar y evaluar nuestras familias afrontando la verdad de la respuesta que obtuviésemos. Y ciertamente sería sabio que cada generación lo hiciera. Nos sorprenderíamos.

Edith Schaeffer sugiere varias contestaciones, cada una de las cuales forma un capítulo diferente de su libro; por ejemplo:

Un móvil de vida cambiante
Donde nace la creatividad
Un centro de formación para las relaciones
humanas
Un refugio en tiempo de tormenta
Un perpetuo relevo de la verdad
Una puerta con bisagras y cerrojo
Un museo de recuerdos

Buenas y perspicaces respuestas; hermosas —casi *demasiado*—. No podemos negar que se trata de las ideales; aquellas que la mayoría de nosotros abrazaríamos. *Pero ¿son reales?* A fin de ayudarnos a determinar esa contestación, cambiemos una palabra: ¿Qué es *su* familia? ¿Qué términos describirían mejor las cosas que suceden bajo *su* techo y entre los *suyos*?

LA FAMILIA DE HOY: UN CUADRO SOMBRIO

A nadie le pasa desapercibido el hecho de que en la actualidad la familia está bajo ataque. Cuando cierto periódico estadounidense hizo un reportaje especial sobre el panorama doméstico americano, no lo tituló "Fortalezcamos la familia" o "Examinemos la familia", ni tampoco "Dependamos de la familia", sino "*Salvemos* la familia"[2]. Al igual que el bisonte de las praderas, el cachalote y la grulla, la familia está llegando a ser rápidamente una especie en vías de extinción. Ciertamente la situación es muy distinta de aquellas escenas tranquilas y reconfortantes del pasado en las cuales la madre siempre se encontraba en casa, papá era el único que mantenía la familia, los hijos vivían existencias predecibles de sosiego y esparcimiento, y el estilo de vida era cómodo y sencillo.

Partiendo de una combinación de varios documentales televisivos, el popular programa *60 Minutos*, un par de seminarios a los cuales he asistido en meses recientes, artículos de revistas y periódicos, conversaciones con autoridades en el tema de la familia, y algunos libros que he leído sobre éste, he recopilado la siguiente lista de datos. Permítame, sin intentar documentar cada uno de ellos, que esboce rápidamente un perfil general de la familia de hoy en día en América. Le advierto que el cuadro es sombrío:

• El 38 por ciento de los matrimonios de primeras nupcias fracasan (según un cálculo moderado).

• El 79 por ciento de esa gente se vuelve a casar; y el 44 por ciento de los enlaces de *segundas nupcias* se malogran.

• Durante la década de los 70, cuatro de cada diez bebés que venían al mundo pasaban parte de su infancia o toda ella en hogares de un solo progenitor.

• El 15 por ciento de los nacimientos de hoy en día son ilegítimos (también según un cálculo moderado); y un 50 por ciento de los bebés que vienen al mundo fuera del matrimonio les nacen a adolescentes.

● Aproximadamente 2 millones de niños americanos que viven con ambos padres vuelven del colegio a una casa vacía —los dos progenitores trabajan.

● Cada año 200.000 niños sufren malos tratos en los Estados Unidos; y entre ellos, de 60.000 a 100.000 son objeto de abuso sexual.

● Entre el 15 y el 20 por ciento de las familias americanas maltratan a sus hijos.

● La causa No. 1 de muerte entre los niños por debajo de los cinco años de edad es el maltrato.

● En todos los niveles de la sociedad existen niños maltratados; ningún grupo social, racial, económico o religioso está exento del problema.

● Sólo el 10 por ciento de aquellos que maltratan a niños se clasifican como "perturbados mentales"; el resto son personas aparentemente muy normales pero incapaces de hacer frente a la vida.

● El 30 por ciento de las parejas americanas experimentan alguna forma de violencia doméstica durante sus vidas; y dos millones (otra vez según un cálculo moderado) han utilizado un arma mortal en sus disputas matrimoniales.

● El 20 por ciento de los agentes de policía que fallecen en acto de servicio son muertos en el transcurso de misiones relacionadas con conflictos familiares.

● Una media de trece adolescentes se quitan la vida cada día en los Estados Unidos (eso según estadísticas antiguas; actualmente el número es mucho mayor). Ahora, la causa de muerte que ocupa el segundo lugar cuando se habla de americanos en edades comprendidas entre los quince y los veinticuatro años es el suicidio.

● Las palizas a esposas están alcanzando un nivel epidémico en América. Según un alto cargo de la policía de Los Angeles: "Este es probablemente el crimen más numeroso sin denunciar del país. Entre unos doce y quince millones de mujeres reciben palizas cada año".

Un estudio realizado por la Universidad de Rhode Island describía al hogar americano como el sitio más peligroso para estar, aparte de los disturbios callejeros y de la guerra. El panorama es desesperado; y eso que ni siquiera he mencionado el efecto del alcoholismo, las drogas, los colapsos mentales y emocionales, la perpetua tensión creada por la huída de casa de adolescentes, esposas, maridos, y el claro abandono de los ancianos por los miembros de su familia. Si hay un aspecto en la cual las naciones necesitan afirmarse en algo es sin duda alguna la *familia*.

ESPERANZA PARA UNA FAMILIA BAJO ATAQUE

¡Basta de estadísticas y de predicciones de desastre! Dediquemos el resto de nuestro tiempo a meditar sobre algunas respuestas y a buscar ayuda en la antigua sabiduría de las Escrituras que ha resistido la prueba del tiempo. En ellas, y sólo en ellas, encontraremos consejo inspirado por Dios, factible, realista, y prometedor. Y lo que es aún mejor: la Biblia resulta pertinente siempre, ya que no se encuentra anclada en el estilo de vida de una época en particular. Las cosas que estamos a punto de descubrir son para nosotros hoy en día tanto como para aquellos a quienes iban dirigidas originalmente.

Como ayuda para volver a algunos puntos básicos referentes a la familia, y a fin de afirmarnos sobre este aspecto vital de la existencia, vamos a examinar un par de antiguos salmos que aparecen en la Biblia el uno al lado del otro; son: el 127 y el 128.

Las cuatro etapas de la familia

Si leemos de un tirón los once versículos que componen esos dos salmos, descubriremos con facilidad que ambos fluyen juntos; de hecho cubren cuatro etapas principales por las que atraviesa una familia, dándonos una especie de vista panorámica o de guión por actos del grupo familiar en su progreso de una etapa a la siguiente. Podríamos decir que estos salmos constituyen un mural doméstico.

1ª Etapa: La familia en sus años tempranos —desde la boda hasta el nacimiento del primer hijo (Salmo 127:1, 2).

2ª Etapa: La familia se amplia para incluir el nacimiento de hijos (Salmo 127:3–5).

3ª Etapa: La familia pasa por los años de educación, amor, disciplina, y finalmente liberación de los hijos (Salmo 128:1–3).

4ª Etapa: La familia queda reducida a su situación original:

con un esposo y una esposa juntos en el ocaso de sus vidas (Salmo 128: 4–6).

La familia desde el punto de vista de Dios

Antes de ocuparnos de cada una de estas etapas y extraer ideas de la Palabra de Dios para la familia actual, entendamos bien que lo que nos interesa es la perspectiva *divina* no la del hombre. Las estanterias de las librerías rebosan de volúmenes dedicados a todo aspecto imaginable de la vida familiar. En cierta tienda de mi localidad conté veintitrés títulos de libros dirigidos a ayudar a los padres con sus bebés —¡sólo para padres con bebés!—; otros diecisiete que prometían asistencia en la crianza de adolescentes... Dicho sea de paso, algunos de ellos sugieren métodos que contradicen el consejo de otros autores, de manera que... ¿a quién creemos? ¿Qué filosofía debería yo adoptar? Y si adopto *ésta*, ¿cómo voy a hacer caso omiso de *esa* otra propugnada por una autoridad igualmente importante? El panorama llega a ser más y más complicado cuando buscamos las divididas opiniones humanas en vez del consejo del Libro de Dios.

En mis momentos de mayor exasperación como padre, me veo tentado a creer que la mejor filosofía es la de Mark Twain: Cuando el niño llega a los trece años de edad, métele en un barril, clava la tapa del mismo, y da de comer al jovencito por un agujero. Luego, una vez que haya cumplido los dieciséis, *tapona dicho agujero*. Pero ni siquiera ese plan funcionaría; ¡cuándo se ha visto a un adolescente que pueda recibir suficiente comida para sobrevivir a través del agujero de un barril!

No, lo que más necesitamos es el punto de vista de Dios sobre la vida familiar.

1ª ETAPA: EL COMIENZO DE LA FAMILIA

Abarca los años de cimentación: cuando un hombre y una mujer unen su vida en matrimonio y aprenden a amoldarse a la nueva experiencia que supone vivir en intimidad con otra persona. Dios dice lo siguiente acerca de este período importante y a menudo difícil:

> Si Jehová no edificare la casa,
> En vano trabajan los que la edifican;

> Si Jehová no guardare la ciudad,
> En vano vela la guardia
> Por demás es que os levantéis de madrugada,
> y vayáis tarde a reposar,
> Y qué comáis pan de dolores;
> Pues que a su amado dará Dios el sueño. (Salmo 127:1, 2)

Utilizando las descripciones gráficas de una mentalidad judía, Salomón, también judío, compara el hogar con una ciudad. En aquel entonces era bastante corriente construir las ciudades terminando primero sus muros a fin de mantener fuera al enemigo. Luego, una vez acabados éstos y dedicados a Jehová, los guardias los recorrerían de continuo a la expectativa de un ataque.

¿Qué quiere dar a entender Salomón con esta analogía? "A menos que los responsables de la ciudad y los guardias militares confíen completamente en Jehová, y no sólo en el muro, no se mantendrá fuera a ningún enemigo."

Dos veces utiliza el escritor las mismas palabras: "Si Jehová no. . . en vano. . . si Jehová no. . . en vano. . ." Esta es la idea. Durante los importantísimos primeros meses y años de matrimonio, asegúrese de que el Señor su Dios sea el corazón y el centro de su familia; de otro modo, la experiencia entera constituirá un estudio de la ineficacia: un esfuerzo malgastado, vacío y contraproducente. Todo será en vano. Dios no tiene en mente un hogar con montones de lemas religiosos colgados en las paredes o a una pareja que se contenta con ir a la iglesia de modo regular, eleva una rápida oración antes de las comidas, o coloca una enorme Biblia encima de la mesa de café del salón. No, el ingrediente principal es "Jehová". Las familias empiezan con buen pie cuando Jesucristo está en la vida de ambos cónyuges (marido y mujer han nacido de nuevo) y la sombra cada vez más larga de su señorío penetra esa relación. Si un matrimonio convierte a Cristo en parte vital de sus existencias, entonces, como dice el salmo: "Jehová edifica la casa" y "guarda la ciudad".

Pero ya sabe usted cómo somos; especialmente aquellos atrapados en la garra y la rutina del materialismo. Estamos tan ocupados —ansiosos por salir adelante luchando por tener más, siempre más. . . — que comenzamos a mentirnos a nosotros mismos, y decimos: "Lo que necesitamos son más cosas, un auto mejor, aparatos más grandes y de mayor calidad. . ." El salmista nos advierte de que el levantarnos temprano e irnos tarde a dormir (esperando encontrar satisfacción en las cosas) resulta vano. Si adoramos al dios del materialismo, comeremos "pan de dolores"; y cosa curiosa: cuando una pareja adopta esta filosofía, lo hace por lo general durante sus primeros años de vida en común.

Si quieren ustedes tener una familia distinta, claramente separada para la gloria de Dios —una familia que disfrute de la vida y coseche sus mejores beneficios—, *empiecen bien*; y si no lo han hecho en un principio, *empiecen hoy*. Como ya he mencionado antes en este libro: nunca es demasiado tarde para comenzar a hacer lo debido. Vuelvan a poner a su Señor en la prioridad más alta. Reconozcan como equipo de marido y mujer que han sembrado viento y segado torbellino. El colocar lo primero primero resultará un proceso lento y fastidioso, pero pueden hacerlo. Y no olviden la afirmación "a su amado dará Dios el sueño" (Salmo 127:2). Dios trabajará horas extraordinarias a fin de ayudarles y proporcionarles las cosas necesarias para que mantengan su compromiso renovado.

2ª ETAPA: LA EXPANSION DE LA FAMILIA

> He aquí, herencia de Jehová son los hijos;
> Cosa de estima el fruto del vientre.
> Como saetas en mano del valiente,
> Así son los hijos habidos en la juventud.
> Bienaventurado el hombre que llenó su aljaba de ellos;
> No será avergonzado
> Cuando hablare con los enemigos en la puerta. (Salmo 127:3–5)

Estos son los años en que la mujer da a luz hijos; un buen período, pero física y encónomicamente agotador. Y podría añadir. . . *sorprendente*. Con frecuencia Dios ensancha nuestra aljaba más de lo que esperábamos (¡o planeábamos!), y sin embargo, llama a cada uno de nuestros vástagos: "herencia de Jehová", "cosa de estima" y "fruto". Puesto que ya he analizado cada uno de estos términos en mi libro *You and Your Child*[3] (Su hijo y usted), no he de repetirme; pero vale la pena señalar que Dios no toma ligeramente el nacimiento de un niño. Cada hijo es importante, y el Señor lo considera una transferencia de amor de su corazón a la pareja que recibe la "herencia".

Dios nunca desperdicia padres, ni arroja descuidadamente o al azar niños en los hogares. Tampoco entrega "accidentes" en nuestras vidas. Resulta sumamente importante que las familias den la misma importancia a los hijos que Dios les da. Esto, nuevamente, es contrario a la mentalidad de mucha gente en nuestra sociedad actual. Si tenemos esta clase de actitud hacia los hijos, y especialmente si contamos con muchos, se nos considera entre raros e ignorantes.

Sin embargo, el salmo dice que "el hombre que llenó su aljaba de ellos" es "bienaventurado". ¡No hay duda de que también estará ocupado y cansado! Y el hogar de un pastor no difiere en nada del suyo, amigo; me asombra cuánta gente tiene la idea de que un ambiente celestial flota sobre las casas de los ministros convirtiéndolas en algo distinto de los demás hogares. ¡*Eso* no es más que fantasía e ignorancia! Nuestro hogar no se diferencia en nada de cualquier otra casa atareada del vecindario. El panorama es el mismo que en la suya: montones de ropa de lavar, cacas de perro en la alfombra, niños que se acuestan vestidos —¡y calzados!—, tuberías que se atascan, retretes obstruidos, costosos aparatos de ortodoncia olvidados en algún restaurante a cien kilómetros de distancia mientras estábamos de vacaciones... Yo he tenido que dar besos de buenas noches a los hámsters, mecer a conejitos enfermos hasta que se durmieran, ayudar a criar nuevos perritos, limpiar vómitos... Y a menudo me he preguntado: "¿Saldremos vivos de ésta?..." ¿Lo ve? Igual que usted.

Pero al mismo tiempo, mi esposa y yo contamos con un tesoro de recuerdos que nos mantendrán abrigados durante muchos años, exactamente como Dios ha prometido. ¡Qué gran diferencia hace cuando tenemos la actitud debida! Me encanta la siguiente historia que cuenta Gordon MacDonald:

> Entre las leyendas hay una que habla de un superintendente y mirón medieval, que preguntó a tres albañiles de una obra lo que estaban haciendo. El primero contestó que *ponía ladrillos*; el segundo describió su tarea de como *edificar un muro*; pero aquel que demostró verdadera estima por su trabajo fue el tercero, cuando dijo: "Estoy *construyendo una gran catedral*".
>
> Haga la misma pregunta a dos padres cualesquiera en relación con su papel en la familia y probablemente obtendrá el mismo tipo de contraste. El primero, puede que diga: "Estoy manteniendo a una familia"; pero el segundo quizás vea las cosas de un modo diferente, y exprese: "Estoy criando hijos". Aquél considera que su trabajo es poner pan en la mesa; pero

éste, ve las cosas desde la perspectiva de Dios: *está participando en la formación de vidas humanas.*[4]

Las "saetas" que Dios deposita en nuestra aljaba vienen ya hechas, pero necesitan ser montadas y dirigidas hacia el blanco correcto; lo cual nos lleva a los tres siguientes versículos de nuestro mural de la Palabra.

3ª ETAPA: LA CRIANZA DE HIJOS

Tal vez lo más agobiante de todo sean esos años en los cuales la familia sale continuamente de una situación de crisis para entrar en otra. Aquellos bebés que arrullaban y gorgoriteaban crecen y se convierten en desafiantes adolescentes con sus propias ideas. El ambiente protector y abrigado del hogar se ve asaltado por la escuela, los nuevos amigos, las filosofías extrañas, las tensiones económicas, la enfermedad, los accidentes, las preguntas difíciles, las constantes decisiones y los horarios cargados. Añada a todo esto la crisis de la edad mediana en los maridos (yo me he ganado una, pero no he tenido tiempo de disfrutarla) y la toma de conciencia por parte de las esposas de que en la vida hay muchas más posibilidades que traer y llevar a los niños a la escuela y preparar bocadillos, y no resulta difícil ver como la tensión aumenta —especialmente cuando agregamos las salidas de nuestros hijos con jóvenes del sexo opuesto, el que haya nuevos conductores en la familia, la ida a la universidad de nuestros hijos, el que se empiece a hablar de matrimonios, y la partida de los hijos del hogar—. ¡Uff! ¿Y qué dice Dios acerca de estos años?

> Bienaventurado todo aquel que teme a Jehová,
> Que anda en sus caminos.
> Cuando comieres el trabajo de tus manos,
> Bienaventurado serás, y te irá bien.
> Tu mujer será como vid que lleva fruto a los lados de tu
> casa;
> Tus hijos como plantas de olivo alrededor de tu mesa.
> (Salmo 128:1–3)

Dios dice que seremos "bienaventurados", que nos "irá bien" durante esos años. ¿Se trata de un sueño? No, recuerde que hablamos de un mural doméstico: de una escena que procede de la anterior y nos lleva a la siguiente. En la familia retratada en este lienzo escritural, el Señor todavía está en el centro. Cuando llegan los hijos, se les considera "herencia de Jehová", "cosa de estima", "fruto" que El ha provisto.

El proceso de educación de los hijos se lleva a cabo según el plan de Dios;* lo cual significa que incluso durante los años de la adolescencia puede ser algo divertido y agradable. Créame que sí.

No sé cuánta gente nos decía hace algunos años a Cynthia y a mí: "Disfruten de sus hijos mientras son pequeños; cuando crezcan y se hagan adolescentes con ideas propias les resultará odioso. ¡Es terrible!" Tengo algo que decirles a esos profetas de desgracias: No nos resulta odioso, y *nunca* ha sido "terrible". Es cierto que supone un desafío, que siempre crea tensión, y que a veces nos humilla; pero a menudo resulta gratificante.

Nuestra aljaba comenzó a ensancharse hace veinte años; y ahora, como dice el salmo, hemos empezado a comer "el trabajo de nuestras manos" y nuestra familia se une más y más con cada año que pasa. Esto no significa que haya sido fácil, ni sencillo: el cultivar "plantas de olivo" y proporcionar la estabilidad y la sabiduría necesarias para que los cuatro crecieran y se convirtiesen en esas personas que Dios quería que fueran, no ha resultado pan comido. Padre y madre hemos tenido que ser flexibles y cambiar; así como ponernos firmes de vez en cuando y mantener el nivel que establecimos como matrimonio cristiano. Sin embargo, ha sido necesario que fuéramos honrados, terriblemente honrados, con nuestros hijos: admitiendo nuestros errores y pidiendo disculpas por ellos; expresando nuestras opiniones, pero dando al mismo tiempo la posibilidad de que cada hijo descubriera las cosas por sí mismo; haciéndonos vulnerables y siendo sinceros en cuanto a nuestros temores, incertidumbres, desacuerdos y debilidades; amándonos y apoyándonos el uno al otro en el fracaso, los errores y el comportamiento pecaminoso.

Las verdaderas facturas se las pasan a uno a casa, ¿verdad? Es allí donde la vida se decide finalmente. Y Dios llama a los padres durante estos años de crianza y adolescencia de sus hijos a llevar a cabo una misión esencial: la de ser *ejemplo de la autenticidad* —un cristianismo auténtico, una auténtica humanidad,

*Nota: En mi libro *You and Your Child* (Su hijo y usted) explico detalladamente una filosofía de la crianza de hijos según la voluntad de Dios y siguiendo normas de las Escrituras. Si está usted luchando con el asunto y apreciaría algunas ideas basadas en la Biblia referentes a cómo criar hijos.

vulnerabilidad y estar a la disposición de los hijos. Los adolescentes pueden soportar casi todo, excepto la hipocresía. Hace años, Cynthia y yo decidimos hacer cuanto pudiéramos para resistir al fariseísmo; y aunque ello suponía que nuestros hijos tendrían que ver y oír cosas dolorosas —a veces la cruda realidad—, determinamos que no necesitarían luchar con mensajes dobles y engaños mientras crecían. Sobre todo seríamos gente de verdad. . . palpable, disponible y abordable.

Hace poco me sentí estimulado al leer algo acerca de un experimento llevado a cabo con monos que parecía confirmar nuestra filosofía en cuanto a criar hijos. Decía así:

Al doctor Harry F. Harlow le encantaba permanecer cerca de las jaulas de los animales en su laboratorio de la Universidad de Wisconsin y contemplar a los bebés monos. En cierta ocasión se sintió intrigado al notar que los simios parecían apegados emocionalmente a las almohadillas de tela que yacían en sus jaulas.

Acariciaban el paño de éstas, se arrimaban a ellas y las trataban de un modo bastante parecido a como los niños tratan a sus ositos. De hecho, los monos criados en jaulas con almohadillas en el suelo crecían más robustos y saludables que aquellos otros cuyas cajas tenían el suelo de tela metálica. ¿Constituía acaso un factor importante la suavidad y el tacto de la tela?

Harlow construyó una ingeniosa madre substituta de toalla con una bombilla dentro para irradiar calor. Dicha madre de tela presentaba un pezón de goma conectado con un depósito de leche del que los bebés podían alimentarse. La adoptaron con gran entusiasmo. ¿Y por qué no, si estaba siempre reconfortantemente disponible, y a diferencia de las madres reales nunca les daba palizas, les mordía o les empujaba a un lado?

Después de probar que aquellos bebés podían ser "criados" por madres substitutas inanimadas, Harlow trató de medir la importancia de las características de tacto agradable y palpabilidad en éstas. Para ello, puso a ocho bebés monos dentro de una gran jaula donde se encontraban la madre de toalla y a una nueva; esta última confeccionada íntegramente de tela metálica. Controlando el flujo de leche dirigido a cada una de las madres, los ayudantes de Harlow enseñaron a cuatro de los bebés a mamar de la de paño, y a otros cuatro a hacerlo de la de tela metálica. Cada monito sólo podía obtener leche de la madre que tenía adjudicada.

Casi inmediatamente empezó a darse una tendencia sorprendente: los ocho bebés pasaban la mayor parte del tiempo que estaban despiertos (de dieciséis a dieciocho horas diarias) agazapados junto a la madre de toalla; la abrazaban, le daban palmaditas y se encaramaban a ella. Los ocho monos asignados a la madre de tela metálica iban a ésta sólo para comer, y volvían rápidamente al consuelo y la protección de aquella de paño de toalla. Si estaban asustados, los ocho buscaban sosiego subiéndose encima de esta última.

Harlow llegó a la siguiente conclusión: "No nos sorprendió —dice— descubrir que el consuelo por medio del contacto constituyera una variable básica afectiva o de amor; pero lo que no esperábamos era que eclipsase de un modo tan completo a la variable de la alimentación. En realidad, la disparidad es tan grande como para sugerir que la función primordial del mamar es aquella de asegurar un contacto corporal frecuente e íntimo del niño con la madre. Ciertamente no sólo de leche vive el hombre".[5]

Tal vez sería bueno para usted, amigo, hacer un alto ahora mismo y pensar en la diferencia que existe entre un padre (o una madre) de "toalla" y otro(a) de "tela metálica". Aun antes de terminar este capítulo muy bien pudiera ser el momento apropiado para admitir la verdad en lo referente a su familia. Si le soy sincero, en la mayoría de los conflictos familiares que he tratado relacionados con adolescentes, el problema lo constituían más bien unos padres demasiado liberales e indulgentes, o excesivamente inflexibles, distantes y severos (y a veces hipócritas), y no tanto los jovencitos reacios a cooperar. Cuando el ejemplo es como debe ser, en pocas ocasiones hay dificultades de parte de aquellos que se hallan bajo la sombra del líder. Para afirmar la familia quizás tendría que empezar por una evaluación cándida del liderazgo que su hogar debe seguir.

4ª ETAPA: EL OCASO DE LA VIDA

He aquí que así será bendecido el hombre
Que teme a Jehová.
Bendígate Jehová desde Sion,
Y veas el bien de Jerusalén todos los días de tu vida,
Y veas a los hijos de tus hijos.
Paz sea sobre Israel. (Salmo 128:4–6).

¿Cómo será la vida cuando el polvo se asiente y vuelva la calma? ¿En qué consistirá la recompensa por comenzar y cultivar una familia según la dirección divina? ¿Cómo se sentirá uno en el nido vacío?

Para empezar, seremos "bendecidos" (Salmo 128:4). Yo interpreto esto como que seremos felices en nuestra propia vida. Tendremos recuerdos gozosos y disfrutaremos de una felicidad mantenida por medio de buenas relaciones con nuestros hijos ya adultos.

Además, el salmista afirma que "Jerusalén" será un lugar mejor —esa era la ciudad donde él vivía—: habrá bendiciones civiles como resultado de haber dado a la sociedad un joven feliz y saludable. Las ciudades que nuestra progenie escoja para vivir serán mejores si ellos salen de una familia que los ha preparado para la vida.

Y por último: "¡Paz sea sobre Israel!" —¡Shalom Israel!— Finalmente, la nación será bendecida por Dios. Se trata de algo axiomático: los hogares saludables, bien disciplinados y amorosos, producen personas que hacen al país pacífico y fuerte. Según marche la familia, así va la nación. Cuando las cosas se reducen a lo fundamental, el pulso de una civilización entera depende del latido de sus hogares.

> En lo referente a criar hijos, todas las sociedades se encuentran tan sólo a veinte años de la barbarie; ese es el período que tenemos para llevar a cabo la tarea de civilizar a los bebés que vienen al mundo en nuestro medio cada año. Esos salvajes no saben nada de nuestro idioma, nuestra cultura, nuestra religión, nuestros valores, nuestras costumbres en las relaciones interpersonales... El bebé tiene una ignorancia absoluta del comunismo, el fascismo, la democracia, las libertades ciudadanas, los derechos de las minorías contrastados con las prerrogativas de la mayoría, el respeto, la decencia, la honradez, las costumbres, las convenciones y las buenas maneras. *Para que sobreviva la civilización, hay que domar al bárbaro.*[6]

PREGUNTAS E IDEAS PARA DISCUSION QUE LE AYUDARAN A AFIRMARSE EN LA FAMILIA

● ¿Puede haber algo más esencial y básico para una existencia humana saludable que la familia? Trate de mencionar seis u ocho impresiones de la vida que recibimos primeramente en el hogar. Luego hable acerca de cómo puede afectar a dichas impresiones iniciales una relación familiar infeliz y en mal estado.

● Discutan algunos de los principales problemas con los que luchan las familias en esta generación. ¿En qué se diferencian de aquellos de hace quince o veinte años? ¿Hay algún apoyo bíblico para afirmar que los hogares sufrirán cada vez más a medida que nos acerquemos a los últimos tiempos?

● Pero seamos más específicos, y hablemos de *su* casa. Utilice varios adjetivos para describir la vida familiar dentro de las cuatro paredes de su hogar; como por ejemplo: "bulliciosa", "tranquila", "tensa", "acogedora"... Trate de ser absolutamente sincero al contestar a la siguiente pregunta: ¿Qué influencia aporta *usted* a sus relaciones familiares?

● ¿De qué manera le ha ayudado este capítulo en sus relaciones particulares con otros miembros de su familia? ¿Qué pasaje o versículo de las Escrituras le ha parecido especialmente pertinente en su situación? Dé un ejemplo de lo que quiere decir.

● Si pudiera usted meter la mano en su propia vida y cambiar una cosa para mejorar sus relaciones en el hogar, ¿qué sería? Hable de lo que se necesitaría para que comenzara a moverse en esa dirección.

● Después de analizar aquellas cosas que han perjudicado sus relaciones familiares, tal vez esté empezando a pensar que no hay nada bueno en su hogar. ¡Pues claro que lo hay! Sea tan sincero mencionando las cosas *buenas* como lo fue para admitir los puntos débiles.

● Finalmente, busque los dos salmos que hemos examinado en este capítulo y comparta una aplicación de los mismos que le anima y le da esperanza. Dé gracias a Dios por ella. Pídale ayuda en el aspecto principal de necesidad. Oren los unos por los otros.

Conclusión

Después de publicarse mi libro *Desafío a servir** sucedió algo curioso. Una amiga mía del noroeste de los Estados Unidos fue a cierta librería secular esperando conseguirlo; pero después de inspeccionar pacientemente la sección religiosa, vio que no estaba allí. La mujer se quedó sorprendida, ya que una amiga suya había obtenido un ejemplar en esa misma librería el día anterior y se lo había dicho a ella. Perpleja le preguntó a la empleada si se había agotado ya; a lo que ésta respondió de inmediato: —¡Oh, no!, acabamos de recibir otro envío de *Desafío a servir* esta misma semana.

Mientras volvían juntas a buscar el libro, la empleada giró a la derecha al tiempo que mi amiga lo hacía a la izquierda; y casi al instante, dijo: —Está aquí, en la sección de deportes, entre Connors, McEnroe y Borg.

Sonriendo, mi amiga informó a la mujer que en realidad ese libro no tenía nada que ver con el tenis; a lo que la otra contestó: —Bueno, se está vendiendo tan bien en esta sección que ¡creo que lo dejaremos aquí!

Cuando *Afirme sus valores* llegue a las librerías, tal vez lo pongan en el estante del golf —aunque, como usted sabe no tiene relación alguna con ese deporte—. Tampoco se trata de una continuación de *Desafío a servir*. Este libro no se ideó como otra serie de capítulos para animar a los lectores a servir mejor, sino más bien a pensar con mayor profundidad; a reflexionar sobre *qué*, *cómo* y *por qué* en una época en la que la frase favorita de nuestro

---

*Publicado por la Editorial Betania.

mundo está llegando a ser rápidamente: "¿Y a quién le importa?" Ojalá le haya parecido provocativo *Afirme sus valores*; pero mi mayor preocupación es que lo encuentre usted pertinente, y no sencillamente otro montón de palabras envuelto en ropajes religiosos pasados de moda. ¡Abomino ese pensamiento!

Con frecuencia me cruzan por la mente las penetrantes palabras que dijera el reformador alemán Martín Lutero:

> Si predicas todos los aspectos del evangelio salvo las cuestiones que se aplican específicamente a tu época, no estás predicando todo el evangelio.

Aunque Lutero era un monje del siglo XVI, clamaba pidiendo actualidad; y con valentía supo abordar los temas importantes. Veía a su iglesia enferma y paralizada por la tradición, la corrupción y la apatía; de modo que dejó a un lado los restos secos de las formalidades sin sentido, desafió las interpretaciones erróneas, y declaró la verdad exponiéndose a que le tildaran de hereje. Con la percepción y fortaleza renovadas que le daba el Espíritu Santo para permanecer firme, robusteció la mano de una nueva clase de cristianos, los "protestantes", guiándolos a una reforma —un movimiento destinado a familiarizar al mundo con los fundamentos de la fe. Hoy en día aún admiramos sus esfuerzos.

En mi opinión se hace oportuna una "nueva" Reforma. Durante las dos últimas décadas del siglo XX, los cristianos necesitan una palabra fresca y con vida para nuestros tiempos. No más revelación, ni más doctrinas, ni tampoco necesariamente un nuevo sistema teológico. Lo que precisamos es un mensaje bien adherido a los fundamentos bíblicos y con un toque de actualidad, de auténtica realidad: la verdad antigua en lenguaje de hoy. En tiempos de Lutero, eso significaba aclaración para disipar la ignorancia; *hoy en día* quiere decir otra cosa: un nuevo estilo de comunicación para disipar la indiferencia. *Afirme sus valores* ha sido un esfuerzo en esa dirección.

Cuando vuelvo a casa en mi automóvil los domingos por la noche, después de todo un día de predicación y trato con nuestro rebaño aquí en Fullerton, estoy por lo general agotado. Conduzco lentamente, repasando esas horas que he invertido, y me hago muchas preguntas; entre ellas, como algo invariable: "¿He logrado establecer contacto?", "¿Tenía sentido lo que he dicho?", "¿Es mi comunicación actual?" Yo experimento una pasión ardiente por jamás perder el contacto con mi época. Dios no me ha llamado a ser un profeta salido del túnel del tiempo —alguien que da la impresión de haber nacido con dos o tres milenios de retraso—. Me *gustaría* tener la entrega de los profetas, pero no su estilo; ya que yo necesito comunicarme con mis contemporáneos, no con los suyos. Mi deseo es que cada vez más creyentes lleguen a ser parte de esta "nueva" Reforma —estén dedicados a la comunicación de la revelación divina de una forma tan clara que el público se quede pasmado al comprender lo eternamente actuales que son Dios y su Palabra.

Al finalizar este libro me encuentro nuevamente agotado, y me hago una vez más esas obsesionantes preguntas: "¿Tienen sentido estos capítulos?" "¿Puede todo el mundo comprenderlos. . . aun los no iniciados?" Y, sobre todo: "¿Cambiarán algo?" No se imagina usted lo que me importan estas cosas.

¿Ha valido la pena escribir el libro? Si ahora usted se afirma más fuertemente en algún aspecto de su vida en el que antes era débil. . . si Jesucristo es más real para usted que cuando empezó. . . si está usted más convencido de que la Palabra de Dios "tiene contacto" con sabiduría y autoridad, entonces la respuesta es sí; incluso para aquellos de ustedes que pensaban haber comprado un libro referente al golf, pero al llegar a casa descubrieron que se trataba de un libro acerca de Dios.

Referencias

Capítulo 1

1. *Tyranny of the Urgent* (La tiranía de lo urgente), Charles E. Hummel (Downers Grove, IL, E.U.A.: Inter Varsity Press, 1967), pág. 4.
2. *The Preacher's Portrait* (El retrato del predicador), John R. W. Stott (Grand Rapids, MI, E.U.A.: Wm. B. Eerdmans Publishing Company, 1961), pág. 31.
3. "*The Power Abusers*" (Abuso de poder), Ronald M. Enroth, *Eternity*, octubre 1979, págs. 25–26.
4. *Your Churning Place* (Lo que te agita), Robert L. Wise. © Copyright 1977, Regal Books, Ventura, CA 93006, E.U.A. Usado con permiso.
5. *Promises to Peter* (Las promesas a Pedro), Charlie W. Shedd, © Copyright 1970 por Charlie W. Shedd, págs. 12–13. Usado con permiso de Word Books Publisher, Waco, TX 76796, E.U.A.
6. Poesía de George MacLeod, tomada de *Focal Point*, boletín del Seminario Teológico Bautista Conservador, Denver, CO, E.U.A., Primavera 1981.

Capítulo 2

1. "*The Age of Indiference*" (La era de la indiferencia), Philip G. Zimbardo, *Psychology Today*, agosto 1980, pág. 72.
2. *Devotions*, XVII (Devociones, XVII), John Donne, citado en *Familiar Quotations*, ed. John Bartlett (Boston: Little, Brown and Company, 1955), pág. 218.
3. Philip G. Zimbardo, pág. 76.
4. *Great Church Fights* (Grandes peleas de la iglesia), Leslie B. Flynn (Wheaton, IL, E.U.A.: Victor Books, División de SP Publications, 1976), pág. 14.
5. *Up With Worship* (¡Viva la adoración!), Anne Ortlund, © Copyright 1975, Regal Books, Ventura, CA 93006, E.U.A. Usado con permiso.

6. *Hide or Seek* (Escóndete o busca), James C. Dobson (Old Tappan, NJ, E.U.A.: Fleming H. Revell Company, 1974), pág. 134.

Capítulo 3

1. *Desafío a servir*, Charles R. Swindoll (Editorial Betania, 824 Calle 13 S.O., Caparra Terrace, Puerto Rico 00921, E.U.A., 1983).
2. *The Letter to the Hebrews* (La carta a los Hebreos), William Barclay, The Daily Study Bible (Edimburgo, Gran Bretaña: The Saint Andrews Press, 1955), págs. 137–138.
3. *"The Encouragement Card" (La tarjeta del aliento)*, Donald Bubna y Sue Multanen, *Leadership* 1, No. 4 (Otoño, 1980) 52–53.
4. *Mountain Top* (La cumbre de la montaña), productor Lee Stanley, (Agoura, CA: Morning Star Film, Inc., distruibuida por Pyramid Film & Video, Santa Mónica, CA, E.U.A.).

Capítulo 4

1. *The Letters to Philippians, Colossians, Thessalonians* (Las epístolas a los Filipenses, Colosenses y Tesalonicenses), The Daily Study Bible (Edimburgo, Gran Bretaña: The Saint Andrews Press, 1959), pág. 232.
2. *The American Sex Revolution* (La revolución sexual americana), Pitirim Sorokin (Boston: Porter Sargent Publisher, 1956), pág. 19.
3. Ibid., págs. 21, 22.
4. *The Expositor's Bible Commentary* (Comentario bíblico del expositor), Frank E. Gaebelein, vol. 11 (Grand Rapids: Zondervan Publishing House, 1978), pág. 271.

Capítulo 5

1. El Rey Enrique VI (Tercera Parte), acto 3, esc. 1, líneas 62–65.
2. Tomado de *Rich Christians in an Age of Hunger* (Cristianos ricos en una era de hambre), Ronald J. Sider, © Copyright 1977 por InterVarsity Christian Fellowship de E.U.A., y usado con permiso de Inter Varsity Press, Downers Grove, IL 60515, E.U.A.
3. *The Letters to Timothy* (Las epístolas a Timoteo), William Barclay, The Daily Study Bible (Edimburg, Gran Bretaña: The Saint Andrews Press, 1955), pág. 152.
4. *The Friendship Factor* (El factor amistad), Alan Loy McGinnis (Minneapolis: Augsburg Publishing House, 1979), pág. 30.
5. *"What the Next 20 Years Hold for You"*, E.U.A. (Lo que le espera en los próximos veinte años), Stanley N. Wilburn, *U.S. News & World Report* 89, No. 22 (1 de Diciembre, 1980): 51, 54.

Capítulo 6

1. *"Voices: U.S.A. '80"* (Voces: E.U.A. en los 80), *Life* 4, No. 1 (Enero 1981): 21.
2. *Integrity: The Mark of Godliness* (No hay piedad sin integridad), Char-

les R. Swindoll (Portland, OR, E.U.A.: Multnomah Press, 1981), págs. 6–21, 23.

3. *Born Again* (Nací de nuevo), Charles Colson, © por Charles W. Colson. Publicado por Chosen Books, Lincoln, VA 22078, E.U.A.. Usado con permiso.

Capítulo 7

1. Tomado de *The Master Plan of Evangelism* (El plan maestro del evangelismo), Robert E. Coleman, © Copyright 1972 por Fleming H. Revell Company. Usado con permiso.
2. Tomado de *La búsqueda de Dios*, A.W. Tozer, Copyright Christian Publication, Inc., Harrisburg, PA 17105, E.U.A. Usado con permiso.
3. *The Master Plan of Evangelism* (El plan maestro del evangelismo), págs. 59–60.
4. *"I Met My Master"* (Encontré a mi Señor), tomado de *Poems that Preach* (Poesías que predican), ed. John R. Rice (Wheaton, IL, E.U.A.: Sword of the Lord Publishers, 1952), pág. 18. Usado con permiso de los editores.

Capítulo 8

1. *Outdoor Survival Skills* (El arte de sobrevivir al aire libre), Larry Dean Olsen (Provo, UT, E.U.A.: Brigham, 1976), Pág. 4.
2. *Quote Unquote* (Abra y cierre comillas), ed. Lloyd Cory (Wheaton, IL., E.U.A.: Victor Books, División de SP Publications, 1977), pág. 15.
3. *When I Relax I Feel Guilty* (Cuando descanso me siento culpable), Tim Hansel, © Copyright 1979 David C. Cook Publishing Co., Elgin, IL 60120, E.U.A.. Reimpreso con permiso.
4. "A Dios el Padre celestial", Thomas Ken.

Capítulo 9

1. *Gospel of Matthew* (El evangelio de Mateo), William Barclay, 2 vol. The Daily Study Bible (Edimburgo, Gran Bretaña: The Saint Andrews Press, 1956), 1:191, 193.

Capítulo 10

1. *Leisure* (Ocio), Charles R. Swindoll (Portland, Or, E.U.A.: Multnomah Press, 1981).
2. *An Expository Dictionary of New Testament Words* (Diccionario explicativo de las palabras del Nuevo Testamento), W.E. Vine, vol. 2 (Westwood, NJ, E.U.A.: Fleming H. Revell Company, 1940), pág. 248.
3. *The Friendship Factor* (El factor amistad), Alan Loy McGinnis (Minneapolis; Augsburg Publishing House, 1979), págs. 93–102.
4. *Stress* (Tensión), Charles R. Swindoll (Portland, OR, E.U.A.: Multnomah Press, 1981).
5. *"Youth and Age"* (Los jóvenes y la edad), Samuel Taylor Coleridge,

stanza 2, *Familiar Quotations* (Boston, MA, E.U.A.: Little, Brown and Company, 1955), pág. 425a.

Capítulo 11

1. *Through Gates of Splendor* (Puertas de gloria), Elisabeth Elliot (Nueva York: Harper & Brothers, 1957).
2. *Unger's Bible Dictionary* (Diccionario bíblico de Unger), Merrill F. Unger (Chicago, E.U.A.: Moody Press, 1957), pág. 997.
3. *"Surely the Presence of the Lord Is in This Place"* (Ciertamente Jehová está en este lugar) Lanny Wolfe © (Nashville, TN, E.U.A. The Benson Company, copyright asegurado. Todos los derechos reservados. Se usa con permiso de The Benson Company, Inc., Nashville.
4. *David, Sheperd Psalmist-King* (David: pastor, salmista y rey), F.B. Meyer (Grand Rapids, MI, E.U.A. Zondervan Publishing House, 1953), pág. 11.

Capítulo 12

1. *"Take Time to Be Holy"* (Dedica tiempo a la santidad), William D. Longstaff, 1882.
2. Carta de una persona anónima al Dr. Charles R. Swindoll, 21 de abril de 1981.

Capítulo 13

1. *Dream a New Dream* (Sueñe un nuevo sueño), Dale E. Galloway (Wheaton, IL, E.U.A.: Tyndale House Publishers, 1975), pág. 59.
2. *"The Face of Pain"* (El rostro del dolor), Mark Kram, *Sports Illustrated*, 44, No. 10 (8 de marzo de 1976): 60.
3. *Where Is God When It Hurts?* (¿Dónde está Dios cuando uno sufre?), Philip Yancey (Grand Rapids, MI, E.U.A. Zondervan Publishing House, 1978), pág. 142.
4. *"That Helpless Feeling: The Dangers of Stress"* (El sentimiento de impotencia o los peligros de la tensión), Douglas Colligan, *New York*, 14 de julio de 1975, pág. 28.
5. *Desafío a servir*, Charles R. Swindoll (Editorial Betania, 824 Calle 13 S.O., Caparra Terrace, Puerto Rico 00921, E.U.A., 1983).
6. *"Murphy's Law"* (Las leyes de Murphy) (231 Adrian Road, Millbrae, CA, E.U.A.: Celestial Arts, 1979)
7. *There's a Lot More to Health Than Not Being Sick* (Estar saludable no es suficiente), Bruce Larson (Waco, TX, E.U.A.: Word Books Publisher, 1981), pág. 46.
8. "It Is Well with My Soul" (Está bien para mí), Horatio G. Spafford, copyright 1918 The John Church Co. Usado con permiso de los editores.

Capítulo 14

1. *Quote Unquote* (Abra y cierre comillas), Billy Graham, ed. Lloyd Cory (Wheaton, IL, E.U.A.: Victor Books, una División de SP Publications, 1977), pág. 102.
2. "*Witness Upmanship*", Jeffrey L. Cotter, *Eternity*, marzo de 1981, págs. 22, 23.
3. *Evangelism as a Lifestyle* (El evangelismo como estilo de vida), Jim Petersen (Colorado Springs, Co, E.U.A.: NavPress, 1980), págs. 24, 25.
4. Tomado de *How to Give Away Your Faith* (Cómo compartir su fe), Paul Little, © 1966 por Inter-Varsity Christian Fellowship de E.U.A., y usado con permiso de Inter Varsity Press, Downers Grove, IL 60515, E.U.A.
5. Tomado de *Out of the Salt-Shaker and Into the World* (Del salero al mundo), Rebeca Manley Pippert, © 1979 por Inter-Varsity Christian Fellowship de E.U.A., y usado con permiso de Inter-Varsity Press, Downers Grove, IL 60515, E.U.A.
6. *Quote Unquote* (Abra y cierre comillas), Billy Graham, pág. 102.

Capítulo 15

1. *Birthrights: A Child's Bill of Rights* (Derechos de nacimiento: Proyecto de Ley de los derechos del niño), Richard Farson (Nueva York: Macmillan, 1974).
2. *Straight Talk to Men and Their Wives* (Charla sincera con los hombres y sus esposas), James C. Dobson (WACO, TX, E.U.A.: Word Books Publisher, 1980), pág. 63.
3. "*The Plague of Violent Crime*" (La plaga del crimen violento), Aric Press y Jeff B. Copeland, et al., *Newsweek*, 23 de marzo de 1981, págs. 46–50, 52–54.

Capítulo 16

1. *What Is a Family?* (¿Qué es una familia?), Edith Schaeffer (Old Tappan, NJ, E.U.A.: Fleming H. Revell Company, 1975), p. 7.
2. "*Saving the Family*" (Salvemos la familia), David Gelman et al., *Newsweek* 91, No. 20 (15 de mayo de 1978).
3. *You and Your Child* (Su hijo y usted), Charles R. Swindoll (Nashville, TN, E.U.A.: Thomas Nelson Publishers, 1977), págs. 52–54.
4. *The Effective Father* (El padre eficaz), Gordon MacDonald (Wheaton, IL, E.U.A.: Tyndale House Publishers, 1977), págs. 183, 184.
5. Tomado de *La obra maestra de Dios* Paul Brand, doctor en Medicina, y Philip Yancey, © Copyright 1980 por el doctor Paul Brand y Philip Yancey. Usado con permiso de Zondervan Publishing House. Publicado por la Editorial Betania.
6. *Stanford Observer* (El observador de Stanford), Albert Siegel, según se cita en *The Wittenburg Door* (La puerta de Witemburg) (San Diego: Youth Specialities).